交通运输职业教育高职新能源汽车运用与维修专业教材

U0649421

Hunhe Dongli Qiche Jiegou yu Jianxiu

混合动力汽车结构与检修

全国交通运输职业教育教学指导委员会　组织编写

朱学军　主　编

张宏坤　主　审

人民交通出版社股份有限公司
China Communications Press Co.,Ltd.

内 容 提 要

本书为交通运输职业教育高职新能源汽车运用与维修专业教材。全书分为六个模块,主要内容有:混合动力汽车概述、混合动力汽车发动机和驱动电机系统、混合动力汽车变速装置和动力控制系统、混合动力汽车电子电力辅助系统、混合动力汽车储能装置与管理系统、混合动力汽车车载网络系统。

本书可作为高职高专院校新能源汽车运用与维修专业的教学用书,也可作为新能源汽车技术人员的培训教材,以及新能源汽车专业师资培训教材。

图书在版编目(CIP)数据

混合动力汽车结构与检修 / 全国交通运输职业教育
教学指导委员会组织编写;朱学军主编. —北京:人
民交通出版社股份有限公司,2018.3
　　ISBN 978-7-114-14487-5

　　Ⅰ.①混… Ⅱ.①全… ②朱… Ⅲ.①混合动力汽车
—结构②混合动力汽车—车辆修理 Ⅳ.①U469.7

中国版本图书馆 CIP 数据核字(2018)第 013161 号

书　　　名:**混合动力汽车结构与检修**
著　作　者:朱学军
责任编辑:张一梅
出版发行:人民交通出版社股份有限公司
地　　　址:(100011)北京市朝阳区安定门外外馆斜街 3 号
网　　　址:http://www.ccpcl.com.cn
销售电话:(010)59757973
总　经　销:人民交通出版社股份有限公司发行部
经　　　销:各地新华书店
印　　　刷:北京市密东印刷有限公司
开　　　本:787×1092　1/16
印　　　张:11.25
字　　　数:245 千
版　　　次:2018 年 3 月　第 1 版
印　　　次:2023 年 11 月　第 5 次印刷
书　　　号:ISBN 978-7-114-14487-5
定　　　价:26.00 元
(有印刷、装订质量问题的图书,由本公司负责调换)

交通运输职业教育高职新能源汽车运用与维修专业教材编审委员会

前　言

　　为落实国务院印发的《节能与新能源汽车产业发展规划(2012—2020年)》精神,适应我国新能源汽车快速发展的形势,满足新能源汽车技术人才需求,全国交通运输职业教育教学指导委员会组织来自交通职业技术院校的专业教师,按照《新能源汽车运用与维修专业教学标准》的要求,紧密结合目前新能源汽车运用与维修专业教学需求,编写了交通运输职业教育高职新能源汽车运用与维修专业教材。

　　在本系列教材启动之初,全国交通运输职业教育教学指导委员会组织召开了新能源汽车运用与维修专业教材编写大纲审定会,邀请行业内专家对该专业的课程体系和教材编写大纲进行了审定。教材初稿完成后,每种教材由一名企业专家或专业教师进行主审,编写团队根据主审意见修改后定稿,实现了对书稿编写全过程的严格把关。

　　本系列教材在编写过程中,认真总结了全国交通职业院校的专业建设经验,注意吸收发达国家先进的职业教育理念,具有以下特色:

　　1. 与专业教学标准紧密衔接,较多地体现了新技术、新工艺、新方法,满足新能源汽车运用与维修专业高技能人才培养的需要。

　　2. 尽量以多数高职院校配置的新能源车型为载体进行讲解,具有较广的适用性。

　　3. 采用模块式编写体例,围绕学习目标,聚焦知识和技能培养,体现行动导向的教学观,使培养过程实现"理实一体"。

　　4. 所有教材配有电子课件,部分教材的知识点,以二维码链接动画或视频资源,易教易学。

　　《混合动力汽车结构与检修》是本系列教材之一。参加本教材编写工作的有:河南交通职业技术学院朱学军(编写模块一);河南交通职业技术学院张俊停、秦龙(编写模块二);河南交通职业技术学院梅丽歌(编写模块三);河南交通职业技术学院张新文(编写模块四);河南交通职业技术学院张磊(编写模块五);河南交通职业技术学院崔源(编写模块六)。全书由朱学军担任主编,张俊停担任副主编,山东交通职业学院张宏坤担任主审。

限于编者水平,书中难免有疏漏和错误之处,恳请广大读者提出宝贵建议,以便进一步修改和完善。

全国交通运输职业教育教学指导委员会
2017 年 11 月

目　录

模块一　混合动力汽车概述 ·············· 1

一、混合动力汽车的定义与特点 ·············· 1

二、混合动力汽车的分类 ·············· 2

技能实训 ·············· 6

模块小结 ·············· 7

思考与练习 ·············· 7

模块二　混合动力汽车发动机和驱动电机系统 ·············· 9

一、混合动力汽车发动机系统 ·············· 9

二、混合动力汽车驱动电机系统 ·············· 15

三、混合动力汽车发动机和驱动电机系统检修 ·············· 22

技能实训 ·············· 28

模块小结 ·············· 38

思考与练习 ·············· 39

模块三　混合动力汽车变速装置和动力控制系统 ·············· 41

一、混合动力汽车变速装置概述 ·············· 41

二、混合动力变速装置的组成 ·············· 43

三、混合动力汽车动力控制系统 ·············· 53

四、混合动力汽车变速装置和动力控制系统检修 ·············· 77

技能实训 ·············· 81

模块小结 ··· 85

思考与练习 ··· 86

模块四　混合动力汽车电子电力辅助系统 ····························· 88

一、混合动力汽车动力转向系统 ··· 88

二、混合动力汽车制动系统 ··· 98

三、混合动力汽车空调系统 ··· 107

技能实训 ··· 121

模块小结 ··· 126

思考与练习 ··· 127

模块五　混合动力汽车储能装置与管理系统 ······················· 129

一、混合动力汽车储能装置的定义与分类 ······························· 129

二、混合动力汽车动力电池 ··· 132

三、混合动力汽车电池管理系统 ··· 137

四、混合动力汽车电池系统故障诊断和维修 ···························· 140

技能实训 ··· 143

模块小结 ··· 151

思考与练习 ··· 151

模块六　混合动力汽车车载网络系统 ································· 153

一、混合动力汽车车载网络系统概述 ·· 153

二、混合动力汽车车载网络总线系统的检修 ···························· 158

技能实训 ··· 163

模块小结 ··· 167

思考与练习 ··· 167

参考文献 ··· 169

模块一 混合动力汽车概述

学习目标

1. 能够描述混合动力汽车的定义；
2. 能够描述混合动力汽车的特点；
3. 能够区分混合动力汽车的类型；
4. 能够规范地使用安全防护套件；
5. 能够使用混合动力汽车的各项功能。

建议课时:4 课时。

一、混合动力汽车的定义与特点

(一) 混合动力汽车的定义

混合动力汽车是指拥有两种以上动力源,使用其中一种或多种动力源提供驱动力的车辆,也叫复合动力汽车。

目前所说的混合动力汽车,一般是指油电混合动力汽车(Hybrid Electric Vehicle,HEV),即采用传统的燃油机(柴油机或汽油机)和电动机作为动力源,也有的发动机经过改造使用其他替代燃料,例如压缩天然气、丙烷和乙醇燃料等。

(二) 混合动力汽车的特点

当前使用的普通内燃机汽车存在一些弊端,统计表明,在80%以上的道路条件下,一辆普通内燃机车仅利用了动力潜能的40%,在城市道路上甚至会下降至25%,更为严重的是排放废气污染环境。自20世纪90年代以来,世界各国对改善环境的呼声日益高涨,各种各样的新能源汽车脱颖而出。虽然人们普遍认为未来电动汽车是主流趋势,但是目前电池技术、充电技术等技术难题尚未完全突破,远未达到推广使用的要求,因此短期内电动汽车还无法取代内燃机汽车。

现实情况迫使工程师们想出了一个折中的办法,开发研制出了混合动力汽车,将电动机与传统的内燃机组合在一辆汽车上作为动力源,将传统内燃机功率尽量做小,让一部分动力由电动机系统承担。这样,混合动力汽车既发挥了传统内燃机持续工作时间长、动力性好的优点,又可以发挥电动机无污染、低噪声的好处,二者取长补短,汽车发动机的热效率可提高10%以上,废气污染物排放可减少30%以上。

1. 混合动力汽车的优点

(1)采用小功率内燃机,油耗低、污染少,具有普通内燃机汽车的优点。

采用混合动力后,可按平均需用的功率来确定内燃机的最大功率,使内燃机在最优工况下工作,故油耗低、污染少。当车辆负荷大、内燃机功率不足时,由电动机系统来补充;当车辆负荷小时,内燃机富余的功率可发电给动力电池充电,储存起来。由于内燃机可持续工作,电池又可以不断得到充电,故其续航里程和普通汽车一样。

(2)可以方便地回收制动、下坡、怠速等工况的多余能量。

混合动力汽车装备了动力电池系统,可以十分方便地回收制动、下坡、怠速等工况的多余能量,把它们转变为电能并储存起来。

(3)可以电动机单独驱动,实现零排放、低噪声。

在一些特殊工况,可关停内燃机,由电动机单独驱动。

(4)可以方便地解决纯电动汽车的一些难题。

混合动力汽车的内燃机系统可以十分方便地解决纯电动汽车遇到的空调、取暖、除霜等设备消耗能量较大的问题。

(5)可以使用现有的加油站加油,不必再另行投资。

(6)可以使动力电池保持在良好的工作状态,不发生过充、过放,延长其使用寿命,降低成本。

2. 混合动力汽车的缺点

(1)有两套以上动力系统及控制管理系统,匹配技术较难。

(2)车辆结构复杂,价格较高。

在目前的技术水平和应用条件下,混合动力汽车是最具有产业化和市场化前景的新能源车型。

二、混合动力汽车的分类

(一)按驱动动力分类

根据混合动力驱动的连接方式,一般把混合动力汽车分为三类:串联式混合动力汽车(又被称为"增程式"电动汽车)、并联式混合动力汽车、混联式混合动力汽车。

1. 串联式

串联式混合动力汽车主要由发动机、发电机、驱动电机三大动力总成用串联方式组成动力系统,如图1-1所示。

当汽车处于起动、加速、爬坡等大负荷工况时,发动机—发电机组和动力电池共同向电动机提供电能,电动机作为唯一动力源驱动车辆行驶。当汽车处于低速、滑行、怠速等小负荷工况时,由动力电池向电动机提供电能进而驱动车辆行驶,此时发动机—发电机组则向动力电池充电,储存能量。

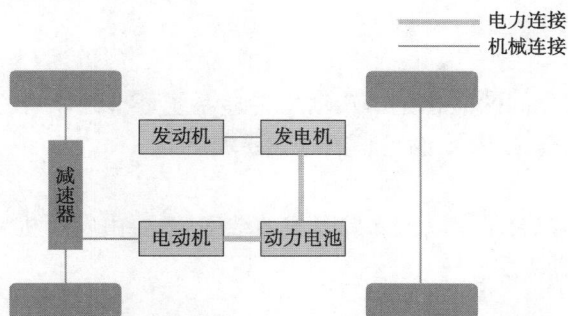

图 1-1 串联式混合动力汽车结构示意图

串联式混合动力汽车的驱动力只来源于电动机,故被认为是电动汽车的一类。发动机带动发电机发电,增加了汽车的续航里程,所以发动机—发电机组就是汽车的增程器。因此,串联式混合动力汽车又称为"增程式"电动汽车。

串联式混合动力汽车特点:
(1)汽车动力源的混合是车载电能源的混合。
(2)只有电动机一种动力驱动装置。
(3)结构简单,布置方便。
(4)控制策略简单。
(5)能量转换效率低。
串联式混合动力汽车驱动系统间的混合是车载电能源环节的混合。

2. 并联式

并联式混合动力汽车的发动机和发电机都是动力总成,两大动力总成的功率可以互相叠加输出,也可以单独输出。实际上就是在普通内燃机汽车的基础上加装一套电能驱动系统(即电动机和动力电池),如图 1-2 所示。

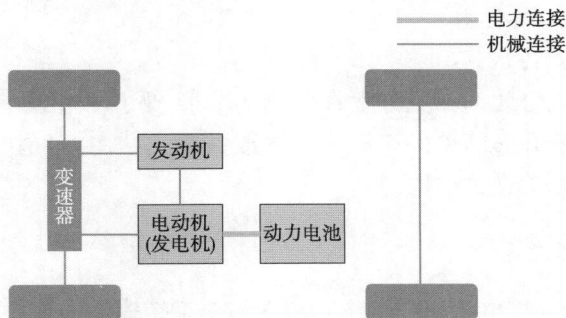

图 1-2 并联式混合动力汽车结构示意图

并联式混合动力汽车发动机和电动机都能单独驱动汽车,也可以同时工作,共同驱动汽车。当动力电池电量不足时,发动机还能带动电动机旋转,此时电动机变身为发电机,对动力电池充电。

并联式混合动力汽车的特点:

（1）汽车动力源的混合是机械动力的混合。

（2）具有两个或两个以上动力驱动装置。

（3）每个动力系统都有独立的车载能源。

（4）能量转换效率高。

并联混合动力驱动系之间的联合是车辆动力传递系统环节的联合,通过对不同的动力驱动装置输出的动能的联合或耦合,满足车辆行驶要求。

3. 混联式

混联式混合动力汽车综合了串联式和并联式的结构,主要由发动机、发电机和电动机三大动力总成组成,如图1-3所示。

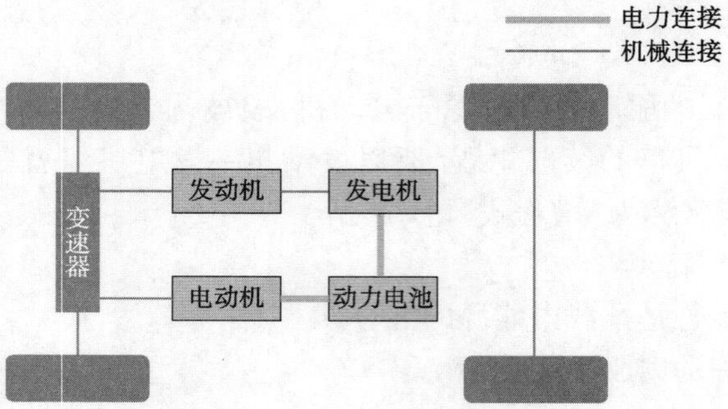

图1-3　混联式混合动力汽车结构示意图

混联式混合动力汽车在发动机和电动机协同驱动车辆行驶的同时,发动机还能带动发电机为动力电池充电,不再像并联结构中单一电动机需要身兼两职,并且理论上它能够实现发动机带动发电机发电,电动机驱动车辆的模式。因此,混联结构的驱动模式有:纯电模式、纯油模式、混合模式、充电模式四种。

混联式混合动力汽车结构特点:

（1）汽车动力源的混合是车载电能源和机械动力的双重混合。

（2）工况适应性强,工作平稳。

（3）结构紧凑,技术难度大。

为优化驱动系统的综合效率和充分发挥车辆的节能、低排放潜力,在实际应用中,混联式混合动力汽车驱动系统并非简单的串联式结构或并联式结构,而是由串联式结构和并联式结构复合组成的串并联综合式结构。

（二）按混合程度分类

在混合动力系统中,根据电动机的输出功率在整个系统输出功率中所占比重,可以分为以下四类:微度油电混合动力、轻度油电混合动力、中度油电混合动力、重度油电混合动力（也称全油电混合动力,强油电混合动力）。

1. 微度油电混合动力汽车

电动机的峰值功率和发动机的额定功率比小于或等于5%的,为微度油电混合动力汽车。

微度油电混合动力汽车的动力系统对传统发动机的起动机进行了改造,形成由皮带传动的发电起动一体式电动机(Belt-driven Starter/Generator,BSG)。该电动机用来控制发动机快速起停,取消了发动机的怠速过程,降低了油耗和尾气污染物排放。微度油电混合动力系统搭载的电动机功率比较小,仅靠电动机无法使车辆起步,起步过程仍需要发动机介入,是一种初级的混合动力系统。在微度油电混合动力系统里,电动机的电压通常有两种:12V 和 42V。在城市循环工况下节油率一般为 5% ~ 10%。

2. 轻度油电混合动力汽车

电动机的峰值功率和发动机的额定功率比在 5% ~ 15% 的,为轻度油电混合动力汽车。

轻度油电混合动力汽车的动力系统采用了集成式起动电动机(ISG)。与微度油电混合动力系统相比,轻度油电混合动力系统除了能够实现用电动机控制发动机的起停外,还能够在汽车制动和下坡工况下,实现对部分能量进行回收。在行驶过程中,发动机的动力可以在车轮的驱动需求和发电机发电需求之间进行调节。在城市循环工况下节油率一般为 10% ~ 15%。

3. 中度油电混合动力汽车

电动机的峰值功率和发动机的额定功率比在 15% ~ 40% 的,为中度油电混合动力汽车。

中度油电混合动力汽车的混合动力系统同样采用了集成式起动电动机(ISG)系统。与轻度油电混合动力系统不同之处在于,中度油电混合动力系统采用的是高压电动机,在汽车加速或者大负荷工况时,电动机能够辅助发动机驱动车辆,补充发动机本身动力输出的不足,提高整车性能。这种系统在城市循环工况下,节油率可以达到 20% ~ 30%。

4. 重度油电混合动力

电动机的峰值功率和发动机的额定功率比在 40% 以上的,为重度油电混合动力汽车。

重度油电混合动力汽车的动力系统以发动机为基础动力,电动机为辅助动力。采用了 272 ~ 650V 的高压电动机,电动机的功率更为强大,完全可以满足车辆在起步和低速时的动力要求。因此,在起步和低速行驶状态下都不需要起动发动机,依靠电动机可以完全胜任,在低速时就像一辆纯电动汽车。在急加速和爬坡运行工况下车辆需要较大的驱动力时,电动机和发动机同时为车辆提供动力。随着电动机、动力电池技术的进步,重度油电混合动力系统逐渐成为混合动力技术的主要发展方向。在城市循环工况下节油率可以达到 30% ~ 50%。

(三)按能否外充电分类

按能否外充电进行充电,混合动力汽车可以分为油电混合动力汽车(Hybrid Electric Vehicle,HEV)和插电式油电混合动力汽车(Plug-in Hybrid Electric Vehicle,PHEV)两种。

1. 油电混合动力汽车

无外充电功能,动力电池的容量较小,且充电完全依靠发动机带动发电机来完成,也就是内充。纯电动模式行驶距离很短,无法长时间使用。

2. 插电式油电混合动力汽车

有外充电功能,简单说就是介于电动车与燃油车两者之间的一种车,既有传统汽车的发动机、变速器、传动系统、油路、油箱,也有电动车的电池、电动机、控制电路。而且电池容量比较大,有充电接口,如图 1-4 所示,因此节油率可达 70%。

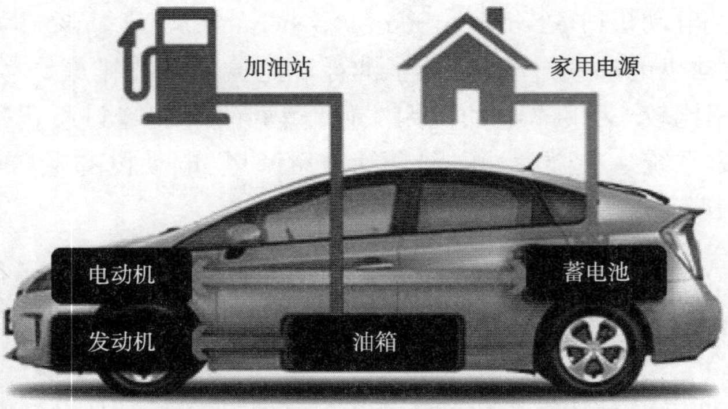

图1-4 插电式混合动力汽车示意图

与油电混合动力汽车相比,插电式油电混合动力汽车动力电池容量更大,可以支持的行驶里程更长。如果拥有较好的充电条件,插电式油电混合动力汽车不用加油就可满足日常出行需求,作为纯电动车使用,具有纯电动汽车的优点。与纯电动汽车相比,插电式油电混合动力汽车电池容量要小很多,但是带有传统燃油汽车的发动机、变速器、传动系统、油路、油箱。在无法充电的时候,只要有足够的燃油就可以继续行驶,行驶里程不受充电条件的制约,又具有燃油汽车的优势。

技能实训

1. 准备工作

(1)场地设施:具有尾气抽排系统和消防设施的场地。

(2)设备设施:丰田卡罗拉混合动力汽车、车轮挡块、防护套件。

2. 实训过程

(1)安装车内及车外车辆防护套件。

(2)安装尾气抽排管。

(3)安装车轮挡块。

(4)打开驾驶人侧车门,确认驻车制动器位置。

(5)将点火开关打到 ON 位置,观察并记录仪表盘中各警告灯工作情况。

(6)确认变速器换挡杆挡位。

(7)起动车辆,观察并记录车辆起动情况及仪表盘中各仪表、警告灯工作情况。

(8)操作灯光控制开关,体验打开各种灯光。

(9)操作刮水器控制开关,体验打开刮水器各项功能。

(10)操作空调控制开关,体验空调系统各开关功能。

(11)操作音响控制开关,体验音响系统各开关功能。

(12)关闭点火开关,确认挡位、驻车制动器位置。

(13)打开发动机舱盖,观察并记录各总成名称及位置。

(14)收起车内及车外车辆防护套件。

(15)收起尾气抽排管。

模块小结

（1）混合动力汽车是指车辆驱动系统由两个或多个能同时运转的单个驱动系统联合组成的车辆，车辆的行驶功率依据实际的车辆行驶状态由单个驱动系统单独或共同提供。

（2）油电混合动力汽车，采用传统的燃油机（柴油机或汽油机）和电动机作为动力源，也有的发动机经过改造使用其他替代燃料。

（3）混合动力汽车既有燃油发动机动力性好、反应快和工作时间长的优点，又有电动机无污染和低噪声的好处，达到了发动机和电动机的最佳匹配。

（4）串联式混合动力汽车的动力来源于电动机，发动机只能驱动发电机发电，并不能直接驱动车辆的行驶。

（5）并联式混合动力汽车发动机和电动机既能单独驱动车轮，也可以同时工作，共同驱动汽车。

（6）并联式混合动力汽车当动力电池电量不足时，发动机能带动电动机旋转，对动力电池充电。

（7）混联式混合动力汽车在发动机和电动机协同驱动车辆行驶的同时，发动机还能带动发电机为动力电池充电。

（8）微度油电混合动力汽车的动力系统对传统发动机的起动机进行了改造，形成由皮带传动的发电起动一体式电动机（BSG）。该电动机用来控制发动机快速起停，因此可以取消发动机的怠速过程，降低了油耗和排放。

（9）轻度油电混合动力汽车的动力系统，采用了集成式起动电动机（ISG）。与微度混合动力系统相比，轻度混合动力系统除了能够实现用电动机控制发动机的起停外，还能够在汽车制动和下坡工况下，实现对部分能量的回收。

（10）中度油电混合动力系统采用的是高压电动机，在汽车加速或者大负荷工况时，电动机能够辅助发动机驱动车辆，补充发动机本身动力输出的不足，提高整车性能。

（11）重度油电混合动力汽车采用了 272～650V 的高压电动机，电动机的功率更为强大，完全可以满足车辆在起步和低速时的动力要求。因此，在起步和低速行驶状态下都不需要起动发动机，依靠电动机可以完全胜任，在低速时就像一辆纯电动汽车。在急加速和爬坡运行工况下车辆需要较大的驱动力时，电动机和发动机同时对车辆提供动力。

（12）插电式油电混合动力汽车动力电池容量更大，可以支持的行驶里程更长。如果拥有较好的充电条件，插电式油电混合动力汽车不用加油就可满足日常出行，作为纯电动汽车使用，具有纯电动汽车的优点。

思考与练习

（一）填空题

1. 油电混合动力汽车的英文简称为_____。

2. 油电混合动力汽车采用_____和_____作为动力源。

(二)判断题

1. 串联式混合动力汽车的动力来源于发动机。　　　　　　　　　　　　　（　　）
2. 并联式混合动力汽车的一个动力源就是发动机。　　　　　　　　　　　（　　）
3. 并联式混合动力汽车的发动机带动发电机可以对动力电池进行充电。　（　　）
4. 混联式混合动力汽车的发动机和电动机无法协同驱动车辆行驶。　　　（　　）

(三)简答题

1. 微度油电混合动力汽车中 BSG 指的是什么？
2. 轻度油电混合动力汽车中 ISG 指的是什么？
3. 插电式油电混合动力汽车作为油电混合动力汽车的发展趋势,它的优点有哪些？
4. 卡罗拉油电混合动力汽车起动后,"READY"指示灯代表什么意思？

学习目标

1. 能够区分混合动力汽车发动机的类型;
2. 能够描述混合动力汽车发动机的特点;
3. 能够描述永磁交流同步电机的特点;
4. 能够叙述永磁交流同步电机的工作原理;
5. 能够叙述电机控制器的工作原理;
6. 能够使用工具对混合动力汽车发动机进行维护;
7. 能够使用工具对混合动力汽车发动机进行检修;
8. 能够使用工具对混合动力汽车驱动电机进行维护;
9. 能够使用工具对混合动力汽车驱动电机系统进行检修。

建议课时:24 课时。

一、混合动力汽车发动机系统

(一) 串联式混合动力汽车发动机

1. 概述

纯电动汽车自身搭载动力电池的续航里程有限,为了延长里程,加装一个增程器。这个增程器就是发动机和发电机的集成体,见图2-1。

在行驶时,如果电池电量不足或者消耗到一定程度,发动机起动,带动发电机发电,产生的电能一部分供给电动机驱动车辆行驶,一部分供给动力电池使其电量维持在一个临界水平。

串联式混合动力汽车不论工作在纯电动模式还是增程模式,其车轮始终仅由电动机独立驱动。增程器中的发动机排量一般不会很大,多采用小功率的发动机。发动机始终保持燃油经济性最优的稳定转速,带动发电机发电,其结构与普通的发动机结构没有区别,只是在发动机转速控制策略上与普通发动机不同。

图2-1 串联式混合动力汽车结构图

1-增程器(发动机 + 发电机);2-电动机

2. 串联式混合动力汽车发动机技术参数

串联式混合动力汽车目前以雪佛兰沃蓝达和宝马 i3 为主要代表车型。

(1)雪佛兰沃蓝达的发动机。

雪佛兰沃蓝达的发动机是一台输出功率 63kW 的 1.4L 直列四缸传统汽油发动机,见图 2-2。发动机主要参数见表 2-1。

雪佛兰沃蓝达发动机参数 表2-1

排量(L)	1.4
最大功率[kW/(r/min)]	63/4800
最大转矩[N·m/(r/min)]	126/4250
工作方式	自然吸气
汽缸数	4
升功率	45

图2-2 雪佛兰沃蓝达发动机

(2)宝马 i3 发动机。

宝马 i3 串联式混合动力车型在车尾有一个 0.65L 排量的双缸发动机,见图 2-3。发动机主要参数见表 2-2。

宝马 i3 发动机参数 表2-2

排量(L)	0.65
最大功率[kW/(r/min)]	25/4300
最大转矩[N·m/(r/min)]	55/4300
工作方式	自然吸气
汽缸数	2
升功率	43.1

图2-3 宝马 i3 发动机

（二）BSG 式发动机

1. 概述

BSG 式发动机在发动机前端用驱动皮带将一体化起动/发电机与发动机连接,取代了原有的发电机,从而实现了混合动力系统的一体化。该技术属于弱混合动力技术,是一种具备急速停机和起动功能的混合动力技术,可以实现汽车在等红灯和堵车时发动机暂停工作,当车辆识别到驾驶人有起步意图时,系统通过 BSG 系统快速地起动发动机,也就消除了发动机在急速工作时的燃油消耗、尾气排放与噪声污染,见图 2-4。

BSG 电机一方面作为起动机快速拖动发动机达到急速以上转速,另一方面作为发电机给电池组充电。当发动机处于急速工况时间较长时,控制系统自动使发动机和 BSG 电机停止工作;需要起步时,BSG 电机快速起动发动机,实现发动机自动起停;正常行驶工况下,BSG 电机和普通汽车的发电机一样,由发动机带动发电,给电池组充电。

图 2-4　BSG 式发动机
1-普通发动机;2-BSG 电机;3-BSG 控制器

BSG 式混合动力汽车保留了传统轿车上的 12V 起动机,以保证电池组电量过低时发动机能正常起动。

2. BSG 式发动机结构

BSG 式发动机与普通发动机相比只是 BSG 系统有区别,其他的各个系统完全一样,在这里只介绍 BSG 系统,其他系统不再赘述。

（1）BSG 系统的组成

BSG 系统主要是由 BSG 控制器、BSG 电机、BSG 电池组以及离合器位置开关、空挡位置开关、制动真空度传感器、电流流量传感器、电池温度传感器等传感器元件组成,见图 2-5。

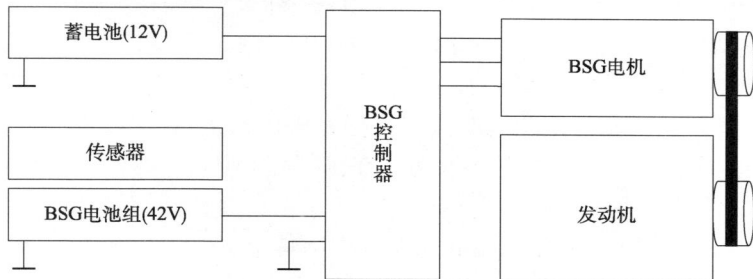

图 2-5　BSG 系统结构

（2）BSG 系统的工作原理

BSG 系统的工作原理,见图 2-6。

BSG 控制电脑通过接收各传感器信号判定整车的行驶工况,从而实现以下 4 种基本工作模式。

①当判定汽车处于起动工况时,BSG 控制电脑会依据判定条件自动发出指令,将 BSG 电池组的电能供应给 BSG 电机,BSG 电机作为起动机,短时间内将发动机加速至 3000r/min 以上,然后发动机正常工作,从而降低发动机在起动阶段的燃油消耗和尾气污染物排放。

②当判定汽车处于减速工况时,BSG 控制电脑会依据判定条件自动发出指令,BSG 作为发电机,把发动机的动能转化为电能输送给 BSG 电池组存储起来。

③当判定汽车处于怠速运转工况时,BSG 控制电脑会依据停机的条件实现发动机停机,代替传统汽车的怠速工况,从而避免停车工况时的燃油消耗和尾气污染物排放。

④当汽车处于正常行驶工况,BSG 电机和普通汽车的发电机一样,由发动机带动发电,给 BSG 电池组充电,储存电能。

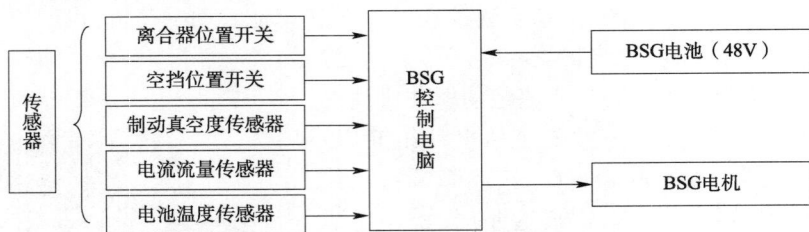

图 2-6 BSG 系统工作原理图

(三) 阿特金森发动机

1. 阿特金森循环

普通汽车发动机多为四冲程发动机,包括进气、压缩、做功和排气四个行程,见图 2-7。

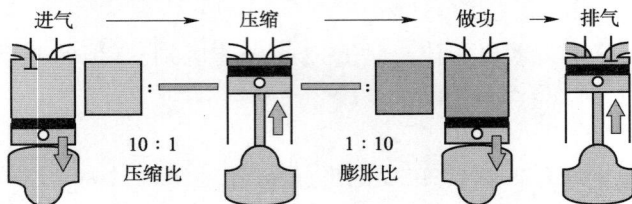

图 2-7 四冲程发动机示意图

四冲程的发动机在进气行程中油气混合物被吸入汽缸,当活塞到达下止点后,进气门关闭,油气混合物被封闭在汽缸中,在压缩和做功行程中分别被压缩和膨胀做功。这样,膨胀比几乎等于压缩比。在四冲程发动机的做功行程完成后,封闭在汽缸内的气体气压仍然有 3~5 个大气压,这部分气体的压力并未做功。在排气行程中,这部分气体直接排放到大气中,产生了能量的浪费。

1882 年,英国工程师 James Atkinson(詹姆斯·阿特金森)在四冲程发动机的基础上,通过一套复杂的连杆机构,使得发动机的做功行程大于压缩行程。这种巧妙的设计,不仅改善了发动机的进气效率,也使得发动机的膨胀比大于压缩比,可以更有效地利用燃烧后废气仍然存有的高压,提高了发动机效率。这种发动机的工作循环被称为阿特金森循环,见图 2-8。

该循环在结构上实现有很大的难度,需要借助特殊的曲轴和连杆系统,其技术难度高,故此人们选用了结构简单的四冲程发动机。

1947 年,美国工程师 R. H. Miller(拉尔夫·米勒)在四冲程发动机的基础上也实现了高燃油效率的阿特金森循环。他不像 James Atkinson 那样,机械地实现做功行程大于压缩行程,而是推迟进气门关闭时刻,让进气门在压缩行程中关闭,尽管这样会造成吸入汽缸的油气混合物在活塞开始上升时又部分地被推出汽缸,但是压缩行程可以通过控制进气门关闭的时刻来恰当地调节。因考虑到压缩行程又被分为两个阶段（燃油喷射阶段和实际的压缩阶段），这种发动机有时又被称为五冲程发动机，见图2-9。

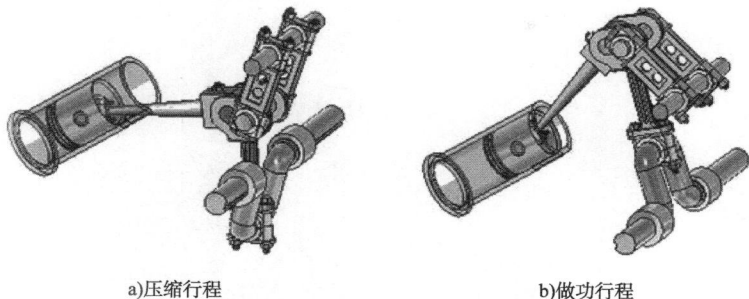

a)压缩行程　　　　　　　　　　　　b)做功行程

图2-8　阿特金森循环示意图

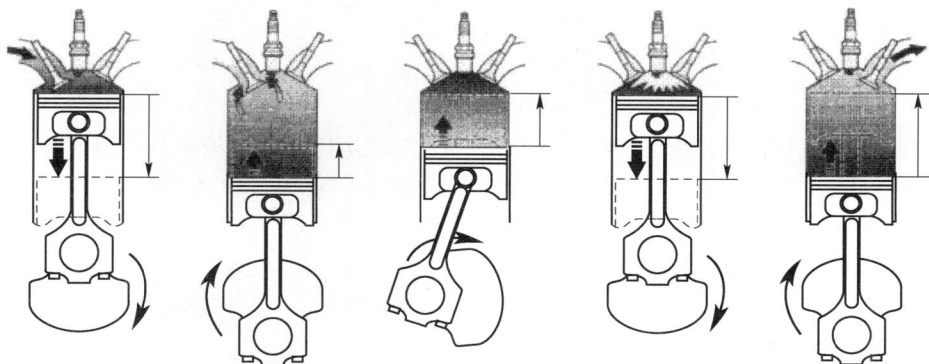

图2-9　五冲程发动机工作循环示意图

目前，阿特金森循环多采用可变配气正时方式来实现。现代的阿特金森循环发动机使用电子控制装置和可变配气正时装置，使燃烧在汽缸中的油气混合物的体积膨胀得更大，借此让动力装置能更高效地利用燃油。由于该形式的阿特金森循环发动机在大负荷时，其功率输出损失较大，抵消了该发动机燃油效率高的优点，所以应减少发动机大负荷工况，或取消大负荷工况。发动机处于部分负荷工况状态时，进气回流使进入汽缸的部分混合气流回进气管，通过增大节气门开度可以降低气流损失，采用远高于普通发动机的压缩比以提高热效率，长的膨胀行程又可以充分利用燃烧气体的膨胀功，减少废气带走的能量，进一步提高了热效率。

由于现代的阿特金森循环在部分负荷时具有较高的热效率，燃油经济性高，因此它正被越来越多地应用于混合动力汽车上，通过电动机的辅助使发动机工作在部分负荷下，提高系统效率。

2. 阿特金森发动机结构

混合动力汽车中采用阿特金森循环发动机的车型较多，以日本丰田品牌的混合动力汽车最具有代表性。作为全球最畅销的混合动力车型，丰田普锐斯早在第二代车型上就使用了现代的阿特金森循环，发动机没有了复杂的连杆结构，且没有在普通发动机上做太大修改，只是改变气门开闭的时刻来实现膨胀比大于压缩比。它是利用智能可变气门正时（VVT-i）系统来实现阿特金森循环的，使得阿特金森循环率上升，提高了热效率，进一步改善了燃油经济性。

丰田普锐斯发动机,见图2-10。

图2-10　普锐斯发动机

该发动机应用在混合动力汽车上,取消了传统的起动机,其冷却系统与普通发动机差别较大,而其他结构基本相同,在这里就不再赘述,下面介绍该发动机的冷却系统。

该发动机的冷却系统采用了电动水泵,提高了预热性能并减少了冷却的损失,见图2-11。

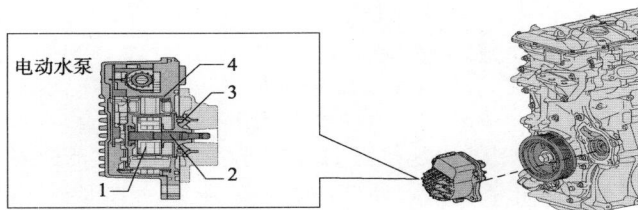

图2-11　电动水泵结构

1-电动机;2-轴;3-叶轮;4-定子

发动机采用电动水泵,冷却循环不再受发动机转速的影响,并可以在适当的时间仅循环所需的冷却液,提高了暖机性能并减少了冷却损失。同时,无需使用传动带,不再产生由于使用传动带而造成的机械损失。电动水泵也向空调系统的加热器芯提供冷却液。

电动水泵的控制,如图2-12所示。

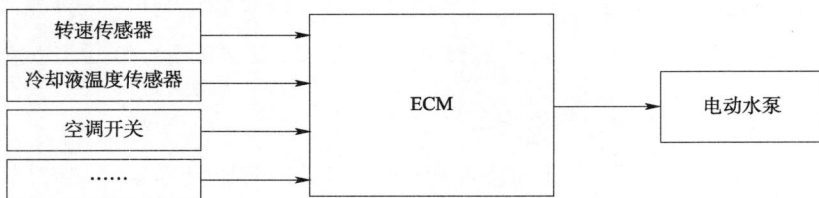

图2-12　电动水泵的控制

ECM接收来自发动机转速传感器、冷却液温度传感器、空调开关等传感器的信号,确定水泵电动机的转速,进而控制冷却液最佳循环量。

二、混合动力汽车驱动电机系统

（一）驱动电机

1. 混合动力汽车驱动电机的特点

混合动力汽车利用电动机驱动作为辅助动力，来降低燃料消耗和实现"低污染"，或在纯电动驱动模式时实现"零污染"，同时又必须对电池组的质量和整车的整备质量进行限制，以减轻混合动力汽车的总质量。因此，一般电动机只是在混合动力汽车发动机起动，车辆起动、加速或爬坡时起作用。混合动力汽车上电动机系统的工作条件以及其工作模式与传统工业电动机相比有着很大的区别，这些区别使得传统工业电动机不适合在混合动力汽车上使用。与传统工业电动机相比较，混合动力汽车上所使用的电动机系统，有以下特点：

（1）频繁起停、频繁加减速以及工作模式的频繁切换（作为电动机使用驱动汽车以及作为发电机使用，实现能量回收及发电的功能），这对电动机的响应性能提出了更高的要求。

（2）混合动力汽车电动机需要有 4～5 倍的过载转矩，以满足短时加速行驶与最大爬坡度的要求；而工业电动机只要求有 2 倍的过载转矩就可以了；另外，混合动力汽车电动机的最高转速要求达到公路上巡航时基速的 4～5 倍，而工业电动机只要求达到恒定功率时基速的 2 倍。

（3）由于汽车内部空间紧张，往往要求电动机系统具有体积小、重量轻以及具有较高的功率密度和工作效率等性能要求。另外，相对于传统工业电动机而言，混合动力汽车上所使用的电动机系统的工作环境更为恶劣、干扰更大，从而要求它应具有更高的可靠性、抗振性和抗干扰性。

（4）传统电动机一般工作在额定工作点附近，而混合动力汽车电动机的工作范围相对较宽，且由于混合动力汽车电动机工作模式的特殊性（电动机的工况经常处于动态变化中），额定功率这个参数对于混合动力汽车所使用的电动机而言，没有特别大的意义，所以对其额定功率的要求并不严格，而在高效工作区间，这个参数则更为实际和重要。

（5）在供电方式上，传统工业电动机有常规标准的电源电，而混合动力电动机所使用的电能来源于电池组，且由功率转化器直接供给。另外，电动机的使用电压及形式并不确定，从减少功率损耗及降低电动机成本的角度而言，一般倾向于使用较高的电压。

由此可知，混合动力汽车对自身使用的电动机系统有着以下特殊要求：频繁切换性能好，比功率大，体积小，抗振性、抗干扰性好，高效工作范围宽，容错能力强，噪声小，以及对电压波动的适应能力强和较低的成本等。

2. 混合动力汽车驱动电机种类

高功率密度、高效率、宽调速的车辆驱动电机及其控制系统既是混合动力汽车的心脏又是混合动力汽车研制的关键技术之一。

混合动力汽车在不同的历史时期采用了不同的驱动电机。最早采用了控制性能好和成本较低的直流电动机。随着电子技术、机械制造技术和自动控制技术的发展，交流电动机、永磁电动机和开关磁阻电动机显示出比直流电动机更加优越的性能，这些电动机正在逐步取代直流电动机。目前,大多数混合动力车辆的动力输出单元均配备永磁同步交流电动机,故本章以永磁同步交流电动机为主进行阐述。

3.永磁同步交流电动机

永磁同步交流电动机按照定子绕组感应电动势的波形不同,可以分为三相永磁同步交流电动机(Permanent Magnet Synchronous Motor,PMSM)和无刷直流电动机(Brushless Direct Current Motor,BLDC)。由于永磁同步交流电动机的超载运转能力强、运转时运行平稳、动态响应快,且其效率和功率因数都比其他电动机高,所以永磁同步交流电动机非常适合在负载转矩变化范围较宽的情形下运行。另外,永磁同步交流电动机与电励磁同步交流电动机运行原理虽然相同,但前者以永磁体提供的磁通代替电励磁同步电动机的励磁绕组励磁,使用永磁体励磁能够减小转子体积,省去电刷以及集电环,而且不需要励磁电流,省去了励磁损耗,有效提高了电动机的工作效率,具备很多优点。

(1)永磁同步交流电动机的基本原理。

永磁同步交流电动机的基本原理是利用定子的三相电流与转子的磁场相互耦合产生电磁转矩,使转子转动。永磁同步电动机定子绕组通入对称的三相交流电路时,永磁同步交流电动机定子将产生恒定转速的旋转磁场。在正常工作情况下,永磁同步交流电动机转子转速恒定即为同步转速。

永磁同步交流电动机定子通过三相交流电流时即会产生旋转磁场,如果旋转磁场的转速为 n,其旋转频率 $f=1/n$,则永磁同步交流电动机转子转速 n_0 为:

$$n_0 = \frac{60f}{p_\mathrm{m}}$$

式中,p_m 为永磁同步交流电动机的极对数目。当永磁同步交流电动机转子转速 n_0 小于 n 时,电动机为永磁异步电动机;当永磁同步电动机转子转速 n_0 等于 n 时,电动机为永磁同步电动机。

(2)永磁同步交流电动机的组成与结构。

永磁同步交流电动机的基本组成结构有转子、定子和机体三部分。一般来说,永磁同步交流电动机的最大特点是它的定子结构与普通感应电动机的结构非常相似,主要区别在于转子上放有高质量的永磁体磁极。由于在转子上安放永磁体的位置有很多选择,所以永磁同步交流电动机通常会被分为三大类:表面安装式、内嵌安装式以及内置安装式,如图 2-13 所示。

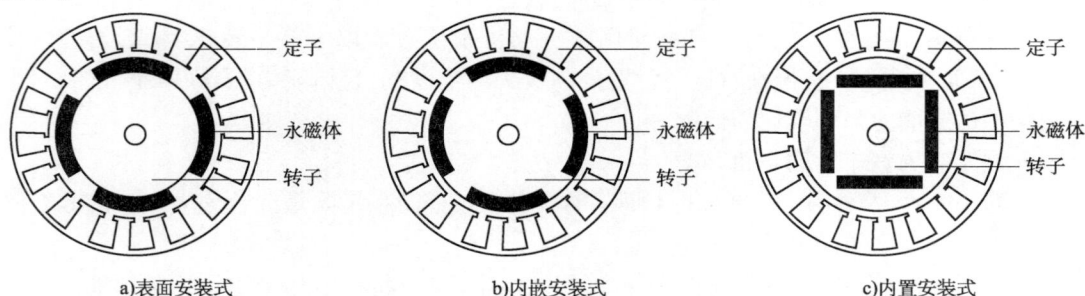

a)表面安装式　　　　　　　b)内嵌安装式　　　　　　　c)内置安装式

图 2-13　永磁同步交流电动机内部结构分类

表面安装式永磁同步交流电动机(图2-13a)没有凸极效应,具有较大的气隙。大的气隙削弱了电动机的电枢反应效应,因此这种电动机被限制应用在低转速区域和恒定转矩区域,内嵌安装式永磁同步交流电动机(图2-13b)同样具有较小和平滑的气隙;而内置安装式永磁同步交流电动机(图2-13c)则完全克服了上述二者的缺点:由于永磁体埋到转子的内部,因此内置安装式永磁同步交流电动机的气隙更小、更平滑。同时,基于永磁体的安装方式,电动机的交直轴磁阻不同,因此电动机除了永磁转矩外还会产生磁阻转矩。在上述三种类型的永磁同步交流电动机中,内置式永磁同步交流电动机性能最好,所以这种电动机被应用到高转速和高性能需求的场合。

(3)永磁同步交流电动机发电模式的工作原理。

永磁同步交流电动机的发电模式产生交流电的基本原理是电磁感应原理,具体地说是利用转子旋转产生磁场,使穿过定子绕组的磁通量发生变化,在定子绕组内产生交流感应电动势。图2-14所示为永磁同步交流电动机的发电模式的工作原理图。

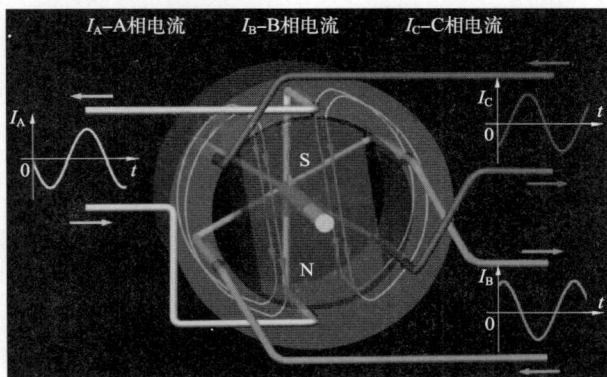

图2-14　发电模式的工作原理示意图

当励磁绕组有电流通过时,便产生磁场,转子轴上的两个爪极分别为磁化为N极和S极。当转子旋转时,磁极交替地在定子铁芯中穿过,形成一个旋转的磁场,磁力线和定子绕组之间产生相对运动,在三相绕组中产生交流感应电动势。

①转子。

转子主要用来建立磁场,它由两块爪极、励磁绕组、集电环和铁芯等组成,如图2-15所示。两块爪极相互啮合压装在转子轴上,其内腔装有导磁用的铁芯,称为磁轭,其上绕有励磁绕组。励磁绕组两端引线分别焊在彼此绝缘的两个集电环上,两个集电环与装在后端盖上的两个电刷相接触。

②定子。

定子又称作电枢,是产生交流电的部件,其主要由定子铁芯及定子三相绕组组成。定子铁芯由相互绝缘的内圆带槽环形硅钢片叠成。定子槽内置有三相对称绕组,三相绕组分别有星形接法和三角形接法两种,如图2-16

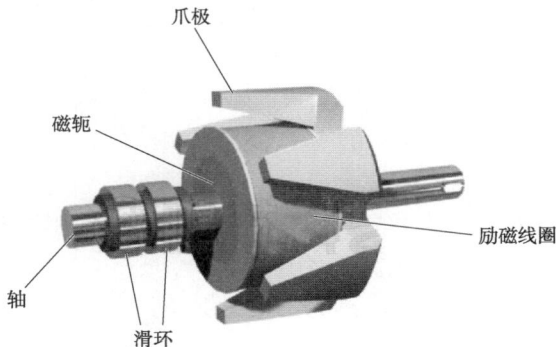

图2-15　转子结构原理图

所示。

在三相绕组中所产生的电动势是对称电动势,即其大小相等、电位差相差120°电角度。为了保证三相绕组中所产生的电动势是对称的,三相绕组在定子槽中的绕法必须满足:

A. 每相绕组线圈的个数、匝数及大小必须相等,这样可以保证每相绕组所产生的电动势大小相等。

B. 三相绕组的首端 U、V、W 在定子槽内的排列的间隙必须为120°电角度。

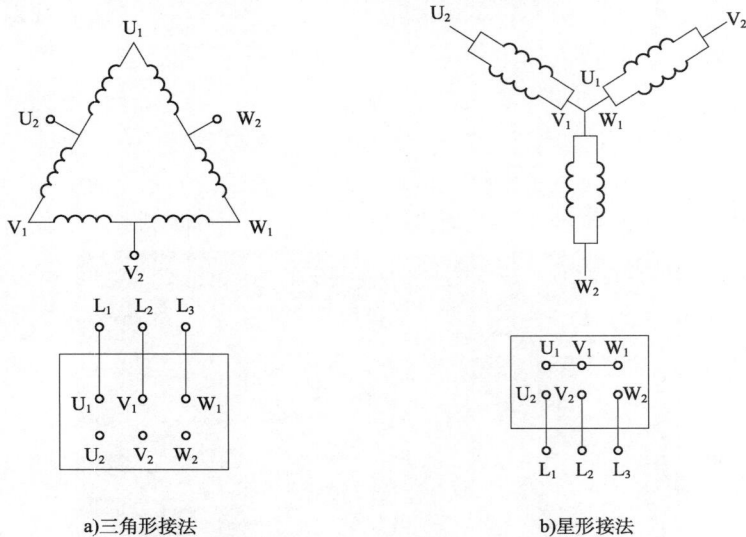

a)三角形接法   b)星形接法

图 2-16   定子绕组的连接方式

(二)电机控制器

电机控制器作为整个驱动系统的控制中心,它由逆变器和控制器两部分组成,如图 2-17所示。逆变器接收动力电池输送过来的直流电能,之后逆变成三相交流电给驱动电机提供电能。电机控制器接收电动机转速、温度、电流、电压等信号并反馈到仪表。当发生加速、爬坡或制动行为时,电机控制器控制变频器的升降,从而达到加速或者减速的目的。上文提到,永磁同步交流电动机可以分为三相永磁同步交流电动机和无刷直流电动机,其中三相永磁同步交流电动机控制器采用脉冲宽度调制(Pulse Width Modulation,PWM)方式实现高压直流到三相交流电源的变换,采用变频调速方式实现电动机的调速。无刷直流电动机控制器通常采用"弱磁调速"方式实现电机的控制。由于三相永磁同步交流电动机驱动系统低速转矩脉动小且在高速恒功率区调速更稳定,因此无刷直流电动机驱动系统具有更好的应用前景。

1. 电机控制器系统的基本组成

以某款混合动力汽车为例,其永磁同步交流电动机控制系统组成框图如图 2-18 所示。电机控制器系统主要包含动力电池模块、控制策略模块、逆变器模块、永磁同步电机模块及CAN 总线模块。为了控制电路中电流的变化,搭建 PI 双闭环反馈控制模型。根据电流期望值与实际值间的误差 e,使 SVPWM 生成模块进行实时调节,控制生成频率的大小,从而达到控制电机转速,进而控制车速的目的。

图 2-17　汽车电机控制器拓扑图

图 2-18　电机控制器系统组成框图

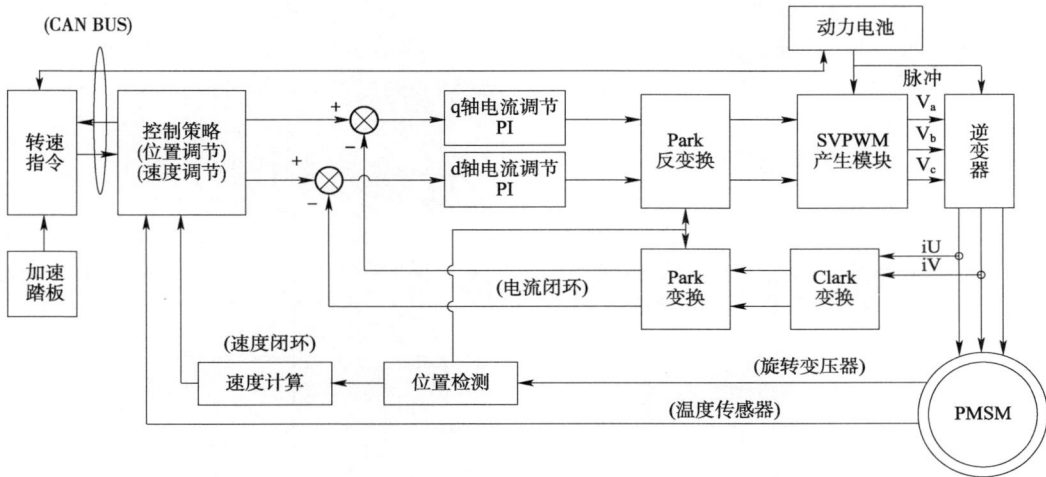

2. 逆变器的基本工作原理

在电机控制器中逆变器是最重要的部分。它主要的功能是将动力电池输入的直流电（DC）转换为三相交流电（AC），其主回路电路如图 2-19 所示。

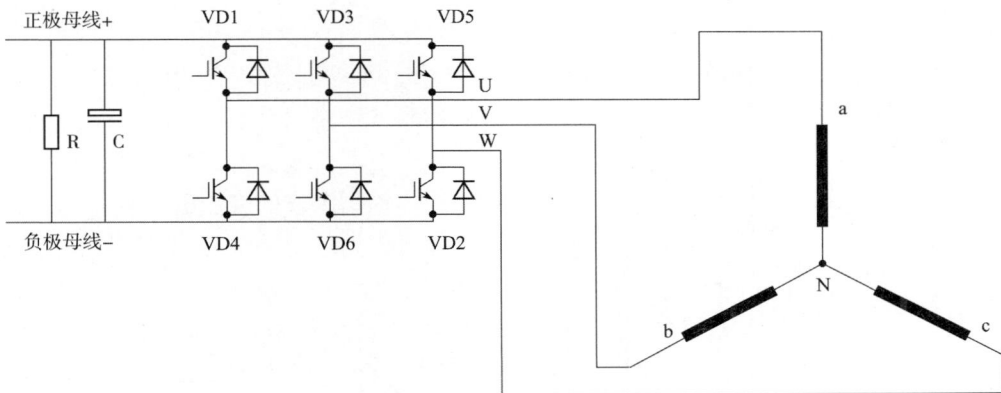

图 2-19　逆变器主回路电路原理图

在逆变器主回路电路中包括6个绝缘栅双极型晶体管(Insulated Gate Bipolar Transistor, IGBT)及三相输出线,每一相输出线与正负直流母线之间各连接一只 IGBT 功率开关管。连接正极母线的 IGBT 功率管与输出端的节点称为上桥臂,连接负极母线的 IGBT 与输出端节点称为下桥臂,每一相的上、下桥臂统称为半桥。

为了能够将输入的直流变成交流电,6 个 IGBT 会从 VD1 ~ VD6 依序循环地导通和关闭,并依次间隔60°顺序导通(或关断),三相的相位差为120°,也就是说和第一相上桥臂导通(或关断)时刻间隔120°的 IGBT 为第二相的上桥臂,和第二相上桥臂导通(或关断)时刻间隔120°的 IGBT 为第三相的上桥臂。当然,某一相的上桥臂导通区间内下桥臂是不可以导通的,也即是完全关断状态。当上桥臂导通 180°后立刻关断,这视为此相的正半波,另外在上桥臂关断时刻起导通并经过 180°即为此相的下桥臂。图 2-20 为逆变器三相输出波形图。

动力电池输出的直流电能经过逆变器,其每一相间隔 120°的循环输出就产生了交流电能,连接永磁同步交流电动机后即会在电动机内部建立旋转的磁场,从而电动机转子就可以旋转并对外做功了。

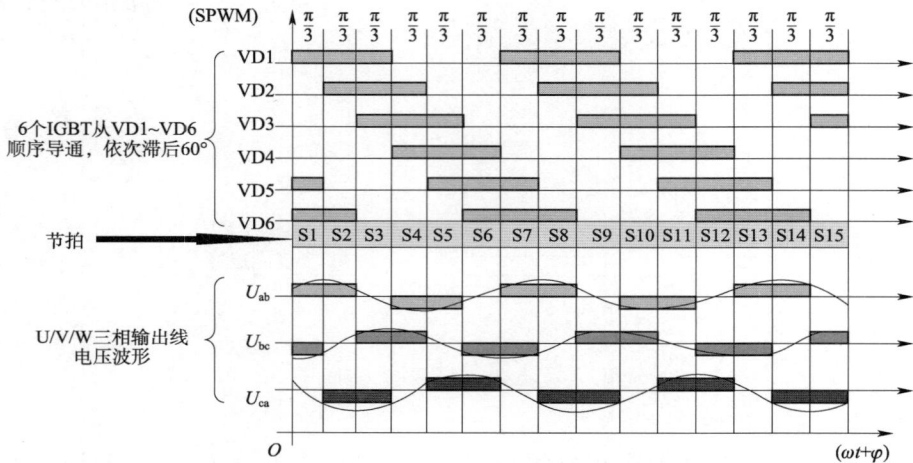

图 2-20　逆变器输出原理及波形图

3.电机控制器可变电压系统

(1)电压升压控制系统。

为了使动力电池输出电压满足电动机的工作电压,需要对动力电池输出电压进行升压调节。电机控制器中的升压转换器由一组绝缘栅双极晶体管和一个电抗器构成,如图 2-21 所示。

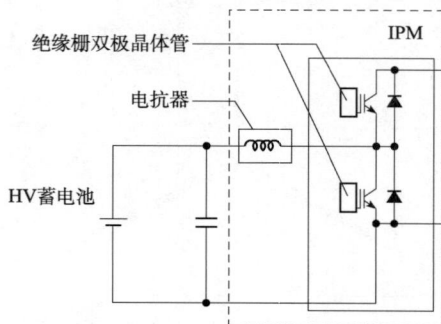

图 2-21　升压转换器结构示意图

当动力电池输出固定的直流电压时,其中的一个绝缘栅双极晶体管处于闭合状态,电流流经电抗器中的电感线圈,一部分能量储存在电感线圈中,如图 2-22a)所示;当绝缘栅双极晶体管关断后,电流被截止,此时电感线圈内部磁场发生变化,所感应出的电流就被二极管引导给电容器充电,如图 2-22b)所示,从而实现了升压。

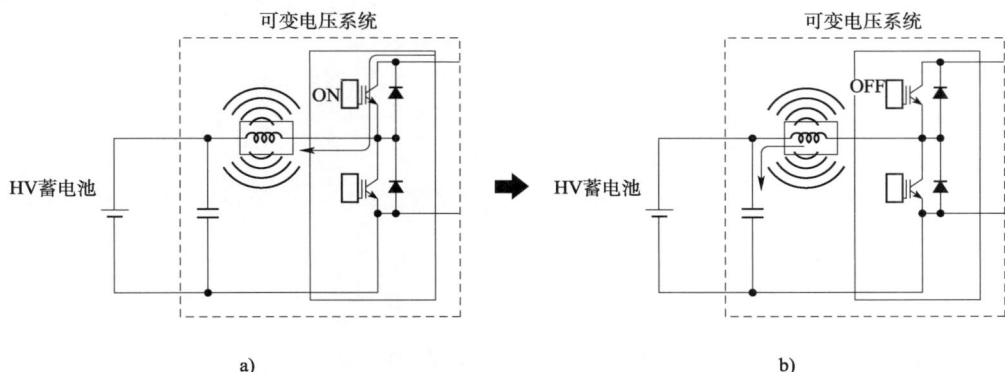

图 2-22　升压转换器升压状态示意图

（2）电压降压控制系统。

混合动力汽车的驱动电机具有可逆性，即电动机在特定条件下可以转变成发电机运行，将电动机制动产生的回馈电能充入动力电池中，需要电压降压控制系统。与升压控制相似，工作原理如图 2-23 所示。

图 2-23　降压工作原理示意图

当车辆制动时，电动机内部转子切割定子磁力线产生的交流电能通过逆变器变为直流电能，此时可变电压系统中上部的绝缘栅双极晶体管打开，电感线圈感应到电流的变化并储存部分电能，如图 2-23a）所示；而后可变电压系统中上部的绝缘栅双极晶体管关断，电感线圈阻碍电流的变化而向电容充电，如图 2-23b）所示，而后再由电容器向车载 HV 蓄电池充电。

（三）传感器

混合动力汽车驱动电机系统中的传感器包括了解析器（即转速传感器）、电机温度传感器、逆变器电流传感器、电压传感器及大气压力传感器等。

1. 解析器（转速传感器）

解析器的主要作用是检测转子位置、转速以及电机的旋转方向。为了使三相交流电动机工作，必须根据当前转子位置持续提供三相交流电，所以其用于正确检测当前转子的位置。

2.温度传感器

温度传感器用于检测电机的温度。如果电机由于冷却系统故障、在低速的情况下爬坡（坡度或斜度持续上升）等而过热，则绝缘可能发生故障或转子的内部磁铁可能消磁。因此，如果电机的温度升高超过临界值，则动力管理控制单元将限制电机的输出功率以防止电机过热。温度传感器一般安装在电机的定子上。

内置于温度传感器内的热敏电阻的阻值随电机温度的变化而变化，即电机温度越低，热敏电阻的阻值越大；电机温度越高，热敏电阻的阻值越小。

3.逆变器电流传感器

逆变器电流传感器的主要作用是检测电机的三相交流电的电流，并作为电机控制单元的反馈。逆变器电流传感器内置于带转换器的逆变器总成中。

电机的 V 和 W 相位各配备 2 个逆变器电流传感器，其由霍尔集成电路和芯组成。

当电流流经线束时产生磁场，磁场强度与电流量成正比，芯中产生的磁场强度通过霍尔集成电路转换为电压值，从而使逆变器电流传感器检测电流。

4.电压传感器

电压传感器的作用是来检测增压前和增压后电容器的电压值，根据增压前和增压后的电压值，电机控制单元控制增压转换器以使增加的电压达到目标值。电压传感器内置于带转换器的逆变器总成中。

5.大气压力传感器

大气压力传感器用来检测大气压力，一般安装在带转换器的逆变器总成的电机控制单元电路板上。即使电压不变，大气压力降低时也极易出现放电，大气压力低时系统降低增加的电压的最大值以防止线圈之间出现放电。

三、混合动力汽车发动机和驱动电机系统检修

（一）发动机和驱动电机系统检修注意事项

（1）混合动力汽车在起动阶段，当发动机已暖机并且动力电池已充电的情况下，发动机是不运转的。因此对发动机进行检测、维护、修理时，如果需要发动机持续运转，则必须切换到维护模式，见表2-3（以丰田卡罗拉混合动力汽车为例）。

维护模式　　　　　　　　表2-3

模式（显示）	目　的	控　制
2WD （FWD） MAINTENANCE MODE（两轮驱动（前轮驱动）维护模式）	1.进行发动机维护时，点火正时、息速尾气排放测试等； 2.使用速度表测试台、两轮底盘测功机等测试	1.将挡位置于 P 挡时保持发动机息速； 2.取消牵引力控制
2WD （FWD） CERTIFICATION MODE（两轮驱动（前轮驱动）认证模式）	使用速度表测试台、两轮底盘测功机等测试	取消牵引力控制

（2）混合动力汽车配备了高压电系统，在进行驱动电机系统检修的时候要注意以下几点：

①维修人员必须经过高压电安全的专业训练后，方可工作。

②车辆高压电系统线路和连接器均为橙色，注意与普通线路进行区分。

③在检查或维修高压系统之前，务必遵守相关的安全措施，例如佩戴绝缘手套、使用绝缘工具。

④按照维修规范进行高压电断电，确认安全后方可进行检查或维修。

（二）发动机和驱动电机系统检查项目

1. 燃油压力测试

（1）卸掉燃油管路里的压力。

（2）连接燃油压力表，如图2-24所示。

（3）连接智能诊断仪，执行主动测试功能，如图2-25所示，使燃油泵持续工作。

（4）测量燃油压力。

标准燃油压力值：304～343kPa（参照丰田卡罗拉混合动力汽车）

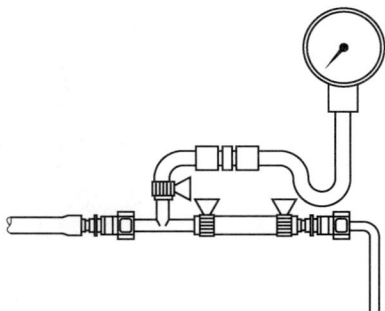

图2-24　燃油压力表连接示意图

图2-25　燃油泵主动测试

如果燃油压力值大于标准值，则更换燃油压力调节器总成。

如果燃油压力值小于标准值，则需要对燃油供给系统进行检查。

（5）退出智能诊断仪的主动测试功能,使燃油泵停止工作。

（6）将发动机置于维护模式,如图 2-26 所示。

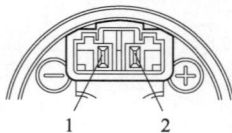

图 2-26　发动机维护模式

（7）起动发动机,测量怠速时燃油压力。

标准燃油压力值:304 ~ 343kPa(参照丰田卡罗拉混合动力汽车)。

（8）关闭发动机,检查并确认燃油压力,保持规定值至少 5min。

标准燃油保持压力:147kPa 或更高(参照丰田卡罗拉混合动力汽车)。

如果结果不正常,则需要对燃油供给系统进行检查。

（9）拆下燃油压力表。

2. 燃油泵的检查

（1）电阻检查。

使用万用表的电阻挡测量端子 1 和 2 间的电阻,如图 2-27 所示。

标准电阻值:在 20℃ 条件下,0.2 ~ 3Ω(参照丰田卡罗拉混合动力汽车)

如果结果不正常,则更换燃油泵总成。

（2）通电测试。

在两个端子间施加辅助蓄电池电压(注意:通电时间不要超过 10s),确认其工作正常。

如果工作不正常,则更换燃油泵总成。

3. 喷油器检查

（1）电阻检查。

使用万用表的电阻挡测量端子 1 和 2 间的电阻,如图 2-28 所示。

标准电阻值:在 20℃ 条件下,11.6 ~ 12.4Ω(参照丰田卡罗拉混合动力汽车)。

如果结果不正常,则更换喷油器总成。

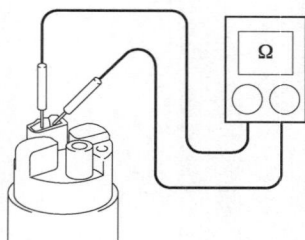

图 2-27　燃油泵电阻测量示意图

（2）工作情况检查。

①如图 2-29 所示,连接喷油器并放到量筒里。

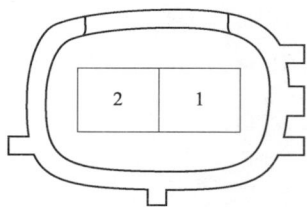

图 2-28　喷油器端子图

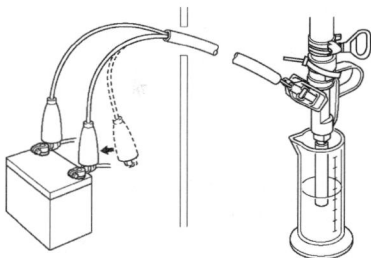

图 2-29　喷油器工作情况检查示意图

②连接智能诊断仪,执行主动测试功能,使燃油泵持续工作。

③给喷油器通电 15s,并用量筒测量喷油量。

标准值:60~73CC❶(参照丰田卡罗拉混合动力汽车)。

各喷油器总成喷油量差:13CC 或更小(参照丰田卡罗拉混合动力汽车)。

如果工作不正常,则更换喷油器总成。

4.火花测试

(1)拆下全部的点火线圈和火花塞。

(2)断开喷油器连接器。

(3)将发动机置于维护模式。

(4)将火花塞一端连接到点火线圈,另一端搭铁,如图 2-30 所示。

(5)起动发动机(不要超过 2s),确认各火花塞产生的火花正常。

如果结果不正常,则检查点火系统。

(6)连接喷油器连接器,安装全部的火花塞和点火线圈。

5.火花塞检查

(1)电阻检查。

使用兆欧表测量绝缘电阻。

标准值:10MΩ 或更大(参照丰田卡罗拉混合动力汽车)。

如果结果不正常,则用火花塞清洁器清洁火花塞,如图 2-31 所示,并在此测量,如果仍不正常,则更换火花塞。

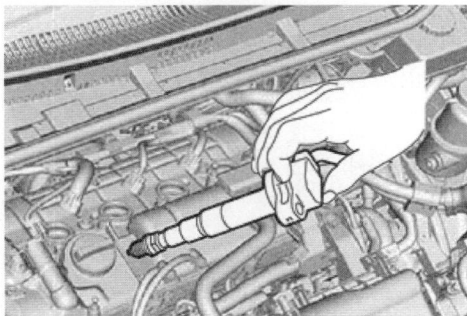

图 2-30　火花塞火花测试检查示意图

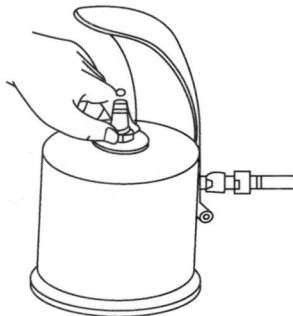

图 2-31　火花塞清洁示意图

---

❶　1CC＝1mL。

（2）电极间隙检查。

使用专用工具测量火花塞两个电极的间隙。

旧火花塞标准值：1.3mm（参照丰田卡罗拉混合动力汽车）。

新火花塞标准值：1.0～1.1mm（参照丰田卡罗拉混合动力汽车）。

如果结果不正常，则更换火花塞。

6. 汽缸压力测试

（1）将发动机置于维护模式。

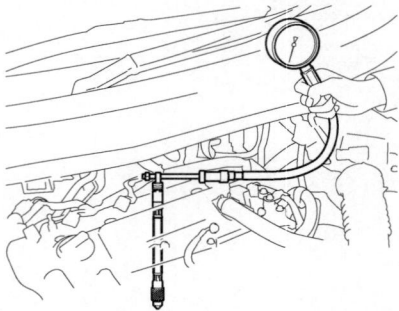

（2）暖机然后停机。

（3）拆下火花塞。

（4）安装汽缸压力表，如图 2-32 所示。

（5）使用智能诊断仪执行主动测试的压力测试功能。

（6）测量汽缸压力。

标准压缩压力：813kPa（参照丰田卡罗拉混合动力汽车）。

最小压缩压力：617kPa（参照丰田卡罗拉混合动力汽车）。

图 2-32　缸压表安装示意图

各汽缸间的压差：100kPa（参照丰田卡罗拉混合动力汽车）。

如果汽缸压力小于最小压缩压力值，则进行发动机维修。

（7）安装火花塞。

7. 驱动电机高压电缆检查

（1）绝缘性检查。

①车辆安全性断电。

②断开驱动电机侧高压电缆连接器。

③使用兆欧表分别测量高压电缆 U、V、W 端与车身搭铁的电阻。

标准值：100MΩ 或更大（参照丰田卡罗拉混合动力汽车）。

如果结果小于标准值，则更换高压电缆。

（2）导通性检查。

①车辆安全性断电。

②断开高压电缆两侧连接器。

③使用万用表分别测量高压电缆 U、V、W 两端电阻。

标准值：小于 1Ω（参照丰田卡罗拉混合动力汽车）。

如果结果大于标准值，则更换高压电缆。

8. 驱动电机绕组检查

（1）车辆安全性断电。

（2）断开驱动电机侧高压电缆连接器。

（3）使用毫欧表测量高压电缆 U、V、W 任意两端绕组电阻，如表 2-4 所示。

驱动电机绕组检查表　　　　　表 2-4

对　象	条　件	毫欧表连接	标 准 范 围
驱动电机 MG1	20℃	U - V	87～96.2mΩ
		V - W	
		W - U	
驱动电机 MG2	20℃	U - V	148～170mΩ
		V - W	
		W - U	

如果结果不正常,则更换驱动电机总成。

(三) 发动机系统故障排除步骤

(1) 根据客户描述,确认故障现象,分析故障原因。

(2) 使用智能诊断仪,检查故障码并保存定格数据。

(3) 如果车辆有故障码,查找对应维修资料并对照故障代码表,逐步确定故障的部位及修理方法。

(4) 如果车辆没有故障码,对发动机系统进行下列基本检查,确定故障部位:

① 检查辅助蓄电池电压。

A. 如果电压异常,对辅助蓄电池进行充电或更换辅助蓄电池。

B. 如果电压正常,进行下一项。

② 检查发动机曲轴是否转动。

A. 如果曲轴转动异常。

a. 按照维修资料对发动机机械部分进行人工检查,如果检查结果异常,确定故障的部位及修理方法,如果检查结果正常,进行下一步。

b. 对混合动力控制系统进行检查,如果检查结果异常,确定故障的部位及修理方法,如果检查结果正常,进行下一步。

c. 对发动机 ECU 进行检查,检查 ECU 的电路,确定故障的部位及修理方法。

B. 如果曲轴转动正常,进行下一项。

③ 检查发动机是否起动。

A. 如果发动机起动异常。

a. 按照维修资料对燃油供给系统进行燃油压力测试,如果测试结果异常,确定故障的部位及修理方法,如果测试结果正常,进行下一步。

b. 对点火系统进行火花及点火正时测试,如果测试结果异常,确定故障的部位及修理方法,如果测试结果正常,进行下一步。

c. 对进气系统进行检查,如果检查结果异常,确定故障的部位及修理方法,如果检查结果正常,进行下一步。

d. 对发动机汽缸压力进行测试,确定故障的部位及修理方法。

B. 如果发动机起动正常,进行下一项。

④检查发动机运转是否正常。

A. 如果发动机运转异常。

a. 按照维修资料对燃油供给系统进行燃油压力测试,如果测试结果异常,确定故障的部位及修理方法,如果测试结果正常,进行下一步。

b. 对点火系统进行火花及点火正时测试,如果测试结果异常,确定故障的部位及修理方法,如果测试结果正常,进行下一步。

c. 对进气系统进行检查,如果检查结果异常,确定故障的部位及修理方法,如果检查结果正常,进行下一步。

d. 对发动机汽缸压力进行测试,确定故障的部位及修理方法。

B. 如果发动机运转正常,则故障排除步骤结束。

(四)驱动电机系统故障排除步骤

(1)根据客户描述,确认故障现象,分析故障原因。

(2)使用智能诊断仪,检查故障码并保存定格数据。

(3)如果车辆有故障码,查找对应维修资料并对照故障码表,逐步确定故障的部位及修理方法。

(4)如果车辆没有故障码,对驱动电机控制系统电路进行排查,逐步确定故障的部位及修理方法。

技能实训

(一)智能诊断仪在混合动力汽车发动机系统上的应用

1. 准备工作

(1)场地设施:装有尾气抽排系统和消防设施的场地。

(2)设备设施:丰田卡罗拉混合动力汽车、车轮挡块、防护套件、智能诊断仪。

2. 实训过程

(1)安装车内及车外车辆防护套件。

(2)安装尾气抽排管。

(3)安装车轮挡块。

(4)打开驾驶侧车门,确认驻车制动。

(5)安装诊断接头。

(6)将点火开关置于 ON 位置。

(7)打开智能诊断仪。

(8)进入发动机系统,如图 2-33 所示。

(9)读取并记录故障码,如图 2-34 所示。

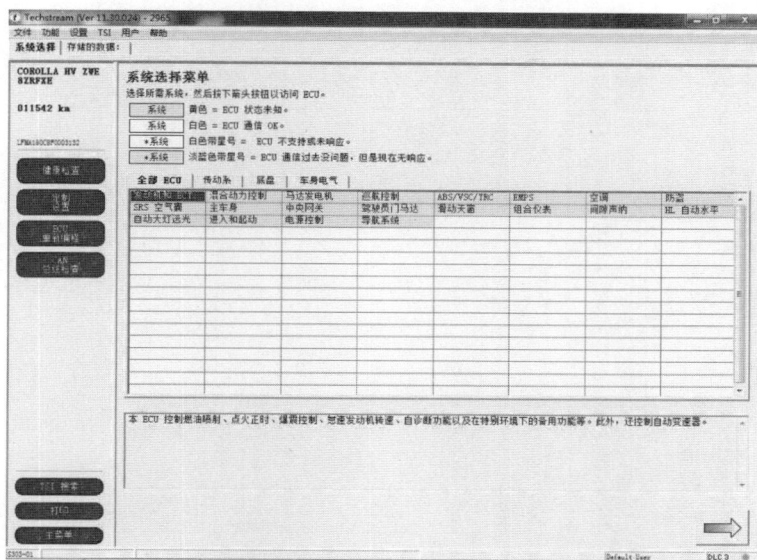

图 2-33　发动机系统

图 2-34　读取故障码

(10) 清除故障码, 如图 2-35 所示。

(11) 读取并记录发动机数据流, 如图 2-36 所示。

(12) 将点火开关置于 OFF 位置。

(13) 拔下诊断接头。

(14) 收起车内及车外车辆防护套件。

(15) 收起尾气抽排管。

(16) 收起车轮挡块。

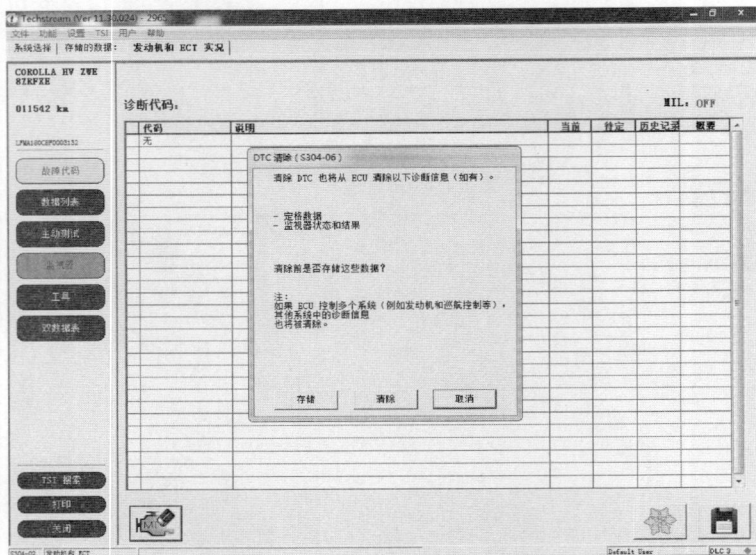

图 2-35 清除故障码

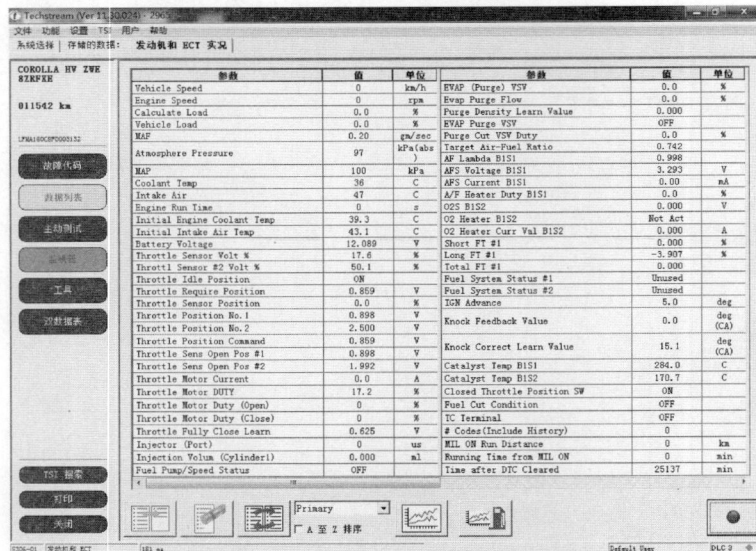

图 2-36 读取数据流

(二)混合动力汽车发动机的维护模式的激活与解除

1. 准备工作

(1)场地设施:装有尾气抽排系统和消防设施的场地。

(2)设备设施:丰田卡罗拉混合动力汽车、车轮挡块、防护套件、智能诊断仪。

2. 实训过程

(1)安装车内及车外车辆防护套件。

(2)安装尾气抽排管。

（3）安装车轮挡块。

（4）打开驾驶侧车门,确认驻车制动。

（5）安装诊断接头。

（6）将点火开关置于 ON 位置。

（7）打开智能诊断仪。

（8）进入 Powertrain 系统。

（9）进入 Hybrid Control 系统。

（10）进入 Utility 系统。

（11）点击 Inspection。

（12）检查并确认信息显示屏上显示"2WD（FWD）MAINTENANCE MODE"（两轮驱动（前轮驱动）维护模式）。

（13）踩下制动踏板时,将点火开关置于 READY 位置,起动发动机,见图 2-37。

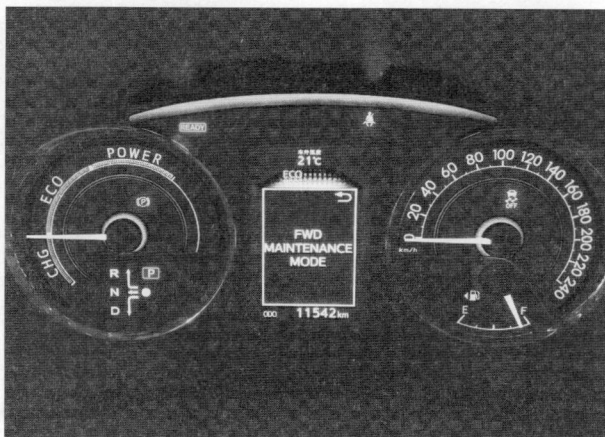

图 2-37 发动机维护模式

（14）驻车挡（P）时,检查并确认发动机转速为 1000r/min。

（15）驻车挡（P）时,轻踩加速踏板,检查并确认发动机转速为 1500r/min。

（16）驻车挡（P）时,将加速踏板踩下一半以上或完全踩下,检查并确认发动机转速为 2500r/min。

（17）解除检查模式,将点火开关置于 OFF 位置并保持至少 30s。

（18）收起车内及车外车辆防护套件。

（19）收起尾气抽排管。

（20）收起车轮挡块。

（三）混合动力汽车发动机冷却液的更换

1. 准备工作

（1）场地设施:举升机、装有尾气抽排系统和消防设施的场地。

（2）设备设施:丰田卡罗拉混合动力汽车、车轮挡块、防护套件、智能诊断仪。

2.实训过程

(1)安装车内及车外车辆防护套件。

(2)举升车辆。

(3)排放发动机冷却液。

①拆下储液罐盖。

②拆下散热器排放塞,如图 2-38 所示。

③拆下发动机冷却液排放塞。

④安装散热器排放塞。

⑤安装发动机冷却液排放塞。

(4)降下车辆。

(5)添加新的冷却液。

将新的冷却液添加到储液罐的 B 线,如图 2-39 所示。

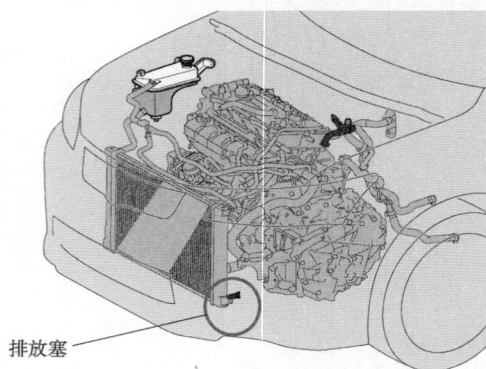

排放塞

图 2-38 散热器排放塞位置图

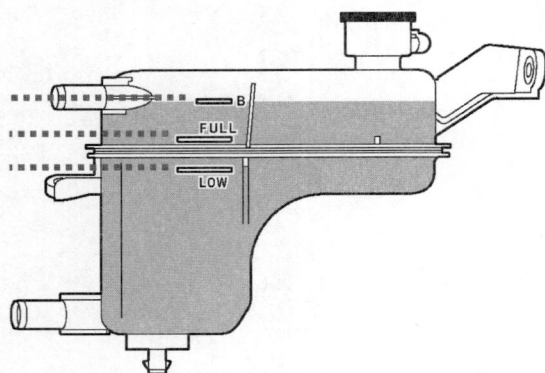

图 2-39 储液罐图

(6)安装储液罐盖。

(7)将发动机置于维护模式。

(8)起动发动机并充分暖机。

(9)对冷却系统进行放气。

①节温器打开时,使冷却液循环数分钟。

②发动机暖机后,使其怠速 7min 或更长。

③用手按压散热器进水和出水软管数次以放气。

(10)将点火开关置于 OFF 位置,等发动机冷却后,检查并确认冷却液液位处于 FULL 和 LOW 之间,如图 2-39 所示。

(11)收起车内及车外车辆防护套件。

(12)收起尾气抽排管。

(四)混合动力汽车逆变器冷却液的更换

1.准备工作

(1)场地设施:举升机、装有尾气抽排系统和消防设施的场地。

（2）设备设施：丰田卡罗拉混合动力汽车、车轮挡块、防护套件、智能诊断仪。

2.实训过程

（1）安装车内及车外车辆防护套件。

（2）举升车辆。

（3）排放逆变器冷却液。

①拆下逆变器储液罐总成上的储液盖，如图 2-40 所示。

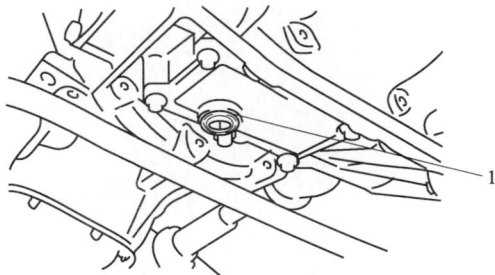

图 2-40　储液罐位置图

1-逆变器储液罐;2-发动机储液罐

②拆下逆变器冷却液排放塞，如图 2-41 所示。

③安装逆变器冷却液排放塞。

（4）降下车辆。

（5）添加新的冷却液。

（6）安装储液罐盖。

（7）使用智能诊断仪对冷却系统进行放气。

①将智能诊断仪连接到车辆。

②将点火开关于 ON 位置。

③进入以下菜单：Powertrain/Hybrid Control/Active Test/Activate the Inverter Water Pump。

④向逆变器储液罐总成添加冷却液，以补偿放气时冷却液液位的下降，直至放气结束。

（8）检查并确认冷却液液位，如图 2-42 所示。

图 2-41　逆变器排放塞位置图

1-逆变器排放塞

图 2-42　冷却液液位图

（9）收起车内及车外车辆防护套件。

（10）收起尾气抽排管。

（五）混合动力汽车逆变器的更换

1. 准备工作

（1）场地设施：举升机、装有尾气抽排系统和消防设施的场地。

（2）设备设施：丰田卡罗拉混合动力汽车、车轮挡块、防护套件、电压表、高压防护套装、绝缘工具。

2. 实训过程

（1）安装车内及车外车辆防护套件。

（2）拆卸维修塞。

①断开辅助蓄电池负极端子电缆，如图2-43所示。

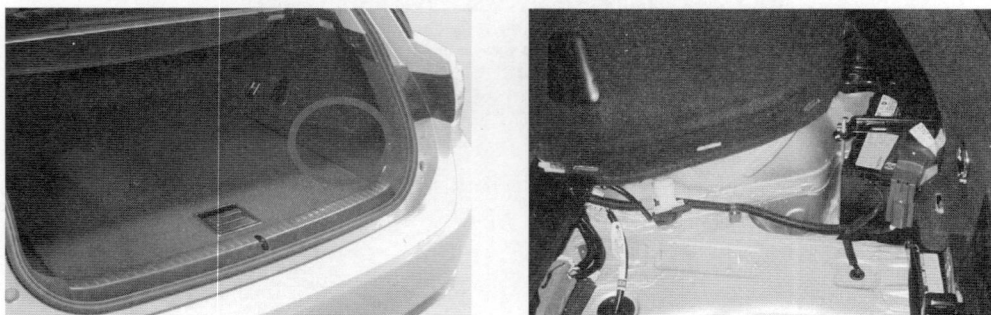

图2-43 辅助蓄电池位置图

②拆除维修塞把手，如图2-44所示。

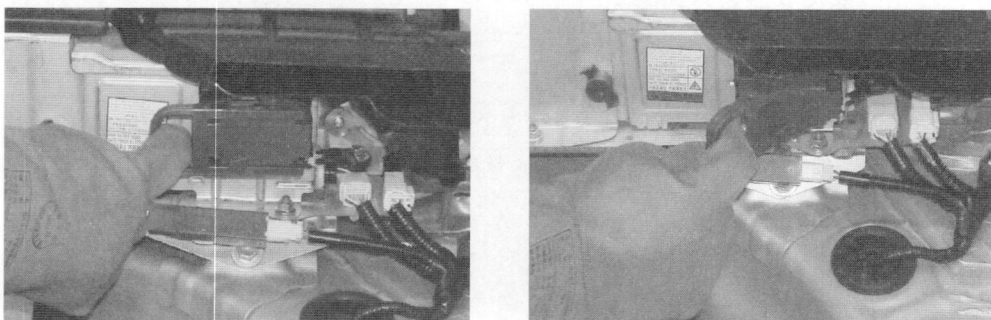

图2-44 维修塞拆除过程图

（3）排放逆变器冷却液。

①拆下逆变器储液罐总成上的储液盖。

②拆下逆变器冷却液排放塞。

③安装逆变器冷却液排放塞。

（4）降下车辆。

（5）拆卸空气滤清器总成，如图2-45所示。

（6）断开发动机主线束，见图2-46。

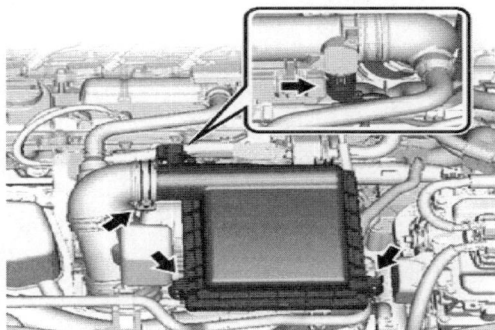

图2-45　空气滤清器总成位置图

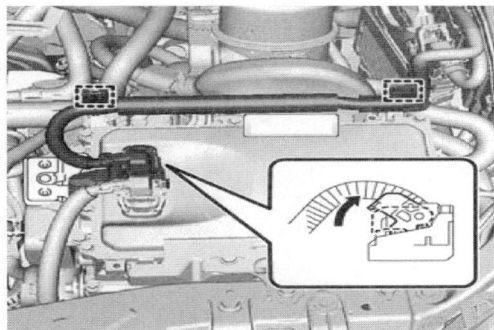

图2-46　发动机主线束位置图

（7）拆卸连接器盖总成，如图2-47所示。

注意：佩戴绝缘手套。

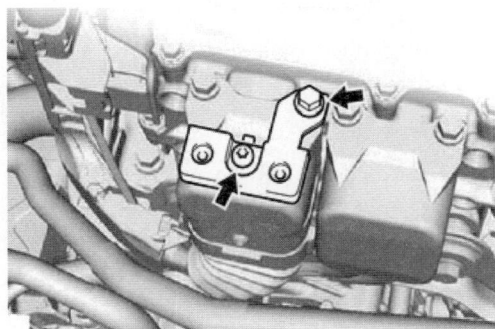

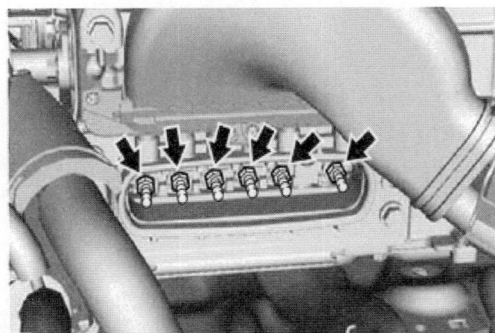

（8）检查端子电压，如图2-48所示。

注意：佩戴绝缘手套。

图2-47　连接器盖位置图

图2-48　端子电压检测图

（9）暂时安装连接器盖总成。

（10）断开逆变器相关低压线束。

（11）断开电动机电缆，如图2-49所示。

注意：佩戴绝缘手套。

a)电缆端子位置图

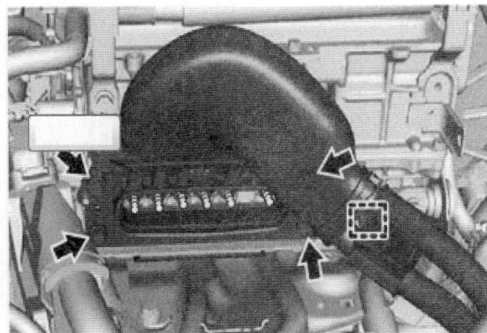

b)电缆固定位置图

图2-49　电动机电缆位置图

（12）断开逆变器冷却软管,如图 2-50 所示。

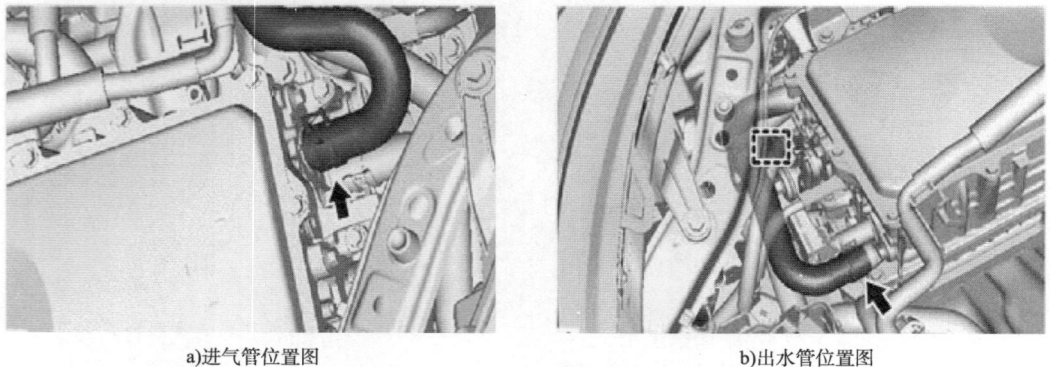

a)进气管位置图   b)出水管位置图

图 2-50 逆变器冷却软管位置图

（13）拆下逆变器总成,如图 2-51 所示。

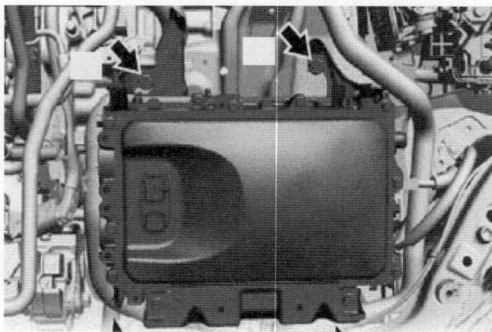

图 2-51 逆变器安装位置图

（14）安装新的逆变器总成。

（15）安装逆变器冷却软管。

（16）安装电动机电缆。

（17）安装相关低压线束。

（18）安装发动机主线束。

（19）安装空气滤清器总成。

（20）安装维修塞把手。

（21）加注逆变器冷却液并放气。

（22）收起车内及车外车辆防护套件。

（23）收起尾气抽排管。

（六）混合动力汽车驱动电机高压电路故障检修

1. 准备工作

（1）场地设施:举升机、具有尾气抽排系统和消防设施的场地。

（2）设备设施:丰田卡罗拉混合动力汽车、车轮挡块、防护套件、电压表、高压防护套装、绝缘工具。

2. 实训过程

1）检查变频器总成

（1）拆下维修塞,等待 10min 或更长时间,使高压电容器放电,如图 2-52 所示。

（2）使用电压表测量端子电压,确认为 0V。

（3）拆卸变频器盖。

（4）从变频器总成上断开电动机电缆。

（5）检查电动机电缆上是否有电弧痕迹。

①如果有电弧痕迹,更换故障零件。

②如果没有电弧痕迹,进行下一步检查。

（6）检查变频器端电缆绝缘性,如图 2-53 所示。根据表 2-5 所示,进行电阻测量。

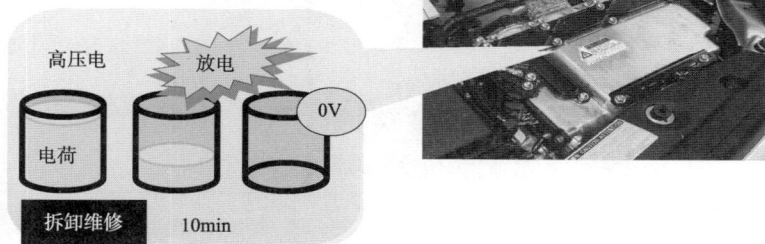

图 2-52　电容器放电示意图

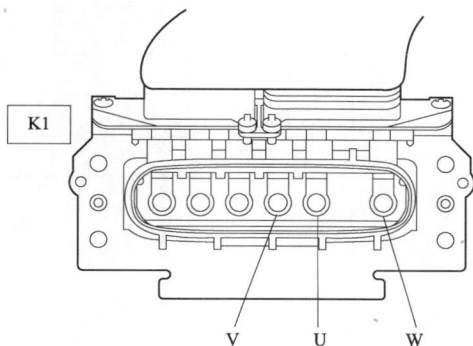

图 2-53　变频器端电缆位置图

变频器端电缆绝缘性测量表　　　　　　　　　　　　　　表 2-5

兆欧表连接	开关状态	规定状态
K1-1（W）——车身搭铁和屏蔽搭铁	电源开关 OFF	100MΩ 或更大
K1-2（U）——车身搭铁和屏蔽搭铁	电源开关 OFF	100MΩ 或更大
K1-3（V）——车身搭铁和屏蔽搭铁	电源开关 OFF	100MΩ 或更大

①如果异常,更换故障零件。

②如果正常,进行下一步检查。

2）检查电动机（MG2）

（1）确认维修把手未安装。

（2）从混合动力驱动桥总成上断开电动机电缆,如图 2-54 所示。

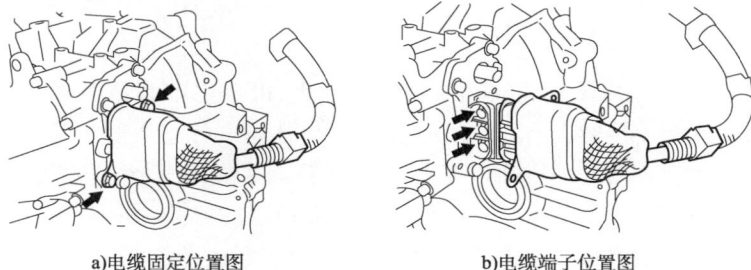

a)电缆固定位置图　　　　　b)电缆端子位置图

图 2-54　电动机电缆位置图

（3）检查电动机电缆上是否有电弧痕迹。

①如果有电弧痕迹，更换故障零件。

②如果没有电弧痕迹，进行下一步检查。

3.检查电动机电缆

检查电缆电阻，根据表 2-6 所示，使用兆欧表进行电缆电阻测量。

电缆电阻测量表   表 2-6

兆欧表连接	开 关 状 态	规 定 状 态
K2-1（W）—K1-1（W）	电源开关 OFF	小于 1Ω
K2-2（U）—K1-2（U）	电源开关 OFF	小于 1Ω
K2-3（V）—K1-3（V）	电源开关 OFF	小于 1Ω
K2-1（W）—K1-2（U）	电源开关 OFF	100MΩ 或更大
K2-2（U）—K1-3（V）	电源开关 OFF	100MΩ 或更大
K2-3（V）—K1-1（W）	电源开关 OFF	100MΩ 或更大

（1）如果异常，更换故障零件。

（2）如果正常，更换混合动力汽车驱动桥总成。

模块小结

（1）串联式混合动力汽车又称为增程式电动汽车，增程器就是内燃机发动机和发电机的集成体。

（2）串联式电动车汽车不论工作在纯电动模式还是增程模式下，其车轮始终仅由电机独立驱动。

（3）增程器中的发动机排量一般不会很大，多采用小功率的发动机。

（4）BSG 发动机在发动机前端用驱动皮带将一体化起动/发电机与发动机连接，取代了原有的发电机，从而实现了混合动力系统的一体化。

（5）BSG 技术可以实现汽车在等红灯和堵车时发动机暂停工作，当车辆识别到驾驶人有起步意图时，系统通过 BSG 系统快速地起动发动机，也就消除了发动机在怠速工作时的油耗、排放与噪声。

（6）BSG 电机一方面作为起动机快速拖动发动机达到怠速以上转速，另一方面作为发电机给电池组充电。

（7）BSG 系统主要是由 BSG 控制电脑、BSG 电机、BSG 电池组以及离合器位置开关、空挡位置开关、制动真空度传感器、电流流量传感器、电池温度传感器等传感器元件组成。

（8）四冲程的发动机压缩比都等于膨胀比，阿特金森循环发动机的膨胀比大于压缩比。

（9）发动机采用电动水泵，冷却循环不受发动机转速的影响，并可以在适当的时间仅循环所需的冷却液，提高了暖机性能并减少冷却损失。同时无需使用传动带，不再产生由于使用传动带而造成的机械损失。

（10）混合动力汽车发动机进行检测、维护、维修时，如果需要发动机持续运转，则必须切换到维护模式。

（11）混合动力汽车利用电动机驱动作为辅助动力，来降低燃料消耗和实现"低污染"，或在纯电动驱动模式时实现"零污染"，同时又必须对电池组的质量和整车的整备质量进行限制，以减小混合动力汽车的总质量。

（12）一般电动/发电机只是在混合动力汽车发动机起动，车辆起步、加速或爬坡时起作用。

（13）永磁同步电机按照定子绕组感应电动势的波形不同，可以分为三相永磁同步电动机和无刷直流电动机。

（14）永磁同步电机的基本原理是利用定子的三相电流与转子的磁场相互耦合产生电磁转矩，使转子转动。

（15）永磁同步电动机的基本组成结构有转子、定子和机体三部分。

（16）永磁同步电机的发电模式产生交流电的基本原理是电磁感应原理，具体地说交流发电机是利用转子旋转产生磁场，使穿过定子绕组的磁通量发生变化，在定子绕组内产生交流感应电动势。

（17）电机控制器作为整个驱动系统的控制中心，它由逆变器和控制器两部分组成。

（18）逆变器的主要功能是将动力电池输入的直流电（DC）转换为三相交流电（AC）。

（19）维修人员必须经过高压电安全的专业训练后，方可工作。

（20）在检查或维修高压系统之前，务必遵守相关安全措施。例如佩戴绝缘手套、使用绝缘工具。

（21）按照维修规范进行高压电断电，确认安全后方可进行检查或维修。

思考与练习

（一）填空题

1. 串联式混合动力汽车又称为增程式电动汽车，增程器就是＿＿＿＿＿和＿＿＿＿＿的集成体。

2. BSG 系统主要是由＿＿＿＿＿、＿＿＿＿＿、＿＿＿＿＿以及离合器位置开关、空挡位置开关、制动真空度传感器、电流流量传感器、电池温度传感器等传感器元件组成。

3. 阿特金森循环发动机的膨胀比＿＿＿＿＿压缩比。

4. 永磁同步电机按照定子绕组感应电动势的波形不同，可以分为＿＿＿＿＿和＿＿＿＿＿。

5. 永磁同步电机的基本组成结构有转子、＿＿＿＿＿和＿＿＿＿＿三部分。

6. 电机控制器作为整个驱动系统的控制中心，它由＿＿＿＿＿和＿＿＿＿＿两部分组成。

7. 高压系统线束的颜色是＿＿＿＿＿。

8. 发动机维护模式激活方式有＿＿＿＿＿和＿＿＿＿＿两种。

9. 在进行拆除维修塞操作时，应佩戴＿＿＿＿＿进行防护。

10. 使用＿＿＿＿＿测量高压线束的绝缘性。

(二) 判断题

1. 阿特金森循环发动机的膨胀比小于压缩比。　　　　　　　　　　　(　)
2. 混合动力汽车利用电动机驱动作为辅助动力,来降低燃料消耗和实现"低污染"。

　　　　　　　　　　　　　　　　　　　　　　　　　　　　(　)
3. 永磁同步电机的发电模式产生交流电的基本原理是电磁感应原理。(　)
4. 逆变器主要的功能是将三相交流电(AC)转换为直流电(DC)。(　)
5. 高压系统断电后,可以马上进行维修操作。(　)
6. 混合动力汽车维修维护作业中不必使用绝缘手套。(　)
7. 断开高压系统的维修塞以后,再去断开蓄电池电源。(　)
8. 混合动力汽车发动机冷却液的更换与普通汽车一样没有区别。(　)
9. 电机控制器不需要进行水冷散热。(　)
10. 发动机和电机控制器共用一个水泵。(　)

(三) 简答题

1. 混合动力汽车采用电动水泵的优点有哪些?
2. 混合动力汽车高压电断电的程序是什么?
3. 永磁同步电动机的优点有哪些?
4. 电机控制器的作用是什么?
5. 逆变器的工作原理是什么?
6. 电机控制器中如何实现 DC 转 DC 的?

学习目标

1. 能够区分不同的混合动力汽车变速装置；
2. 会分析混合动力汽车变速装置的结构和组成；
3. 能够分析常见混合动力汽车动力控制系统在不同情况下的控制过程；
4. 会更换驱动桥油；
5. 会检查驱动桥油压；
6. 能够检查判断变速装置各个部件的技术状况；
7. 会更换换挡控制执行器总成。

建议课时：16 课时。

一、混合动力汽车变速装置概述

与传统内燃机汽车一样，由于发动机和电动机的转速工作范围不一致，需要将动力变速变矩地传递至驱动车轮，同时混合动力汽车变速传动系统还要完成发动机和电动机动力的分配和耦合。目前常用的自动变速器有三类：

第一类是由液力变矩器和行星齿轮变速机构组成的液力自动变速器（Automatic Transmission，AT）。液力自动变速器由液力变矩器、行星齿轮和液压操纵系统组成，液力变矩器是 AT 最关键的部件，由泵轮、涡轮和导轮等构件组成，它除了起离合器的作用外，还具有在一定范围内无级变速和变矩的能力，对负载有良好的自动调节和适应性。因此，液力自动变速器换挡平稳，操作容易，但其缺点也较多：一是对速度变化反应较慢，没有手动变速器灵敏，无法满足对驾驶感觉要求较高的人的需求；二是不经济，传动效率低，变矩范围有限，近年引入的电子控制技术在一定程度上改善了这方面的问题；三是结构复杂，设计、制造和维护困难。

由于 AT 的燃油经济性较差，而且结构复杂不容易进行结构改变，应用于混合动力汽车时不仅影响整车燃油经济性，而且还受到其过长的开发周期和过高的开发、使用成本影响，所以,AT 在混合动力汽车上的应用已经很少了。

第二类是无级变速器(Continuously Variable Transmission,CVT)。CVT 技术的发展,已经有一百多年的历史。德国奔驰公司是在汽车上应用 CVT 技术的鼻祖,早在 1886 年就将 V 形橡胶带式 CVT 安装在该公司生产的汽油机汽车上,但由于橡胶带式 CVT 存在一系列的缺陷,没有被汽车行业普遍接受。随着技术进步,研制出了性能更优良的 CVT。进入 20 世纪 90 年代,汽车行业对 CVT 技术的研究开发日益重视,特别是在微型车中,CVT 被认为是关键技术。

图 3-1　CVT 结构图

CVT 的结构和工作原理如图 3-1 所示,主要包括主动轮组、从动轮组、金属带和液压泵等基本部件。CVT 结构简单、体积小,既没有手动变速器的众多齿轮组,也没有 AT 中复杂的液力变矩器和行星齿轮组。理论上 CVT 可使发动机始终在经济工况区运行从而较大幅度地改善车辆燃油经济性,但由于 CVT 是摩擦传动,传动效率较低,且传动带很容易损坏,不能承受较大的载荷,因此其只能用于在低功率和低转矩汽车,随着技术的不断进步,现在 CVT 已经开始在中等排量的汽车中得到应用。混合动力汽车大部分也采用 CVT,但是跟传统汽车所用的变速器并不完全一样。

第三类是由传统固定轴式变速器和干式离合器以及相应的电液控制系统组成的机械式自动变速器(Automatic Mechanical Transmission,AMT)。传统手动变速器是在离合器的配合下,驾驶人通过控制操纵挡杆,来实现车辆的挡位变化。通过在手动变速器基础上加装换挡、离合器执行机构和相应的自动控制单元实现上述的自动控制即为机械式自动变速器。由于混合动力汽车的动力源与传统汽车不同,AMT 应用于混合动力汽车时,其功能和控制也与传统汽车情况有很大的不同。由于受开发周期、开发成本和技术水平的限制以及自主知识产权方面的要求,我国混合动力汽车开发多选择传统汽车所使用的变速系统。

混合动力汽车可以选用专门针对混合动力系统设计的变速传动系统,也可是使用传统变速系统实现所要功能。现在常见的混合动力轿车有:Prius(Toyota)、Corolla(Toyota)、Estima(Toyota)、Tino(Nissan)、Civic(Honda)、Insight(Honda)、Lacrosse(GM),选用的变速传动系统如表 3-1 所示。

混合动力汽车使用的变速传动系统　　　　　　　　　　　表 3-1

车　型	驱动形式	变速器类型
Prius	前轮	THS
Estima	四轮	THS
Corolla	前轮	THS
Tino	前轮	CVT
Civic	前轮	CVT
Insight	前轮	CVT
Lacrosse	前轮	ECVT

除 Prius 和 Estima 外,混合动力轿车多采用 CVT,而 Toyota 采用的 THS(Toyota Hybrid

System）是一种区别于传统变速系统的行星齿轮结构,其通过协调发动机、发电机和电动机的转速,实现动力分配和无级变速的双重功能。

二、混合动力变速装置的组成

不同品牌的混合动力变速装置不完全相同,即使同一公司的不同车型也不完全相同,下面介绍卡罗拉、普锐斯、君越三种常见车型变速装置的组成。

（一）丰田卡罗拉 P410 混合动力变速驱动桥的组成

丰田卡罗拉的变速驱动桥采用 P410 混合动力汽车传动桥总成,如图 3-2 所示。丰田混合动力汽车的动力中枢是丰田混合动力系统。它使用发动机和电动机两种动力,通过串联与并联相结合的方式进行工作。混合动力系统将汽油发动机与电动机组合,在保证燃油经济性和环保性能的前提下,也实现了动力性,并具有舒畅的驾驶乐趣和良好的静谧性。

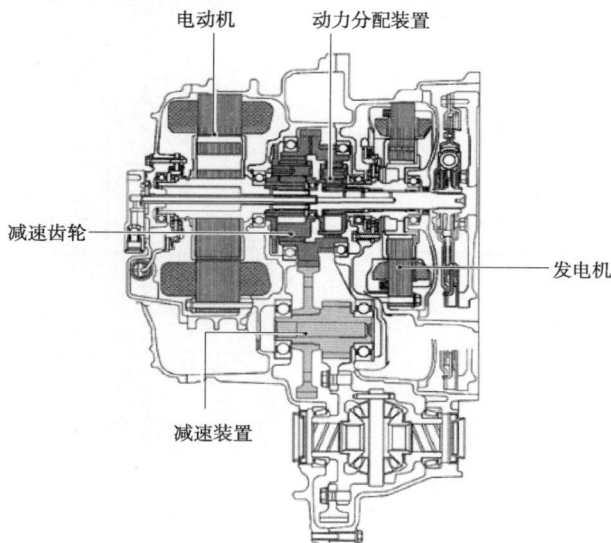

图 3-2　P410 变速驱动桥

1. P410 混合动力汽车变速驱动桥的组成

P410 混合动力车辆变速驱动桥由发电机 MG1、电动机 MG2、复合行星齿轮机构、输入减振器总成、主减速器、差速器等元件组成。发电机 MG1、电动机 MG2 将在其他模块中讲解,主减速器、差速器半轴等和普通燃油汽车一致,所以此处只介绍与起变速作用相关的复合行星齿轮机构、输入减振器总成和油泵及甩油式润滑机构等辅助元件,行星齿轮机构的变速变矩规律在此不再赘述,如图 3-3 所示。

（1）复合行星齿轮机构。

复合行星齿轮机构包括动力分配行星齿轮机构和电动机减速行星齿轮机构,如图 3-4 所示。两个行星齿轮齿圈与复合齿轮集成于一体。另外,此复合齿轮还集成了中间轴主动齿轮和驻车挡齿轮。动力分配行星齿轮机构将发动机的原动力分成两路:一路用来驱动车

轮,另一路用来驱动 MG1,因此,MG1 可作为发电机使用。为了降低 MG2 的转速,采用电动
机减速行星齿轮机构,使高转速、大功率的 MG2 适应复合齿轮到最佳状态。两排行星齿轮
机构的各个元件与 MG1、MG2、发动机和齿轮的连接情况,如表 3-2 所示。

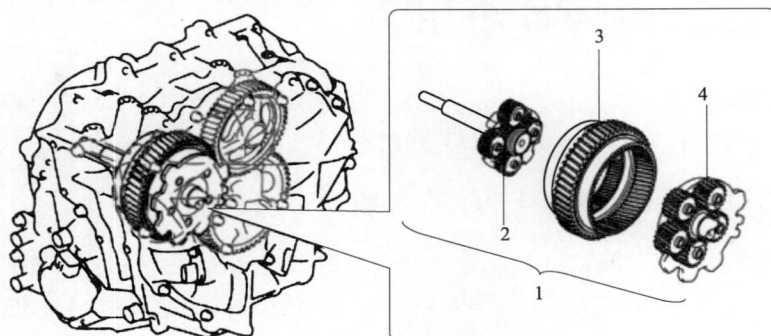

图 3-3　P410 用行星齿轮组

1-行星齿轮机构;2-动力分配行星齿轮机构;3-中间轴主动齿轮(复合齿轮);4-电动机减速行星齿轮机构

图 3-4　行星齿轮与动力装置的装配关系

1-MG1;2-MG2;3-动力分配行星齿轮机构;4-电动机减速行星齿轮机构;5-中间轴主动齿轮;6-太阳轮;7-齿圈;8-行星架;9-中间轴从动齿轮

两排行星齿轮机构的各个元件与 MG1、MG2、发动机和齿轮的连接情况　表 3-2

项　目		连　接
动力分配行星齿轮机构	太阳轮	MG1
	齿圈	复合齿轮(至车轮)
	行星架	输入轴(连接发动机)
电动机减速行星齿轮机构	太阳轮	MG2
	齿圈	复合齿轮(至车轮)
	行星架	固定

(2)变速器输入减振器总成。

为了吸收发动机原动力的转矩波动,采用变速器输入减振器总成,如图 3-5 所示。此总

成包括具有低扭转特性的螺旋弹簧。转矩限制器采用干式、单盘摩擦材料。通过使用这些零件,减振器结构能够很好地吸收发动机原动力的振动。

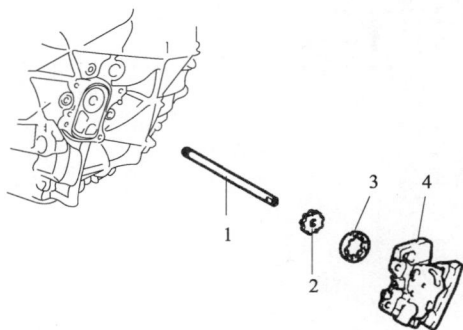

图 3-5　变速器输入减振器总成
1-转矩限制器;2-螺旋弹簧

（3）油泵及甩油式润滑机构。

此变速器采用常见的内齿轮油泵,由发动机通过输入轴驱动,润滑齿轮。油泵分解图,如图 3-6 所示。它的润滑系统增加了甩油式润滑机构。该机构使用集油箱和减速从动齿轮,齿轮将润滑油甩入集油箱,这样将油泵的驱动转矩降至最低,也减少了驱动损失。集油箱用于稳定供油,油箱暂时存储甩起的油,并为齿轮供油。此外,为了向 MG1 和 MG2 高效供油,集油箱内采用了油孔。甩油式润滑机构及油流,如图 3-7 所示。

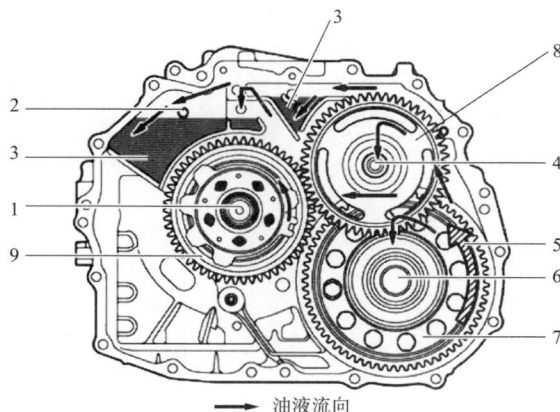

图 3-6　油泵分解图
1-驱动轴;2-主动齿轮;3-从动齿轮;4-端盖

图 3-7　甩油式润滑机构及油流
1-输入轴;2-油孔;3-集油箱;4-第二轴;5-减速齿轮旋转方向;6-第三轴;7-减速从动齿轮;8-中间轴从动齿轮;9-中间轴主动齿轮

2.P410 混合动力汽车变速驱动桥的特点

（1）主要元件包括 MGI、MG2、复合行星齿轮装置、变速器输入减振器总成、中间轴齿轮、减速齿轮、差速器齿轮机构和油泵。

（2）采用带复合齿轮装置的无级变速器装置，实现了平稳、静谧性操作。

（3）变速驱动桥包括 MG2（用于驱动车辆）和 MG1（用于发电）。

（4）具有三轴结构。复合齿轮装置、变速器输入减振器总成、油泵、MG1 和 MG2 安装在输入轴上。中间轴从动齿轮和减速主动齿轮安装在第二轴上。减速从动齿轮和差速器齿轮机构安装在第三轴上。

（5）发动机、MG1 和 MG2 通过复合行星齿轮装置机械连接。

（6）使用电子换挡杆系统进行换挡控制。

3. P410 动力传输工作状态

根据行驶条件的不同，汽车在稳定运行过程中，为最大限度地适应车辆的行驶状况，系统可能处于不同的工作状态。在不同状态下，所应用的动力及传动路径都不一样。卡罗拉的混合动力系统分为以下几种情况：

①发动机和 MG2 共同驱动车轮，属于混动模式。

②发动机驱动 MG1 发电，属于发电模式。

③仅 MG2 驱动车轮，属于纯电模式。

④MG1 驱动发动机，也属于纯电模式。

下面介绍这几种模式的动力传动路径。

（1）发动机和 MG2 共同驱动车轮的动力传输路径。

发动机的动力由动力分配行星齿轮机构的行星架输入传输至齿圈；MG2 的动力通过电动机减速行星齿轮机构传输至齿圈。这两个原动力之和由复合齿轮传输，以驱动车轮。此时，动力传动路径如图 3-8 所示。

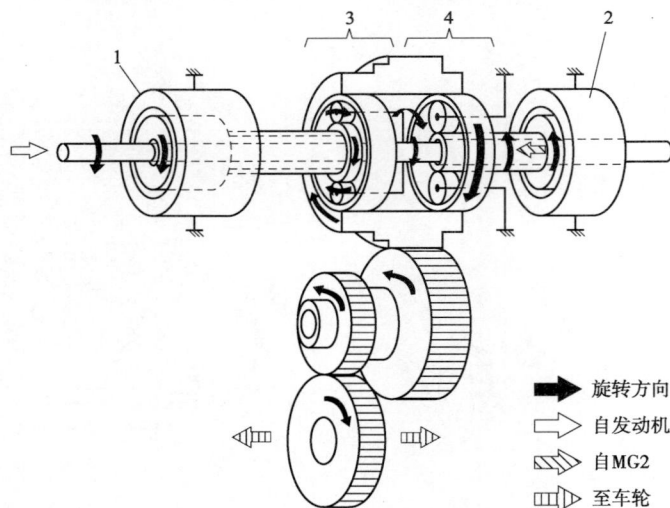

图 3-8　发动机和 MG2 共同驱动车轮的动力传输路径
1-MG1；2-MG2；3-动力分配行星齿轮机构；4-电动机减速行星齿轮机构

（2）发动机驱动 MG1 发电时的动力传递。

　　发动机的动力由动力分配行星齿轮机构的行星架输入传输至太阳轮,把发动机动力传输给 MG1,使 MG1 旋转而作为发电机运行。此时,动力传动路径如图 3-9 所示。

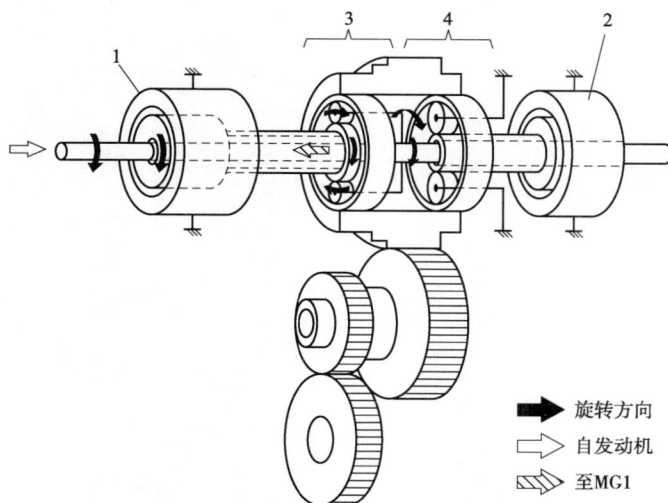

图 3-9　发动机动力驱动 MG1 发电时的动力传输路径
1-MG1;2-MG2;3-动力分配行星齿轮机构;4-电动机减速行星齿轮机构

　　(3)MG2 动力传输路径。

　　MG2 的动力由电动机减速行星齿轮机构太阳轮输入,传输至齿圈,以驱动车轮。电动机减速行星齿轮机构的行星齿轮架是固定的。因此,电动机减速行星齿轮机构按照固定的传动比降低 MG2 的转速,增大转矩。电动机正转和反转时,旋转方向正好相反。此时,动力传动路径如图 3-10 所示。

图 3-10　MG2 驱动车轮时的动力传输路径
1-MG1;2-MG2;3-动力分配行星齿轮机构;4-电动机减速行星齿轮机构

（4）MG1作为起动机的动力传输路径。

MGl的动力由动力分配行星齿轮机构的太阳轮输入,输出至行星架,从而以起动发动机。此时,齿圈因连接车轮处于固定状态,对动力分配行星齿轮机构而言,太阳轮带动行星架,属于降速传动(此时传动比最大)。此时,动力传动路径如图3-11所示。

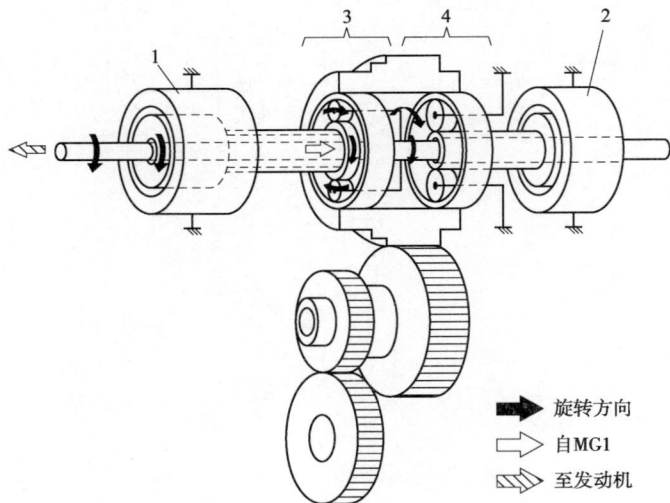

图3-11　MG1作为起动机的动力传输路径
1-MG1;2-MG2;3-动力分配行星齿轮机构;4-电动机减速行星齿轮机构

（二）丰田普锐斯的变速驱动桥

丰田混合动力汽车的动力中枢是丰田混合动力系统(Toyota Hybrid System,THS)。它使用汽油机和电动机两种动力,通过串联与并联相结合的方式进行工作,达到了降低排放的目的。新一代普锐斯装备了丰田公司开发的THS-Ⅱ型油电混合动力系统,如图3-12所示。该系统将汽油发动机与电动机组合,在保证燃油经济性和环保性能的前提下,也实现了动力性,并具有舒畅的驾驶乐趣和良好的静谧性。

1.变速驱动桥组成

图3-12　THS-Ⅱ组成简图
1-减速器;2-行星齿轮机构;3-发动机;
4-MG1;5-高压电源;6-变频器;7-MG2

变速驱动桥(图3-13)主要由MG1、MG2和行星齿轮组组成。变速装置采用单排行星齿轮机构。

行星齿轮机构(图3-14)和MG1、MG2通过组合,以最佳的比例分配发动机驱动力来直接驱动车辆和发电机。普锐斯的混合动力思路,就是低速时由电动机负责驱动,中高速时由汽油发动机介入驱动,从而发挥各自最佳的动力性和经济性。

行星齿轮与动力装置的装配关系(图3-15)是:发动机与行星架连接,通过齿圈和太阳轮分别驱动车轮和MG1;MG1连接太阳轮,MG2连接齿圈,齿圈驱动车轮,所以齿圈是动力输出元件。

图 3-13　变速驱动桥

图 3-14　普锐斯变速行星齿轮机构

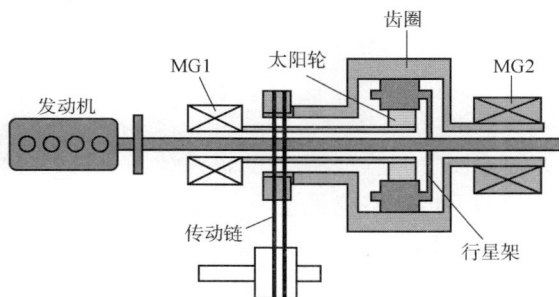

图 3-15　行星齿轮与动力装置的装配关系

2. 变速驱动桥的工作状态

根据行驶条件的不同,汽车在稳定运行过程中,为最大限度地适应车辆的行驶状况,系统可能处于以下工作状态。起步、低速行驶和倒车工况是纯电模式;高速行驶状态下是纯油模式;急加速状态时采用油电混合模式;制动过程中为用动能转化电能模式,电动机便转变为发电机,利用原本作为热量散发掉的动能驱动发电机发电,向蓄电池充电,让蓄电池时刻处于电力充足的状态以备后用;停车状态时,发动机和电动机会同时停止工作,此时油耗和排放均为零。不过在该状态下电池处于亏电状态,那么发动机会继续运转驱动发电机向电池充电。

(1)HV 蓄电池的电能输出给 MG2,以驱动车辆,此时为纯电模式,如图 3-16 所示。

(2)发动机通过行星齿轮驱动车辆时,同时也带动 MG1 旋转,为电动机/发电机提供电能,此时为油电混合模式。驱动过程如图 3-17 所示。

(3)发动机通过行星齿轮带动 MG1 旋转,给 HV 蓄电池充电,充电过程如图 3-18 所示。

(4)当车辆减速时,车轮的动能被回收并转化为电能,并通过电动机/发电机为 HV 蓄电池再次充电,如图 3-19 所示。

HV ECU 根据车辆行驶状态在几种工作模式间转换,但是一旦 HV 蓄电池的 SOC(荷电状态)较低时,发动机就会带动电动机/发电机(MG1)为 HV 蓄电池充电。

图 3-16 蓄电池供电

图 3-17 发动机驱动车轮

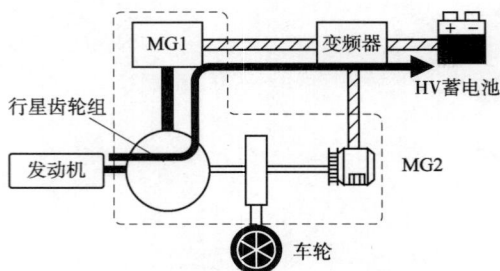

图 3-18 发动机发电

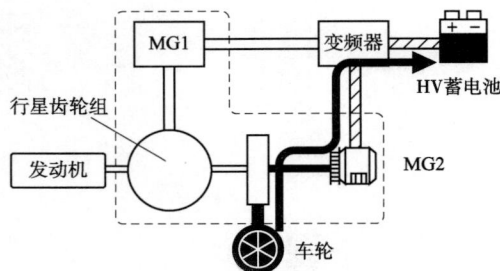

图 3-19 车轮的动能回收

与传统汽油发动机车辆相比,该系统具有更高的燃油经济性及低尾气排放量的特性,这种改进后的动力传动系统还避开了电动车辆的一些局限性(如较短的巡航里程或对外部充电设备的依赖性)。

(三)别克君越 30H 的 5ET50 变速器

别克君越混合动力系统组成如图 3-20 所示。

5ET50 变速器(图 3-21)是一款机械驱动和电机驱动混合的自动变速器,专门用于混合动力车型。5ET50 的 5 是指 5 种驱动模式(在别克君越车中只使用了 4 种驱动模式),E 是指电子变速器,T 代表横置,50 是产品系列。其主要特点如下:

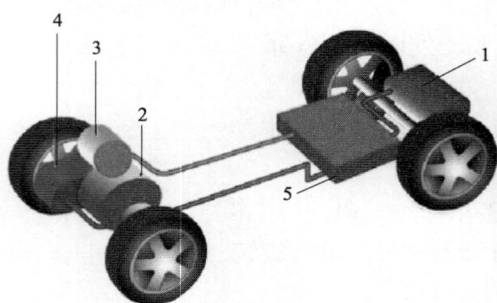

图 3-20 别克君越混合动力系统组成示意图
1-油箱;2-5ET50 变速器;3-电动机/发电机;4-发动机;5-电池组

图 3-21 5ET50 电控变速器

(1)通过电机的转速变化改变传动比,实现无级变速。

(2)变速器内部安装了两组单级行星齿轮机构,两个电机连接在其太阳轮上。

（3）内部设有 3 组多片式离合器，切换不同的驱动模式。

（4）变速器可以实现 4 种不同的驱动模式，应对不同工况。

1.5ET50 变速器结构与组成

5ET50 变速器与发动机、电动机连接关系，如图 3-22 所示。

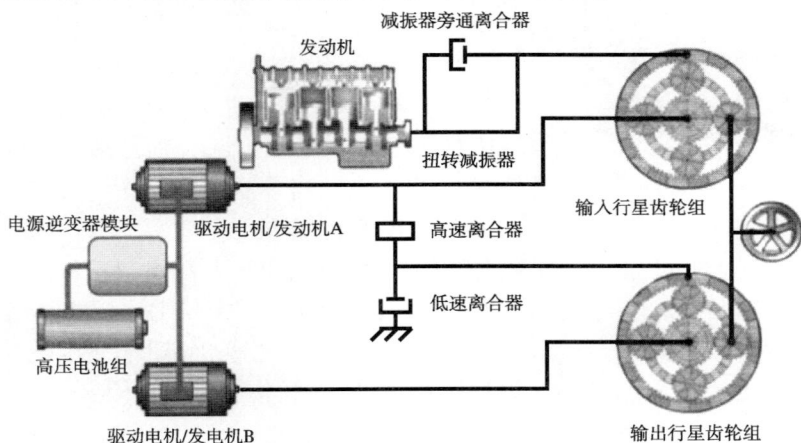

图 3-22　5ET50 变速器与发动机、电动机连接关系示意图

（1）行星齿轮组。

5ET50 变速器有 2 组行星齿轮，分别为输入行星齿轮组和输出行星齿轮组。

输入行星齿轮组如图 3-23 所示，安装在变速器前端，其主要部件有输入太阳轮、输入内齿圈和输入行星架。其中，输入太阳轮通过轴的花键直接连接在驱动电机/发电机 A 的转子上。输入内齿圈外部连接在扭转减振器总成上，输入行星架通过链条直接连接至主减速器输入齿轮，直接输出，并与输出行星架直接连接。

输出行星齿轮组如图 3-24 所示，安装在变速器后端，其主要部件有：输出太阳轮、输出内齿圈和输出行星架。其中，输出太阳轮直接连接在驱动电机/发电机 B 的转子上。输出内齿圈通过低速离合器可以被固定于壳体上。输出行星架与输入行星架连接在一起作为输出，并通过链条连接至主减速器输入齿轮，然后通过主减速器输出动力。

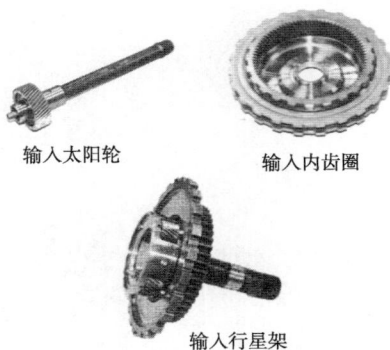

图 3-23　输入行星齿轮组　　　图 3-24　输出行星齿轮组

（2）扭转减振器和旁通离合器。

5ET50 变速器与发动机之间设置了扭转减振器，扭转减振器总成内有一个减振器旁通

减振器旁通离合器

图 3-25   减振器旁通离合器

离合器（图 3-25）。它安装在变速器前端,通过一个接合盘直接连在发动机飞轮上。它的功能是在发动机和变速器之间传递动力。在起动工况时,将由变速器内的电机驱动发动机运转,此时离合器接合,扭转减振器旁通,实现快速、平稳地起动。

（3）高、低速离合器。

除了集成在扭转减振器中的旁通离合器外,5ET50变速器内还有 2 组离合器,分别是高速离合器和低速离合器。其中,高速离合器（图 3-26）安装在驱动电机/发电机 A 的转子上,它的形式为液压驱动多片式离合器。离合器接合后,可以驱动驱动电机/发电机 A 与输出内齿圈连接在一起,也可以固定输入太阳轮。高速离合器在固定传动比模式和高速模式时接合工作。低速离合器（图 3-27）安装在变速器中部,与高速离合器形式相同,为液压驱动片式离合器。离合器接合后,输出内齿圈固定在壳体上。

图 3-26   高速离合器

图 3-27   低速离合器

（4）变速器油泵。

变速器油泵位于变速器下部（图 3-28）,是为变速器离合器提供油压,并为机械部件及电机提供润滑和冷却。油泵由 PIM 通过高压电直接驱动。

2. 别克君越 30H 混合动力系统的功能

混合动力汽车具备了混合动力最重要的功能:电机助力、怠速停机、再生制动和智能充电。混合动力系统工况,如图 3-29 所示。

电机助力是指车辆在加速或需要大功率输出时,电动机会配合发动机一起工作,驱动车辆,节约燃油。

再生制动系统能够将车辆在减速、制动时产生的多余能量通过电机转化为电能,回收到镍氢蓄电池内,作为蓄电池的电力供再次使用。此时发动机不运转,达到零油耗和零排放。

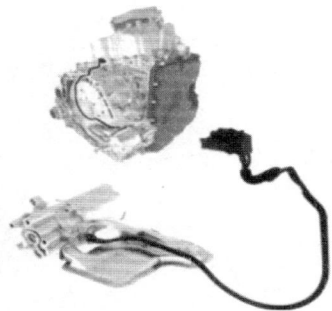

图 3-28   变速器油泵

怠速停机是指车辆在停车时发动机自动停止运转,车内一切电器的正常运转都靠蓄电池中的电量维持,不但是零油耗和零排放,还能达到零噪声和零振动,营造一个极致宁静的车内空间。

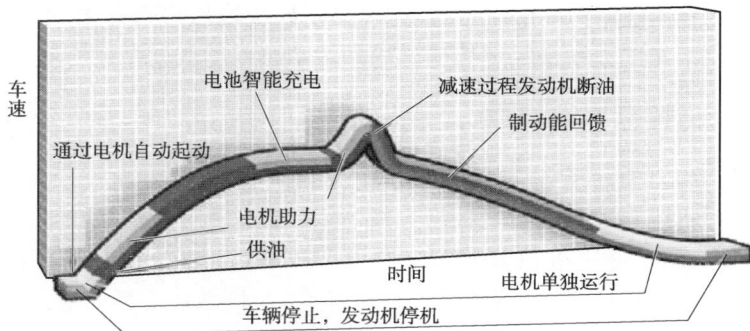

图 3-29　混合动力系统工况图

智能充电是指发动机运转时,电机作为发电机发电,为镍氢蓄电池充电,匀速行驶或猛踩加速踏板时,产生的多余能量以电能的形式被回收。

(1)电机助力。当起步、加速、爬坡等车辆需要大功率输出时,电机辅助驱动车辆。

(2)智能停机。车辆静止时,发动机断油不运转。松开制动踏板瞬间,发动机自行起动并恢复至怠速状态(为保持充足电量,智能停机每次最长 2min。到达 2min 后,发动机即自动起动)。

实现智能停机(Auto Stop)的主要条件:

①在 D 挡。

②空调在 OFF 或 ECO 模式下。

③电池电量(SOC)指示表高于 L。

④踩住制动踏板。

⑤第一次 Auto Stop 之前,最高车速要大于 20km/h。

(3)减速断油,能量回收。当车速降低(未踩加速踏板,车辆靠惯性滑行时或车辆制动时),燃油供应自动切断,电机作为发电机发电,为镍氢蓄电池充电。同时,部分能量回收。当车辆降低至一定车速或再次踩下加速踏板,发动机将自动起动,恢复至正常燃油供给状态。

在进行能量回收时,车辆处于断油状态,即瞬时油耗为零,此时 ECO 指示灯会自动亮起。

每当车辆的瞬时油耗小于 4L/100km 时,ECO 指示灯都会亮起,指示灯亮起的频率越高、持续时间越长,表示车辆越省油。通过观察 ECO 指示灯,可以帮助驾驶人养成良好的驾车习惯。建议在路况好的情况下,尽量多地使用自动巡航,将帮助车辆更加省油。

(4)智能充电。发动机运转时,电机作为发电机发电,为镍氢蓄电池充电。镍氢蓄电池会在能量回收和智能充电这两种情况下自动充电。

三、混合动力汽车动力控制系统

不同品牌的混合动力汽车设计理念不一样,所以每一品牌的混合动力控制系统也都不一样,如普锐斯和卡罗拉是通过电脑控制 MG1、MG2 来实现变速的,而 5ET50 变速器沿袭了传统车辆的自动变速器控制策略。它通过 ECU 控制各个换挡离合器来改变发动机、电动机和发电机与变速装置连接关系来实现传动比的和传动路线的改变。

(一)混合动力控制系统组成

1.卡罗拉混合动力控制系统组成(图 3-30)

卡罗拉混合动力控制采用电子换挡杆系统,该系统是使用线控换挡技术的换挡控制系统。它根据各种传感器、开关和 ECU 提供的信息判断车辆状态,并根据驾驶人的变速器地板式换挡总成情况和 P 位置开关(变速器换挡主开关)操作激活适当的换挡控制。该电子换挡杆系统采用了结构紧凑的变速器地板式换挡总成。此总成为瞬时换挡型,换挡后驾驶人的手松开换挡把手,换挡杆会返回原始位置。用指尖就可以换挡,符合人体工程学的换挡模式使操作非常方便。

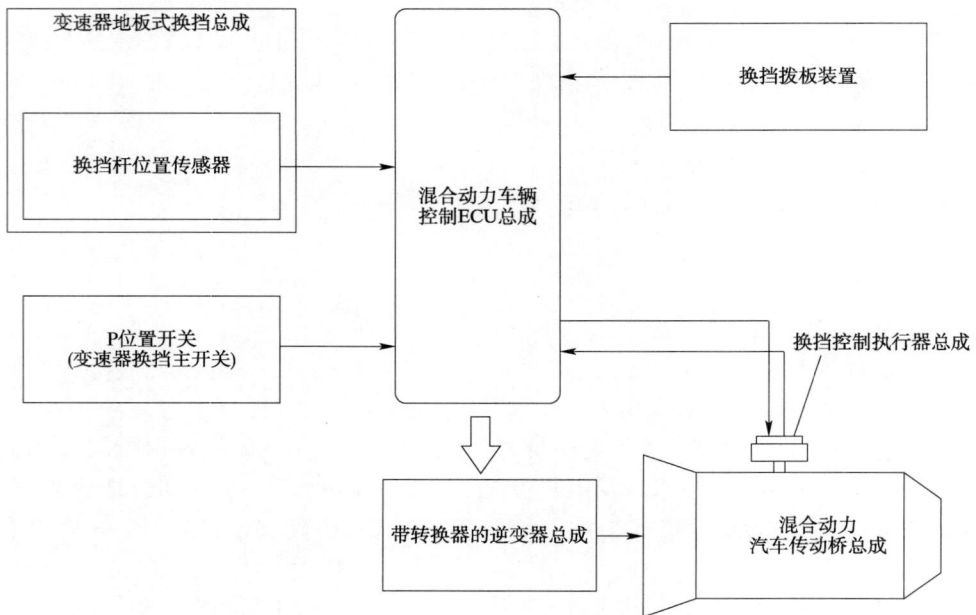

图 3-30　卡罗拉的混合动力控制系统

卡罗拉混合动力控制系统主要由换挡杆、换挡杆位置传感器、驻车锁止执行器、驻车锁止机构、混合动力车辆控制 ECU 总成、指示报警装置等元件组成。

变速器地板式换挡总成中的换挡杆位置传感器检测换挡杆位置(R、N、D 或 S)并发送信号至混合动力车辆控制 ECU 总成。混合动力车辆控制 ECU 总成控制发动机转速、MG1 和 MG2,以产生最佳传动比。

混合动力车辆控制 ECU 总成根据来自换挡杆位置传感器的信号选择挡位。使用此系统,驾驶人按下 P 位置开关(变速器换挡主开关)时,P 位置控制驱动混合动力车辆传动桥总成内的换挡控制执行器总成以机械锁止驻车挡齿轮(接合驻车锁止)。

（1）换挡杆。

变速器地板式换挡总成（图3-31）为瞬时换挡型，进行换挡操作后，驾驶人的手松开换挡手柄时，内部弹簧的反作用力使换挡杆返回原始位置。

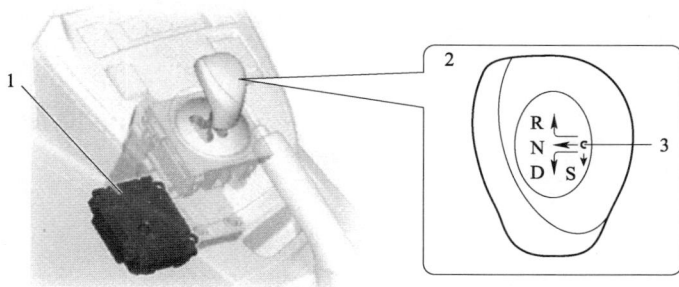

图3-31　变速器地板式换挡总成
1-换挡杆位置传感器；2-换挡手柄；3-原始位置

（2）换挡杆位置传感器（图3-32）。

换挡杆位置传感器使用霍尔集成电路检测换挡杆位置（R、N、D 或 S），并将其相关信息（横向移动和纵向移动）传输至混合动力车辆控制 ECU 总成。它内置于变速器地板式换挡总成。

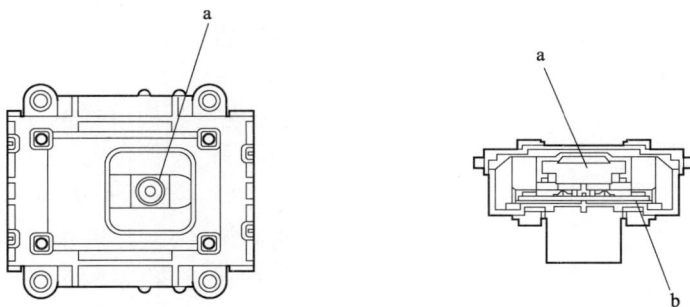

图3-32　换挡杆位置传感器
a-换挡杆位置磁铁；b-霍尔集成电路

（3）驻车锁止执行器（图3-33）。

驻车锁止执行器（换挡控制执行器总成）包括一个开关磁阻电动机、一个摆线式减速机构。它安装在混合动力汽车传动桥总成侧部，接收到来自混合动力汽车控制 ECU 总成的执行信号后，电动机旋转以接合或解除驻车锁止机构，从而机械锁止或解锁传动桥。

①开关磁阻电动机主要包括线圈、定子、转子和转角传感器，未采用电刷和永久磁铁。电动机旋转，以锁止或解锁驻车挡齿轮。混合动力车辆控制 ECU 总成根据检测电动机旋转范围的转角信号检测当前挡位（驻车挡齿轮锁止或解锁）。混合动力汽车控制 ECU 总成通过相位交错（A 相和 B 相）的 2 个霍尔集成电路（位于转角传感器内）的脉冲和计数检测电动机旋转方向、旋转范围和移动范围。检测到移动范围后，存储在混合动力汽车控制 ECU 总成存储器内。但断开蓄电池端子时，此数据将被删除。

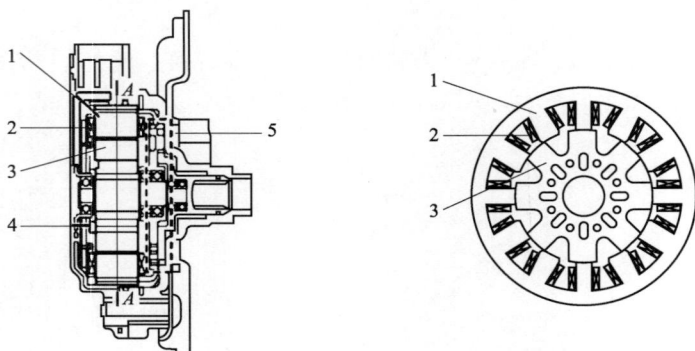

图 3-33　驻车锁止执行器

1-定子;2-线圈;3-转子;4-转角传感器;5-摆线减速机构

　　混合动力汽车控制 ECU 总成起动或重新连接蓄电池时,检测驻车锁止位置和解锁位置(提供建立控制标准的值),并存储在存储器内。开始时,混合动力汽车控制 ECU 总成使电动机旋转至锁止位置,以在存储器中存储驻车锁止位置。然后,混合动力汽车控制 ECU 总成使电动机反向旋转,以在存储器中存储解锁位置。但是,如果混合动力汽车控制 ECU 总成已在存储器中存储了上次操作的移动范围,当检测到当前位置时,可以根据存储器中存储的移动范围计算出另一个位置。由于有这些程序,更换执行器或混合动力汽车控制 ECU 总成或重新连接蓄电池端子后,不需要初始化系统。

　　转角传感器包括 2 个霍尔集成电路。这 2 个传感器(一个用于相位 A、一个用于相位 B)用于检测电动机的转角。

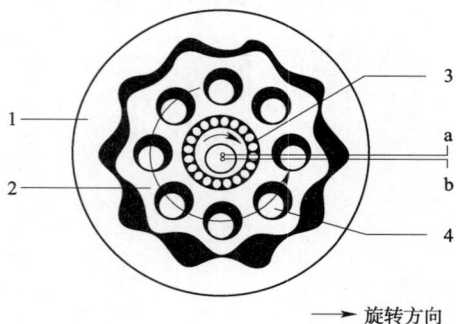

→ 旋转方向

图 3-34　摆线式减速机构

1-内齿轮;2-外齿轮;3-偏心盘;4-输出轴;a-偏心盘中心;b-电动机输入中心

　　②摆线式减速机构(图 3-34)包括一个偏心盘(安装在电动机输出轴上)、一个内齿轮(61 个齿)(固定在外壳上)、一个外齿轮(60 个齿)和一个输出轴(与外齿轮起旋转)。随着偏心盘的旋转运动(与电动机输出轴一起旋转),内齿轮一边啮合,一边推动外齿轮。偏心盘每转一圈,外齿轮(比内齿轮少 1 个齿)少旋转 1 个齿。结果,输出轴(与外齿轮起旋转)以减速比 61:1 输出电动机的旋转运动。由于摆线减速机构增大了电动机输出轴的转矩,因此车辆停在倾斜道路上(需要较大的转矩解除驻车锁止)时,可完成驻车解除操作。

　　(4)驻车锁止机构。

　　驻车锁止机构(图 3-35)包括驻车锁止杠杆、驻车锁杆、驻车锁爪和驻车挡齿轮。驻车锁爪与驻车挡齿轮(与复合齿轮集成一体)的接合锁止车辆的移动。驻车锁止执行器(换挡控制执行器总成)旋转驻车锁止杠杆以滑动驻车锁杆,驻车锁杆向上推动驻车锁爪。从而,驻车锁爪与驻车挡齿轮接合。

　　(5)混合动力汽车控制 ECU 总成、认证 ECU(智能钥匙 ECU 总成)和识别码盒(停机系统代码 ECU)。

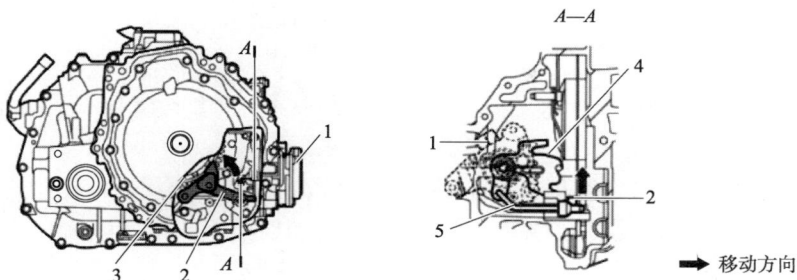

图 3-35　驻车锁止机构

1-驻车锁止执行器(换挡控制执行器总成);2-驻车锁爪;3-驻车挡齿轮;4-驻车锁止杠杆;5-驻车锁杆

混合动力汽车控制 ECU 总成和其他的 ECU 总成结构基本一致,所以在此不再赘述。它根据换挡杆位置状态、P 位置开关(变速器换挡开关)和各种 ECU 的信号,按照换挡杆位置控制 MG1、MG2 和发动机。混合动力汽车控制 ECU 总成还接收来自识别码盒(停机系统代码 ECU)的换挡控制锁止/解锁信号,并激活/解除换挡控制锁止;另外,它能够激活驻车锁止执行器以接合或解除传动桥的驻车锁止机构。

认证 ECU(智能钥匙 ECU 总成)识别钥匙输出的识别码;识别码盒(停机系统代码 ECU)对比识别码。

(6)P 位置开关(变速器换挡主开关)和 P 位置指示灯。

P 位置开关打开时,检测驾驶人进行驻车锁止的意图,并将信号发送至混合动力车辆控制 ECU 总成。

P 位置指示灯是在驻车锁止接合时点亮,驻车锁止解除时熄灭。

(7)组合仪表总成。

组成仪表总成由换挡杆位置指示灯、蜂鸣器、主警告灯和多信息显示屏组成。

因为变速器地板式换挡总成始终返回到原始位置,换挡杆位置指示灯能够根据来自混合动力汽车控制 ECU 总成的挡位信号,点亮驾驶人选择的换挡杆位置指示灯,如图 3-36 所示;蜂鸣器是在拒绝功能激活时提醒驾驶人;多信息显示屏根据混合动力车辆控制 ECU 总成提供的信号显示警告信息,以提醒驾驶人;主警告灯根据多信息显示屏上显示的信息点亮。

a)D挡时"D"灯亮　　　　b)R挡时"R"灯亮

图 3-36　换挡杆位置指示灯

2. 卡罗拉混合动力控制系统的功能

(1)换挡控制功能。

①混合动力汽车控制 ECU 总成利用来自换挡杆位置传感器的信号和来自 P 位置开关

(变速器换挡主开关)的开关打开信号判断挡位(R、N、D 或 S),并据此控制 MG1、MG2 和发动机。

②混合动力汽车控制 ECU 总成驱动换挡控制执行器总成以接合或解除驻车锁止机构。

③车辆在正常条件下行驶时,只要未触发拒绝功能,就可以选择任何挡位。

④车辆停止且电源开关置于 OFF 位置时,挡位自动切换至驻车挡(P)。

⑤根据电源状态,表 3-3 列出了操作换挡杆和 P 位置开关(变速器换挡主开关)后的挡位。

不同状态下挡位可变化情况　　　　　　　　　　　　　　表 3-3

电源状态	操作	混合动力汽车控制ECU总成选择的挡位					
		P	R	N	D	S	
ON(ACC) (不能行驶)	变速器地板式换挡总成	无法切换挡位					
	P位置开关 (变速器换挡主开关)						
ON(IG) (不能行驶)	变速器地板式换挡总成						
	P位置开关 (变速器换挡主开关)						
READY-ON (可以行驶)	变速器地板式换挡总成						
	P位置开关 (变速器换挡主开关)						

● -当前状态　　→ -可改变换挡杆位置的状态　　✹ -紧急停止混合动力系统时

(2)拒绝功能。

为了确保安全,即使驾驶人操作换挡杆或 P 位置开关(变速器换挡主开关),此系统也可能不改变挡位。如果换挡操作被拒绝,蜂鸣器鸣响以指示切换被拒绝,换挡杆位置如表 3-4所示,并且在组合仪表总成中的多信息显示屏上显示所推荐的操作。

导致拒绝功能运行的换挡操作换挡杆的切换和保持情况　　　表3-4

导致拒绝功能运行的换挡操作	拒绝后的挡位
未踩下制动踏板并选择驻车挡(P)的情况下,驾驶人移动换挡杆选择另一挡位	保持在驻车挡(P)
驾驶时,驾驶人按下 P 位置开关(变速器换挡主开关)	切换至空挡(N)
驾驶时,驾驶人将换挡杆由之前选择的行驶挡(D)移至 R,或由之前选择的倒车挡(R)移至 D	切换至空挡(N)
驾驶人将换挡杆由之前选择的行驶挡(P)移至 S	保持在驻车挡(P)
驾驶人将换挡杆由之前选择的行驶挡(R)移至 S	切换至空挡(N)
驾驶人将换挡杆由之前选择的行驶挡(N)移至 S	保持在空挡(N)
驾驶人将换挡杆移至空挡(N)但不会保持足够长的时间	保持在当前挡位

（3）失效保护和自诊断功能。

为了避免车辆搁置在半路上,电控系统都有失效保护功能。如果混合动力控制 ECU 总成检测到系统有故障,将根据存储器中存储的数据进行控制,失效保护功能和其他车辆工作原理相同,在此不再赘述。

自诊断功能和其他车辆工作原理也一样,如果混合动力控制 ECU 总成检测到系统有故障,将闪烁并点亮主警告灯并在多信息显示屏上显示信息,告知驾驶人;而且将执行诊断并存储故障部位,同时将诊断故障代码(DTC)存入存储器中,把 Global Tech Stream(GTS)连接到 DLC3 可读取 DTC,详细情况,在此不再赘述。

3. 普锐斯混合动力控制系统组成

普锐斯混合动力控制系统组成（图3-37）及功能和卡罗拉基本一致,在此不再赘述。

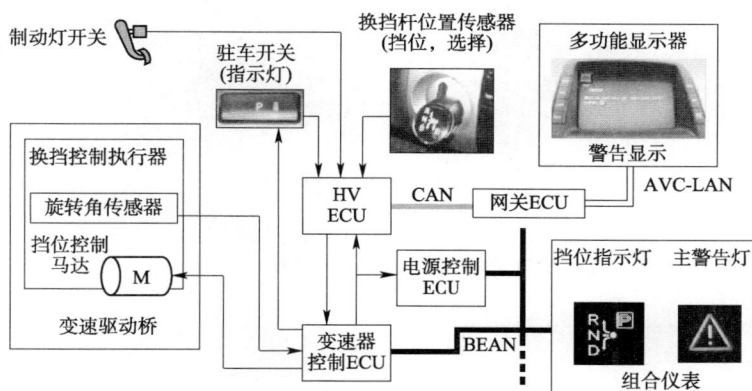

图 3-37　普锐斯的混合动力控制系统

4. 别克君越混合动力控制系统的组成

别克君越混合动力控制系统由传感器、ECU、执行器、故障指示灯等元件组成,在此只介绍主要的传感器和执行器。

（1）输出转速传感器。

输出转速传感器（图3-38）安装在驱动电机 B 的壳体上,用以监测输出齿轮的转速和方向。其内部有两组传感器元件,两者相差半个齿,通过检测信号先后,来判断车辆运行方向。

图 3-38　输出转速传感器

（2）电磁阀体。

电磁阀体放置在变速器阀体侧盖内部（图 3-39），上面装有变速器油温传感器和 4 个压力控制电磁阀。电磁阀体内部部件不可分解维修。

（3）液压控制阀体。

液压控制阀体放置在变速器阀体侧盖内部（图 3-40），阀体上装有管路压力控制电磁阀、低速离合器阀、低速离合器蓄能器活塞、扭转减振器旁通离合器阀、高速离合器阀、高速离合器控制调节阀、压力释放阀、压力调节阀以及润滑调节阀等。液压控制阀体同样内部不可分解维修。

图 3-39　电磁阀体

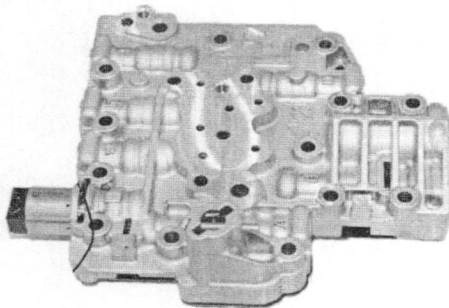

图 3-40　液压控制阀体

（二）混合动力控制系统的工作原理

1. 丰田卡罗拉混合动力控制系统的工作原理

为了便于理解，根据相对运动关系用列线图来表示行星齿轮组各部件的旋转方向、转速和转矩关系。在列线图中，直线用于表示行星齿轮中 3 个齿轮的旋转方向和转速间的关系。各齿轮的转速由距 0r/min 点的距离表示。由于行星齿轮的结构，3 个齿轮转速间的关系总是用直线表示。图 3-41 和图 3-42 分别为车辆某行驶状态的列线图和传动机构运行图，正常的系统工作是条件和适应这些条件的系统反应不断变化、融合。

对于混合动力系统，电动机/发电机根据不同情况具有不同的作用，表 3-5 表明了正转矩或负转矩和正向旋转或反向旋转进行不同组合时驱动和发电的关系。例如，如果电动机/发电机沿正向（＋）方向旋转，并施加负转矩，则其将发电（产生电能）；而如果电动机/发电机反向（－）旋转，并施加负转矩，则将其作为驱动源（消耗电能）。

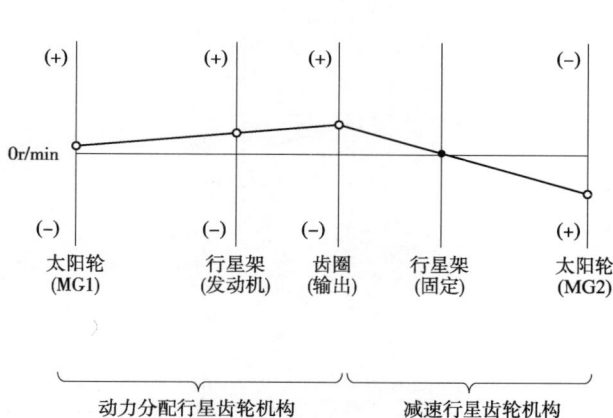

图 3-41　列线图

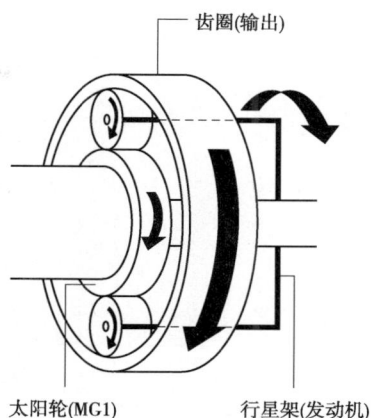

图 3-42　传动机构传动示意图

电动机/发电机转矩和旋转方向不同组合时与驱动和发电的关系　　　　表 3-5

旋　转　方　向	转　矩　状　态	零部件的作用
正向（＋）方向旋转	正转矩	驱动
	负转矩	发电
反向（－）方向旋转	正转矩	发电
	负转矩	驱动

（1）起步工况。

车辆在正常情况下起步时,使用 MG2 的原动力行驶。在此状态下行驶时,由于发动机停止,行星架（发动机）的转速为 0r/min。此外,由于 MG1 未产生任何转矩,因此没有转矩作用于太阳轮（MG1）。然而,太阳轮沿（－）方向自由旋转以平衡旋转的齿圈。起步工况动力传动路线及列线图,如图 3-43 和图 3-44 所示。

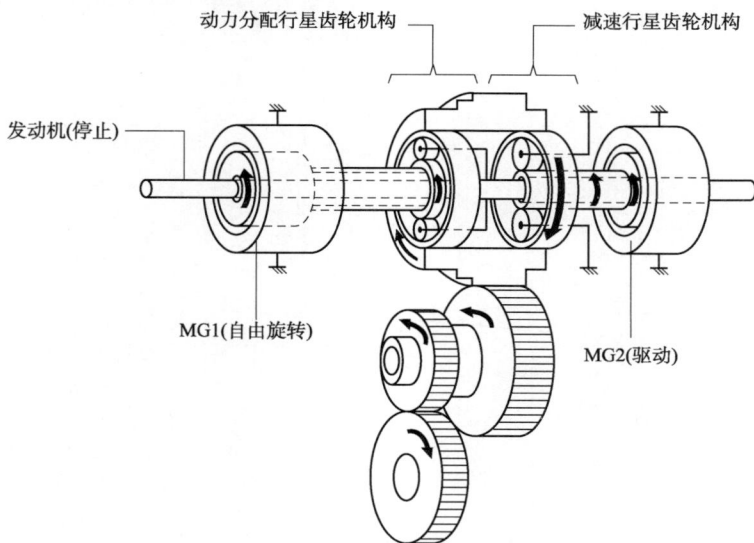

图 3-43　车辆起步时动力传动路线

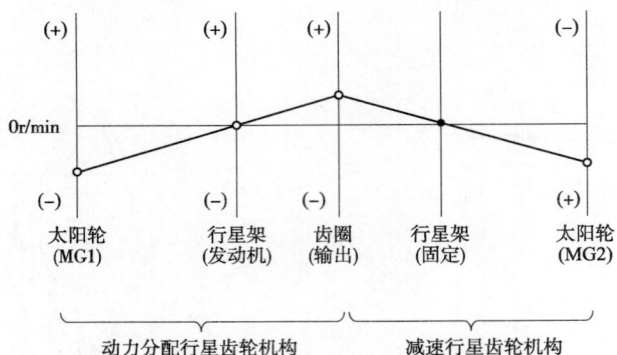

图 3-44　车辆起步时列线图

（2）定速巡航。

发动机转矩以（＋）方向作用于行星架（发动机）、使太阳轮（MG1）在负转矩的反作用力下沿（＋）方向转动。MG1 利用作用于太阳轮（MG1）的负转矩发电。定速巡航动力传动路线及列线图，如图 3-45 和图 3-46 所示。

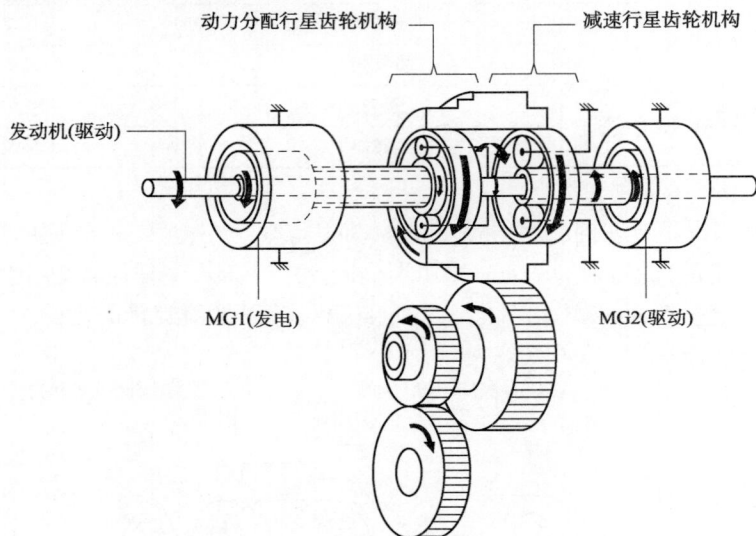

图 3-45　定速巡航时动力传动路线

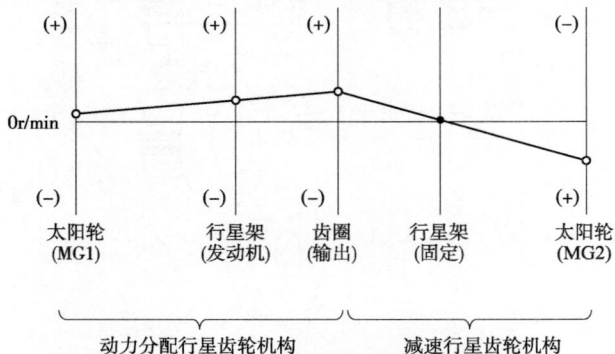

图 3-46　定速巡航列线图

（3）节气门全开加速期间。

需要更多发动机动力时,相关齿轮的转速发生如下所述改变以提高发动机转速。发动机转矩以（＋）方向作用于行星架（发动机）,使太阳轮（MG1）在负转矩的反作用力下沿（＋）方向转动。MG1 利用作用于太阳轮（MG1）的负转矩发电。节气门全开加速期间动力传动路线及列线图,如图 3-47 和图 3-48 所示。

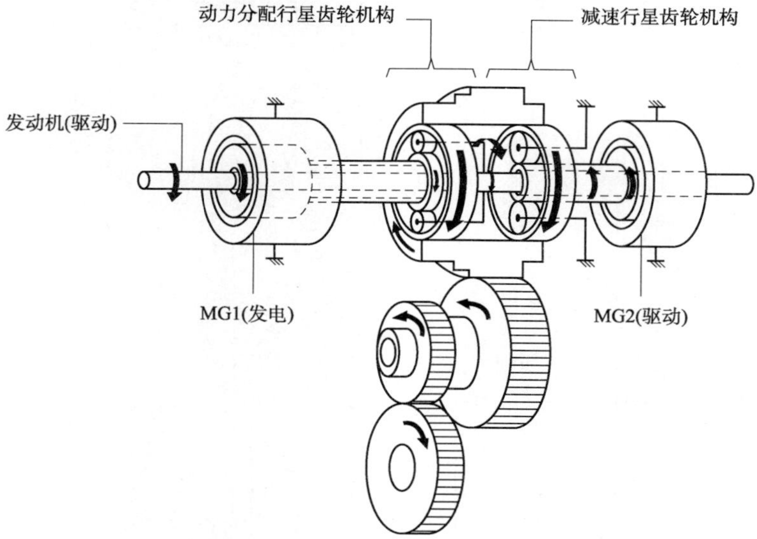

图 3-47　节气门全开加速期间动力传动路线

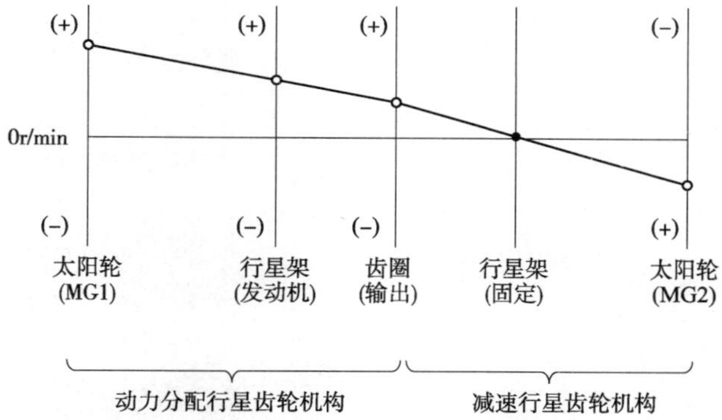

图 3-48　节气门全开加速期间列线图

（4）减速期间。

减速期间,齿圈由车轮驱动旋转。在此情况下,由于发动机停止,行星架（发动机）的转速为 0r/min。此外,由于 MG1 未产生任何转矩,因此没有转矩作用于太阳轮（MG1）。然而,太阳轮（MG1）沿（－）方向自由旋转以平衡旋转的齿圈。减速期间动力传动路线及列线图,如图 3-49 和图 3-50 所示。

（5）倒车期间。

行星齿轮的状态与起步中描述的相反。由于发动机停止,行星架（发动机）的转速为 0r/min,但太阳轮（MG1）沿（＋）方向自由旋转以平衡旋转的齿数。倒车期间动力传动路线及列线图及列线图,如图 3-51 和图 3-52 所示。

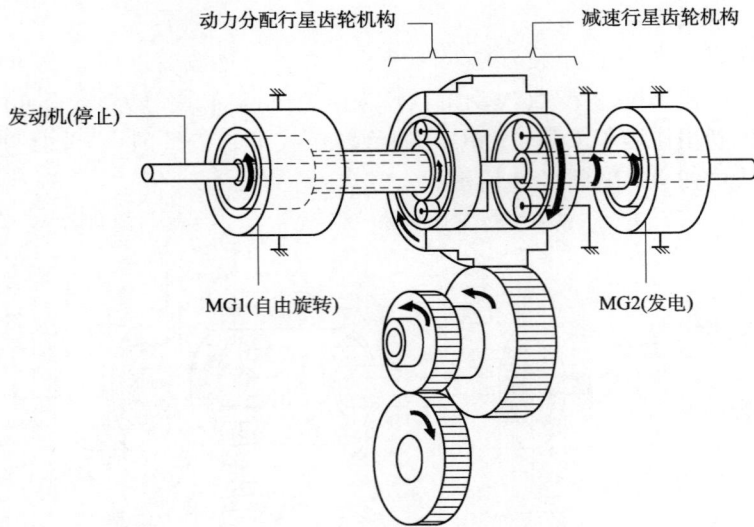

图 3-49　减速期间动力传动路线

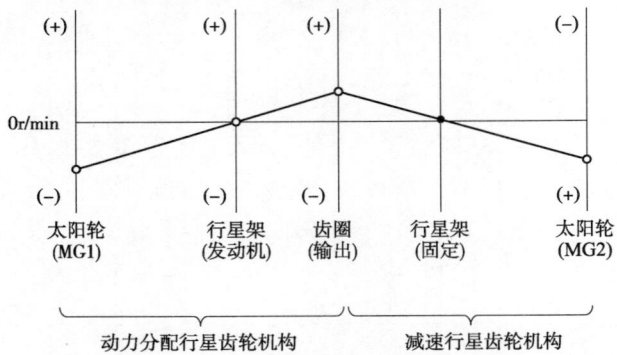

图 3-50　减速期间列线图

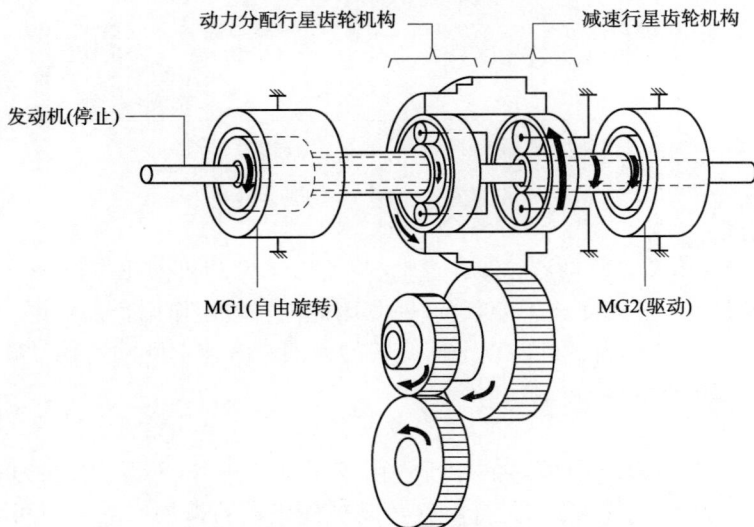

图 3-51　倒车期间动力传动路线

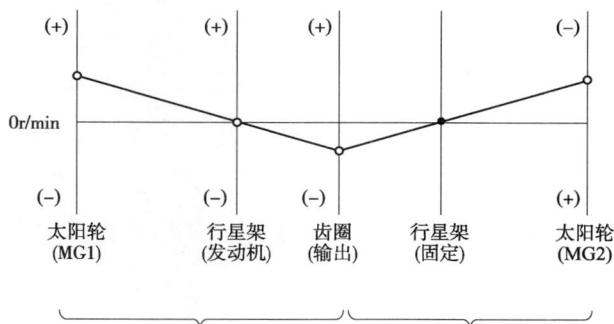

图 3-52　倒车期间列线图

2. 普锐斯动力控制系统的工作原理

为了便于理解,根据相对运动关系用模拟杠杆来表示行星齿轮组各部件的转速关系,如图 3-53 所示。杠杆的 3 个节点的相对位置由太阳轮与齿圈的齿数确定,相对于水平基准位置,纵坐标表示太阳轮、行星架、齿圈的转速和旋转方向,纵线之间的距离表示传动比,如齿圈齿数为 78、太阳轮齿数为 30,传动比是 2.6。同侧表示运转方向相同,异侧表示运转方向相反,相对于基准位置的高度(垂直位移)表示转速。

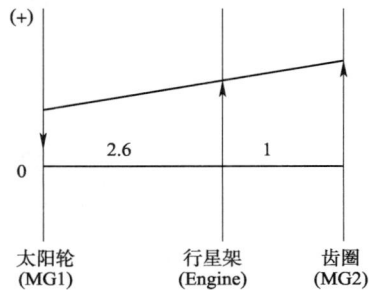

图 3-53　行星齿轮模拟杠杆简图

(1)起动工况。

当汽车处于准备起动状态时,如果冷却液温度、SOC 状态、蓄电池温度和电载荷状态不满足条件时,即使驾驶人按动"POWER"开关,"READY"指示灯打开,发动机也不会运转。

起动发动机时,仪表盘上的 READY 指示灯点亮、车辆处于"P"或者"N"时,如果 HV ECU 监视任何项目均正常,HV ECU 为 MG1 接通高压电,此时 MG1 作为起动机,从而起动发动机。运行期间,为防止太阳轮的反作用力转动 MG2 的环齿轮并驱动车轮,HV ECU 控制 MG2 通电,使齿圈的旋转方向与太阳轮使其产生的旋转方向相反,相当于施加制动,这个功能叫作"反作用控制"。此时,齿圈固定,太阳轮带动行星架旋转,这属于降速传动,降低转速,提高转矩。起动工况动力传动路线及行星齿轮各元件旋转方向如图 3-54 所示,行星齿轮模拟杠杆图如图 3-55 所示。

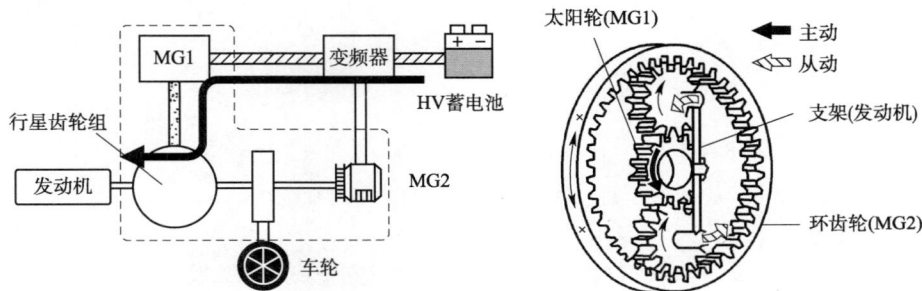

图 3-54　准备起动状态

起动后,行星架为主动件,太阳轮为从动件,齿圈固定(因为车辆静止),行星架带动太阳轮,所以发动机为 HV 蓄电池充电。动力传动路线及行星齿轮各元件旋转方向如图 3-56 所示,行星齿轮模拟杠杆图如图 3-57 所示。

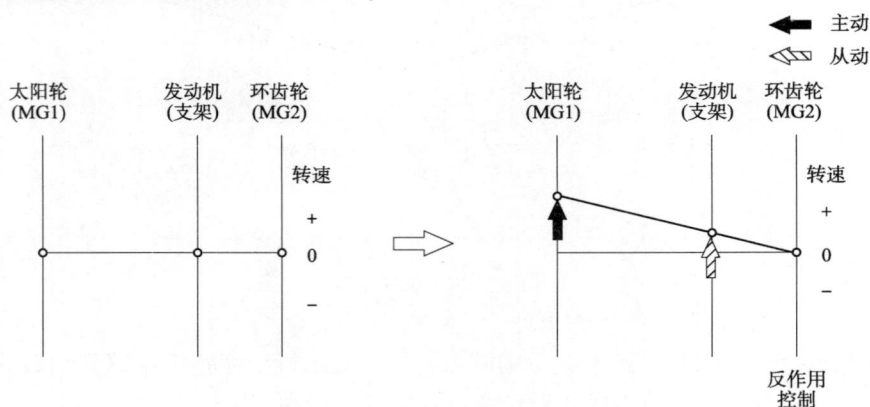

图 3-55 起动发动机时行星齿轮模拟杠杆图

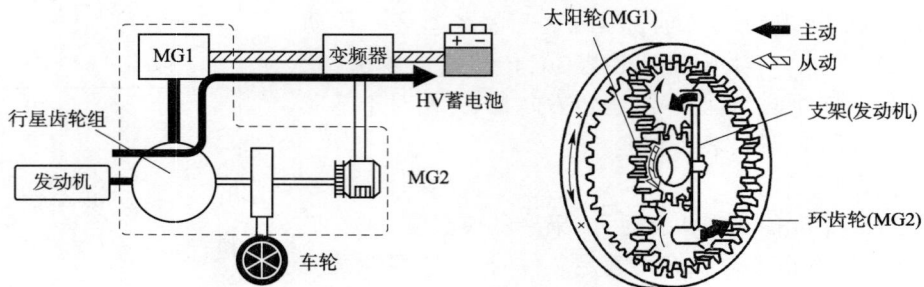

图 3-56 起动后为 HV 蓄电池充电

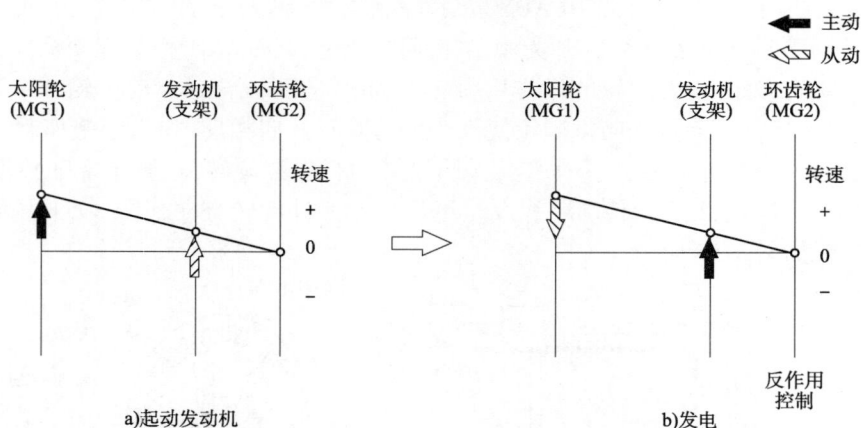

a)起动发动机   b)发电

图 3-57 起动后充电时行星齿轮模拟杠杆图

(2)起步工况。

MG2 驱动车辆起步后,车辆仅由 MG2 直接通过齿圈驱动车轮;发动机保持停机状态,即行星架固定,太阳轮反方向旋转,所以 MG1 并不发电。动力传动路线及行星齿轮各元件旋转方向如图 3-58 所示,行星齿轮模拟杠杆图如图 3-59 所示。

图 3-58　起步工况

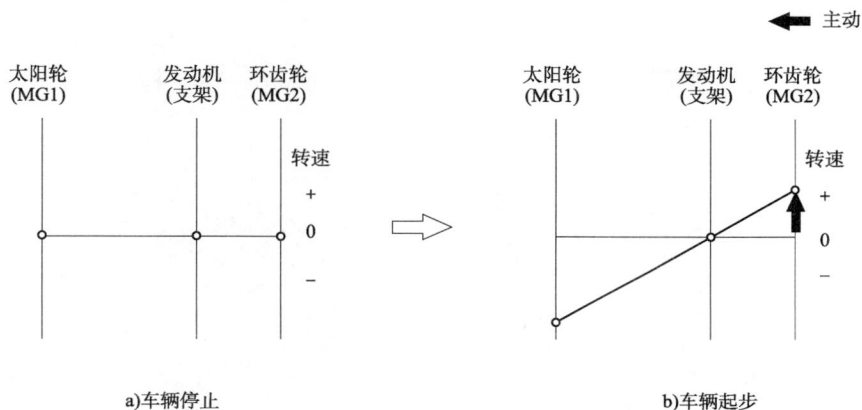

a)车辆停止　　　　　　　　　　　　　　　　　b)车辆起步

图 3-59　起步时行星齿轮模拟杠杆图

　　汽车起步后起动发动机:只有 MG2 工作时,如果增加所需驱动转矩,MG1 将被起动,齿圈和太阳轮都是动力输入主动件,行星架是从动件,带动发动机旋转,进而起动发动机,同样,如果 HVECU 监控的任何项目,如 SOC 状态、蓄电池温度、冷却液温度和电载荷状态等不符合规定值时,MG1 将被起动,进而起动发动机。动力传动路线及行星齿轮各元件旋转方向如图 3-60 所示,行星齿轮模拟杠杆图如图 3-61 所示。

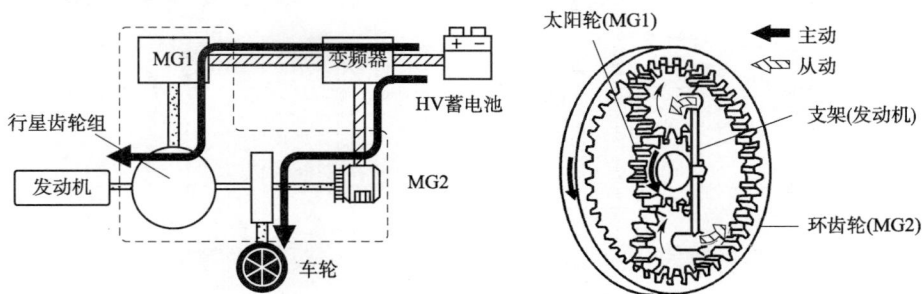

图 3-60　汽车起步后起动发动机

　　在随后的状态中,已经起动的发动机带动 MG1 为 HV 蓄电池充电,发动机和 MG2 共同驱动车轮。如果需要增加所需驱动转矩,发动机将起动 MG1 并转变为"发动机微加速时"模式。动力传动路线及行星齿轮各元件旋转方向如图 3-62 所示,行星齿轮模拟杠杆图如图 3-63 所示。

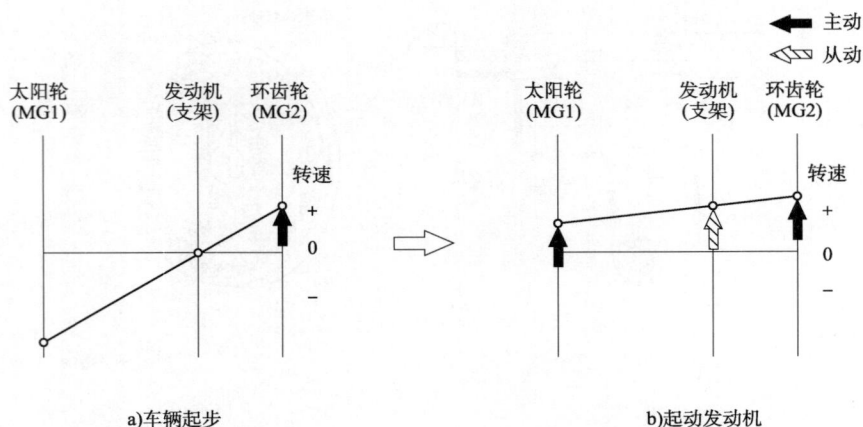

图 3-61　汽车起步后起动发动机时行星齿轮模拟杠杆图

a)车辆起步　　　　　　　　　　　　b)起动发动机

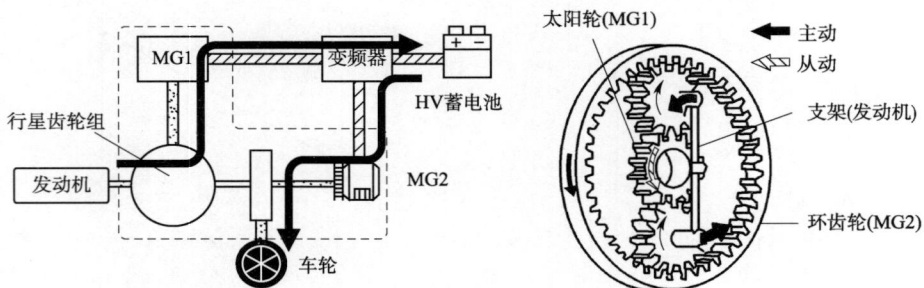

图 3-62　发动机驱动发电机

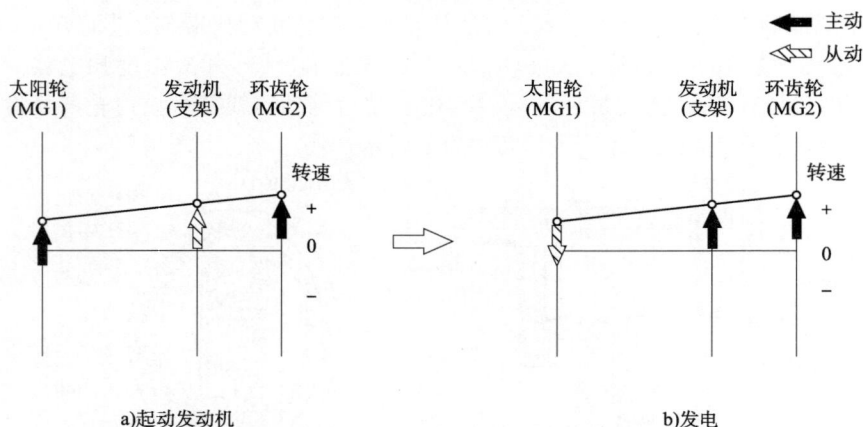

a)起动发动机　　　　　　　　　　　　b)发电

图 3-63　发动机驱动发电机时行星齿轮模拟杠杆图

（3）发动机微加速工况。

发动机微加速时，发动机的动力由行星齿轮进行分配，其中一部分动力直接输出，剩余动力用于 MG1 发电，通过变频器的电动输出，电力输出至 MG2，用于输出动力。动力传动路线如图 3-64 所示，行星齿轮各元件旋转方向如图 3-65 所示。

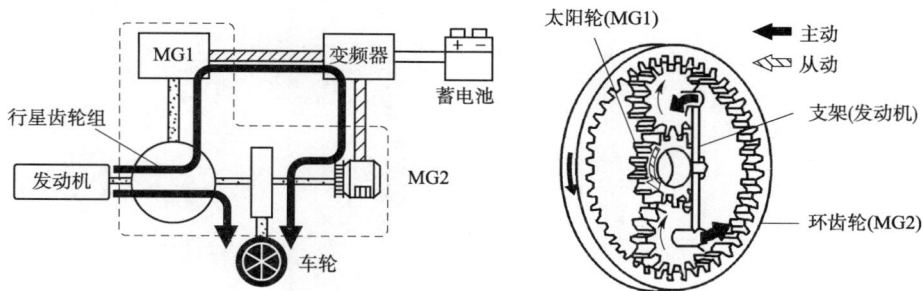

图3-64 发动机微加速工况

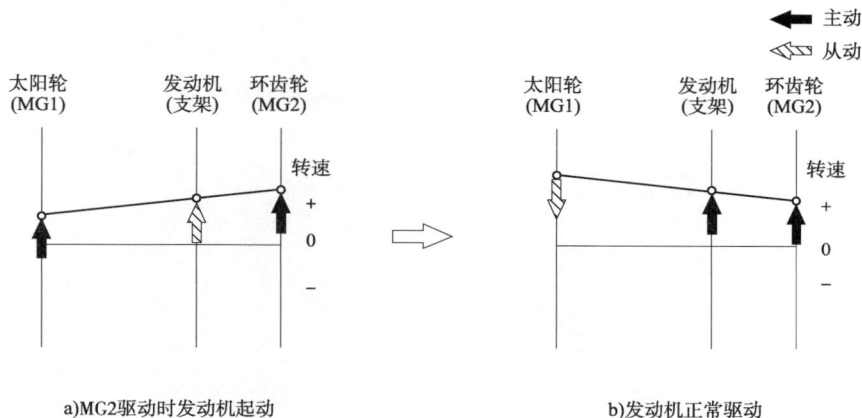

a)MG2驱动时发动机起动   b)发动机正常驱动

图3-65 发动机微加速时行星齿轮模拟杠杆图

（4）低载荷巡航工况。

车辆以低载荷巡航时,发动机的动力由行星齿轮进行分配,其中一部分动力直接输出,剩余动力用于 MG1 发电,通过变频器的电动传输,电力输出至 MG2 用于输出动力。动力传动路线及行星齿轮各元件旋转方向如图 3-66 所示,行星齿轮模拟杠杆图如图 3-67 所示。

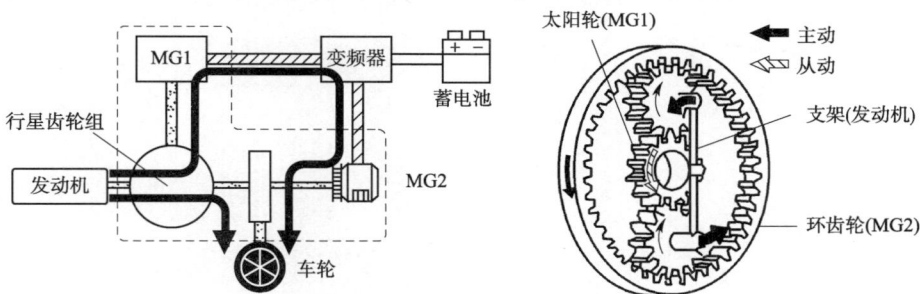

图3-66 低载荷巡航工况

（5）节气门全开加速工况。

当车辆从低载荷巡航转换为节气门全开加速模式时,系统将在保持 MG2 动力的基础上,增加 HV 蓄电池的电动力。动力传动路线及行星齿轮各元件旋转方向如图 3-68 所示,行星齿轮模拟杠杆图如图 3-69 所示。

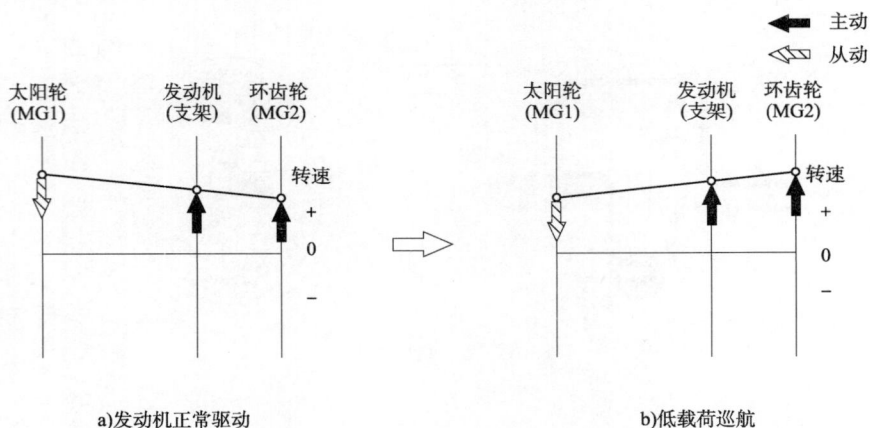

a)发动机正常驱动   b)低载荷巡航

图 3-67　低载荷巡航工况行星齿轮模拟杠杆图

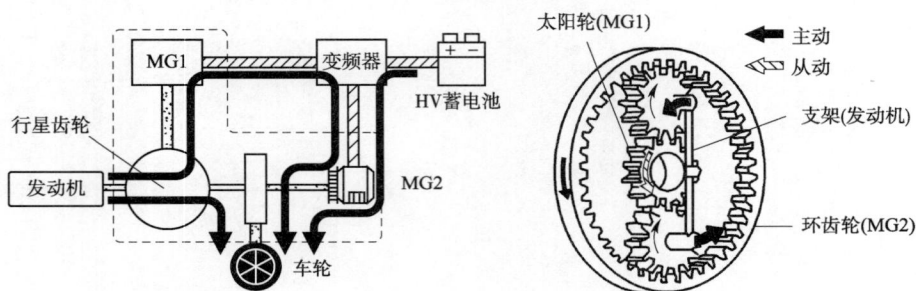

图 3-68　节气门全开加速工况

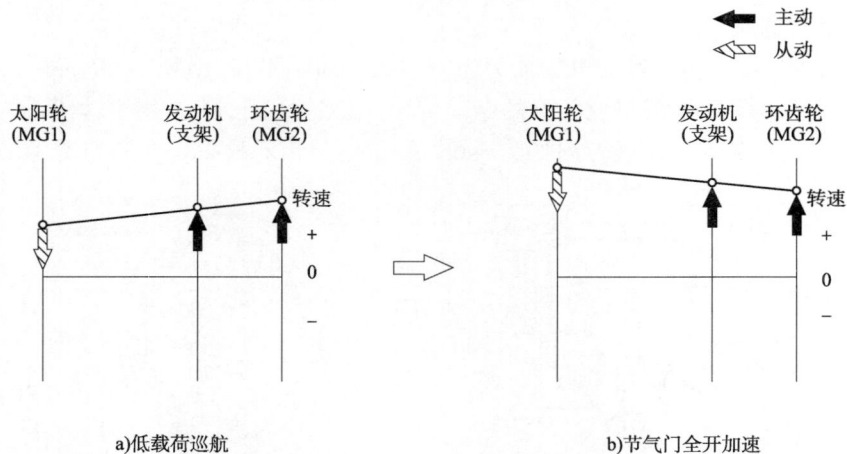

a)低载荷巡航   b)节气门全开加速

图 3-69　节气门全开加速工况行星齿轮模拟杠杆图

（6）减速工况。

①D 挡减速：车辆以"D"挡减速行驶时，发动机停止工作，行星架固定；车轮驱动环齿轮（MG2），太阳轮（MG1）反转，MG1 不发电，MG2 作为发电机为 HV 蓄电池充电。动力传动路线及行星齿轮各元件旋转方向如图 3-70 所示，行星齿轮模拟杠杆图如图 3-71 所示。

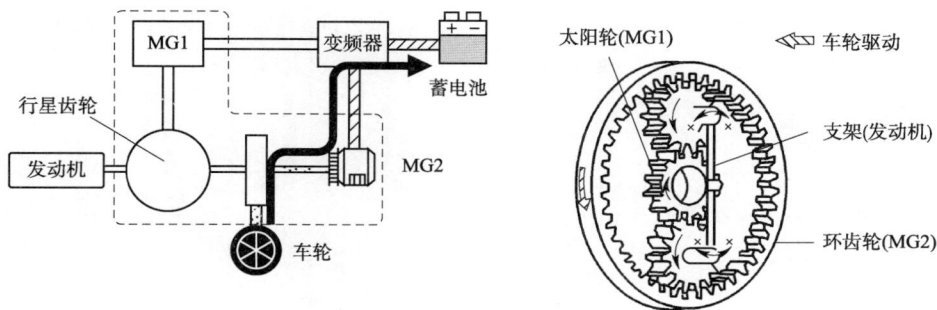

图 3-70　D 挡减速行驶

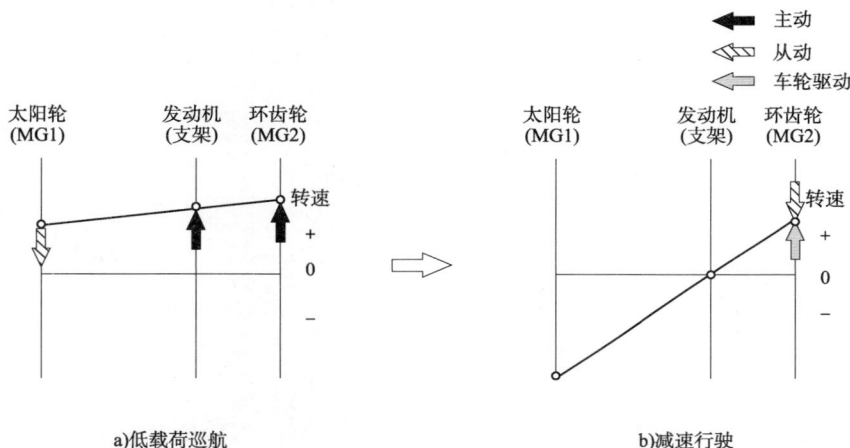

图 3-71　D 挡减速行驶工况行星齿轮模拟杠杆图

②B 挡减速行驶:车辆以 B 挡减速行驶时,MG2 在车轮驱动下作为发电机工作,为 HV 蓄电池充电,并为 MG1 供电,这样,MG1 保持发动机转速并施加发动机制动。这时,发动机燃油供给切断(B 挡是发动机制动挡,Engine Brake Position,山路长下坡时可以考虑使用)。动力传动路线及行星齿轮各元件旋转方向如图 3-72 所示,行星齿轮模拟杠杆图如图 3-73 所示。

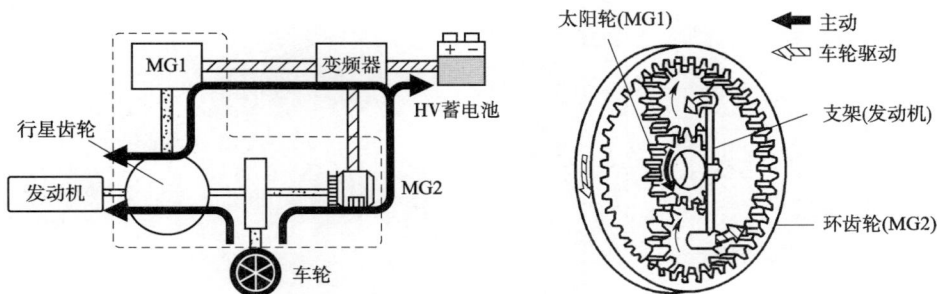

图 3-72　B 挡减速行驶

(7)倒车工况。

①车辆倒向行驶时,仅由 MG2 为车辆提供动力,这时,MG2 反向旋转,发动机不工作,

MG1 正向旋转但不发电。动力传动路线及行星齿轮各元件旋转方向如图 3-74 所示,行星齿轮模拟杠杆图如图 3-75 所示。

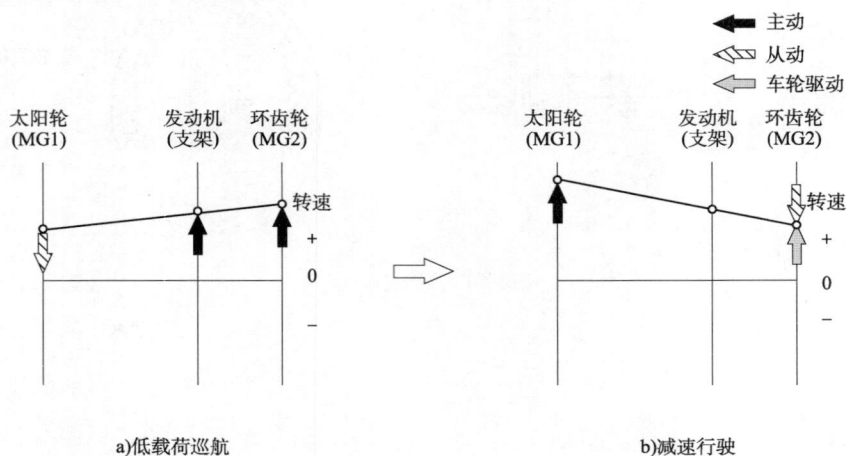

a)低载荷巡航　　　　　　　　　b)减速行驶

图 3-73　B 挡减速行驶工况行星齿轮模拟杠杆图

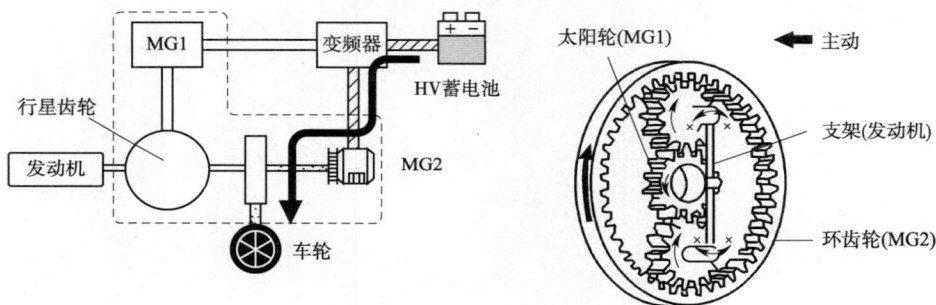

图 3-74　倒车工况行星齿轮模拟杠杆图

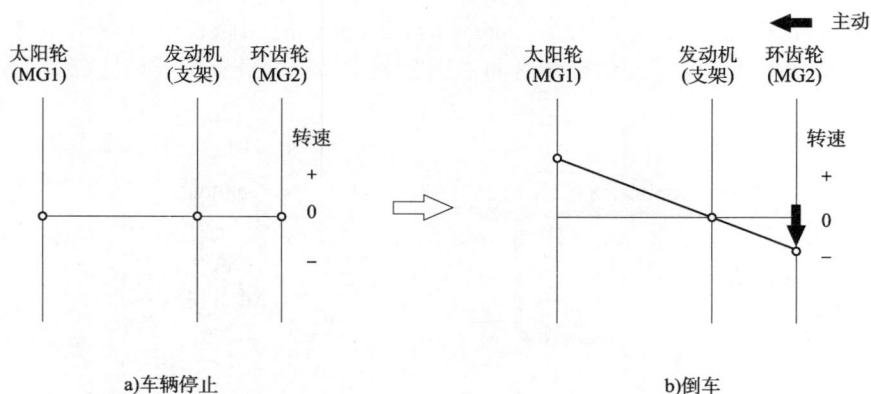

a)车辆停止　　　　　　　　　b)倒车

图 3-75　倒车工况行星齿轮模拟杠杆图

②倒车挡起动发动机时,如果 HV ECU 监控的任何项目,如 SOC 状态、蓄电池温度、冷却液温度和电载荷状态不符合规定值,MG2 驱动车辆,MG1 就会将发动机起动。动力传动路线及行星齿轮各元件旋转方向如图 3-76 所示,行星齿轮模拟杠杆图如图 3-77 所示。

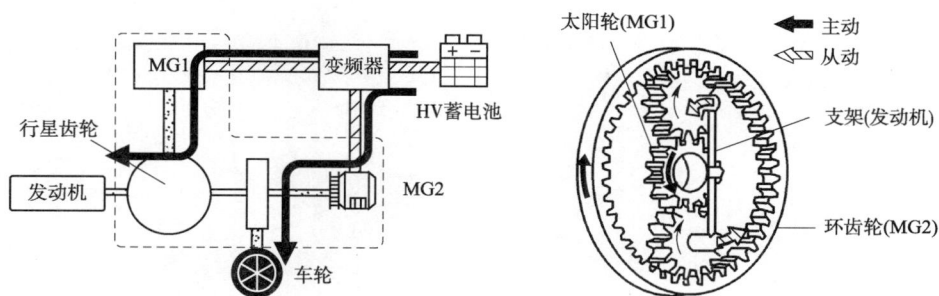

图 3-76　起动发动机

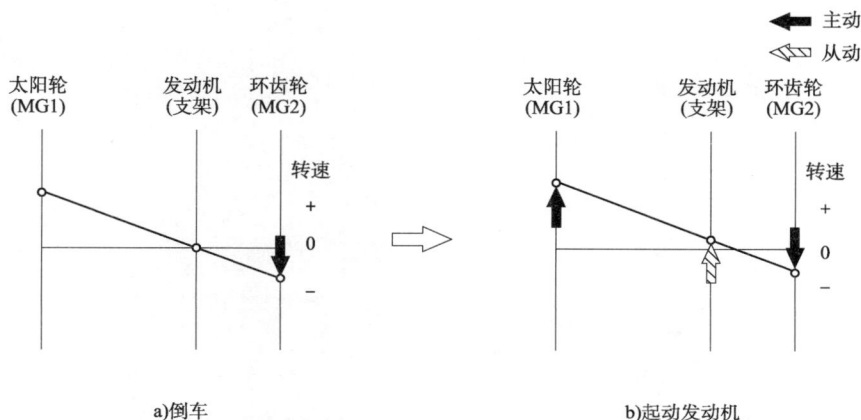

a)倒车　　　　　　　　　　　　　b)起动发动机

图 3-77　起动工况行星齿轮模拟杠杆图

起动后,发动机驱动 MG1,为 HV 蓄电池充电。动力传动路线及行星齿轮各元件旋转方向如图 3-78 所示,行星齿轮模拟杠杆图如图 3-79 所示。

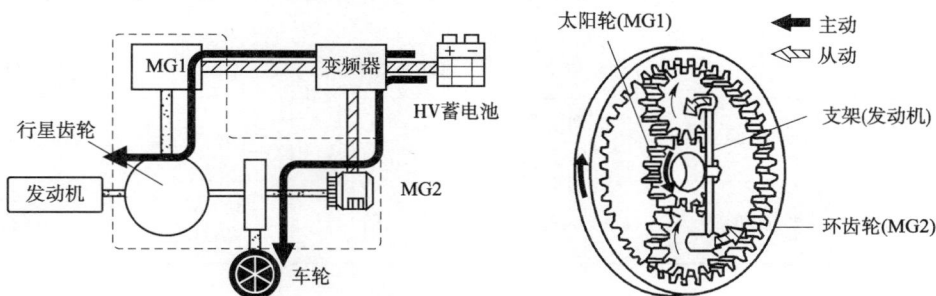

图 3-78　驱动发电机

3.通用君越 5ET50 变速器控制系统的工作原理

（1）起动过程。

起动时,扭转减振器旁通离合器接合,驱动电机/发电机 A 充当起动机,通过输入行星齿轮组的传动,将发动机起动。动力传递路线为:驱动电机/发电机 A→输入行星齿轮组太阳轮→输入行星齿轮组内齿圈→扭转减振器旁通离合器→发动机,从而起动发动机,如图 3-80 所示。此时变速器工作状态是:行星架固定,太阳轮带动齿圈,旁通离合器接合,齿圈驱动发动机,各个工作元件工作情况如表 3-6 所示。

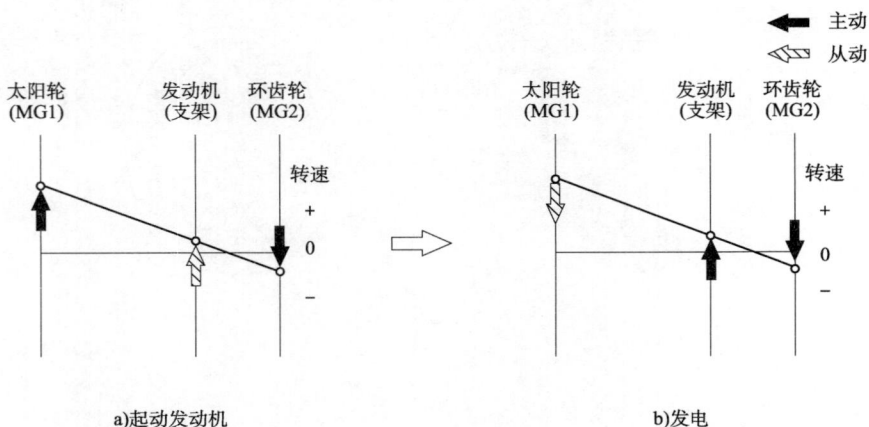

主动
从动

| 太阳轮 (MG1) | 发动机 (支架) | 环齿轮 (MG2) |

a)起动发动机　　　　　　　　　　b)发电

图 3-79　驱动发电机行星齿轮模拟杠杆图

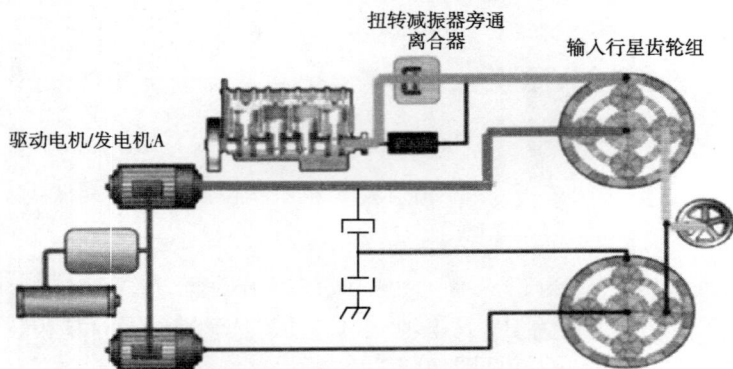

扭转减振器旁通离合器

输入行星齿轮组

驱动电机/发电机A

图 3-80　起动过程动力流示意图

起动时各个工作元件工作情况　　　　　　　　　　表 3-6

运行模式	发动机	驱动电机/发电机 A	驱动电机/发电机 B	工作离合器	适应工况
起动	被驱动	起动	关闭	扭转减震器旁通离合器	起动

（2）纯电动模式。

当车辆处于纯电动模式时,发动机关闭,低速离合器接合,固定输出行星齿轮组内齿圈,驱动电机/发电机 B 通过行星齿轮组向车轮传递驱动力。动力传递路线（图 3-81）为:驱动电机/发电机 B→输出行星齿轮组太阳轮→输出行星齿轮组行星架→车轮。此时变速器工作状态是:低速离合器结合,输出齿圈固定,输出太阳轮带动行星架转动,驱动车轮,车辆行驶,各个工作元件工作情况如表 3-7 所示。

前进挡与倒挡的动力传递路线相同,可以通过驱动电机/发电机 B 的运转方向来实现前进或后退。当车辆在纯电动工况下行驶,但高压电池组需要充电时,发动机起动,带动驱动电机/发电机 A 运行,为高压电池组充电。

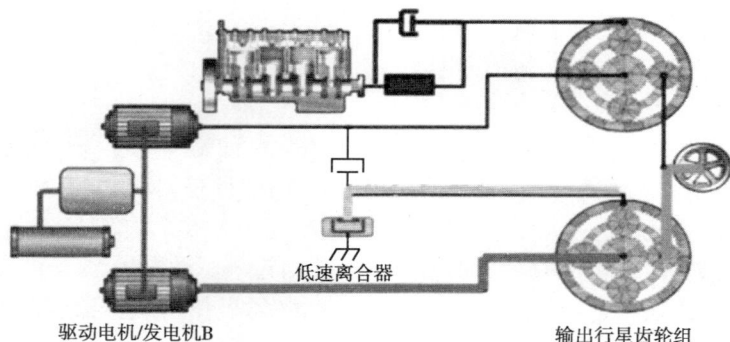

图 3-81　纯电动驱动模式动力流示意图

纯电动模式时各个工作元件工作情况　表 3-7

运行模式	发动机	驱动电机/发电机 A	驱动电机/发电机 B	工作离合器	适应工况
纯电动模式	静止	关闭	驱动	低速离合器	低速倒车

（3）低速模式。

在低速模式下有 2 种动力传递方式。一种由驱动电机/发电机 B 驱动车辆行驶,此时动力流为:驱动电机/发电机 B→输出太阳轮→输出行星架→车轮。另一种由发动机为高压电池组充电,此时动力流为:发动机→输入内齿圈→输入太阳轮→驱动电机/发电机 A→电源逆变器模块→ 高压电池组,如图 3-82 所示。此时变速器工作状态是:低速离合器结合,输出齿圈固定,输出太阳轮带动行星架转动,驱动车轮,车辆行驶;旁通离合器分离,发动机通过扭转减振器驱动输入内齿圈,使太阳轮转动,带动驱动电机/发电机 A,通过逆变器给高压电池组充电,各个工作元件工作情况如表 3-8 所示。

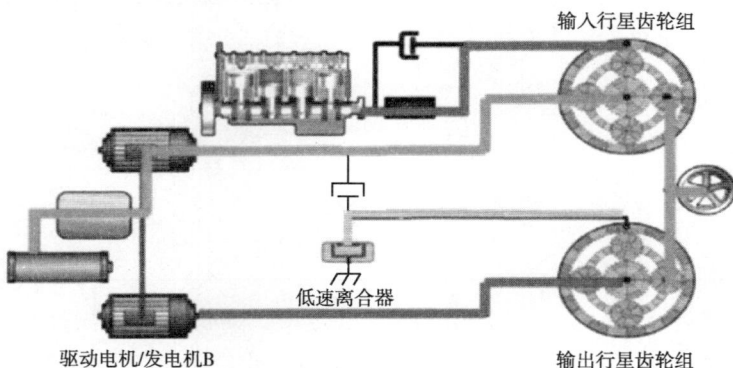

图 3-82　低速模式动力流示意图

低速模式时各个工作元件工作情况　表 3-8

运行模式	发动机	驱动电机/发电机 A	驱动电机/发电机 B	工作离合器	适应工况
低速	运行	发电	驱动	低速离合器	低速

低速模式动力传递路线与纯电动模式相同:驱动电机/发电机 B→输出行星齿轮组太阳

轮→输出行星齿轮组行星架—车轮。发电动力传递路线为:发动机→输入内齿圈→驱动电机/发电机 A→电源逆变器模块→高压电池组。

(4)固定传动比模式。

在固定传动比驱动模式下有 3 种动力传递方式。一种是发动机驱动车辆行驶,此时动力流为:发动机→输入内齿圈→输入行星架→车轮。第二种是驱动电机/发电机 B 驱动车辆行驶,此时动力流为:驱动电机/发电机 B→输出太阳轮→输出行星架→车轮。第三种为再生能量回收,动力流为:车轮→输出行星架→输出太阳轮→驱动电机/发电机 B,如图 3-83 所示。此时变速器工作状态是:旁通离合器分离,发动机通过扭转减振器驱动输入内齿圈,带动行星架,驱动车轮;低速离合器结合,输出内齿圈固定,驱动电机/发电机 B 驱动输出太阳轮,带动行星架转动,驱动车辆行驶;车轮驱动输出行星架,输出行星架带动输出太阳轮(输出内齿圈固定)通过逆变器给高压电池组充电,各个工作元件工作情况如表 3-9 所示。

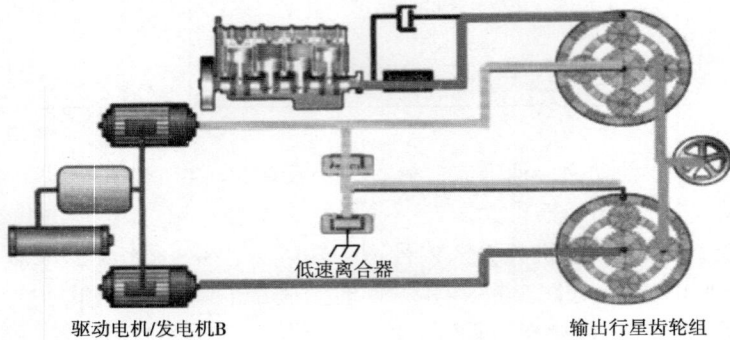

图 3-83　固定传动比模式动力流示意图

固定传动比模式时各个工作元件工作情况　　　　　　　表 3-9

运行模式	发动机	驱动电机/发电机 A	驱动电机/发电机 B	工作离合器	适应工况
固定传动比模式	运行	固定	发电/驱动	高速离合器 低速离合器	中速

随着车速的提高,车辆进入固定传动比模式,低速离合器和高速离合器都接合,将输入太阳轮和输出内齿圈都固定在壳体上。

(5)高速模式。

高速驱动模式下有 2 种动力传递方式。一种是由发动机驱动车辆行驶,其动力流为发动机→输入内齿圈→输出行星架→车轮;另一种动力传递是由驱动电机/发电机 A 和 B 共同驱动车辆行驶,其动力流也有 2 种:一路是驱动电机/发电机 B 输出太阳轮→输出行星架→车轮;另一路是驱动电机/发电机 A→输出内齿圈→输出行星架→车轮,如图 3-84 所示。此时变速器工作状态是:旁通离合器分离,发动机通过扭转减振器驱动输入内齿圈,高速离合器接合,固定输入太阳轮,所以齿圈带动行星架,驱动车轮;高速离合器接合,驱动电机/发电机 A 驱动输出内齿圈,带动行星架转动,驱动车辆行驶;驱动电机/发电机 B 驱动输出太阳轮,带动行星架转动,驱动车辆行驶。这样,发动机、驱动电机/发电机 A 和驱动电机/发电机 B 三个动力源共同驱动汽车行驶,各个工作元件工作情况如表 3-10 所示。

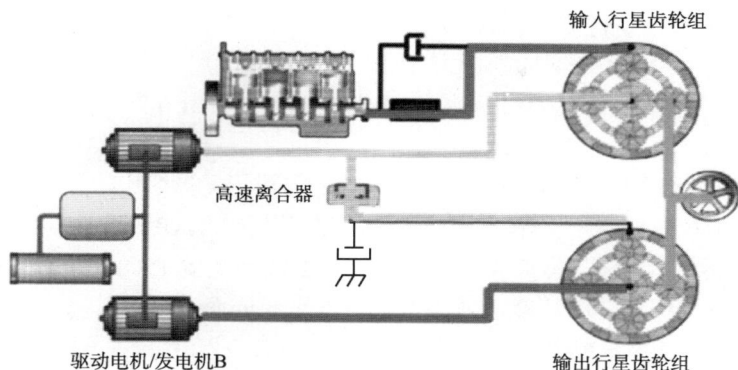

图 3-84 高速模式动力流示意图

高速模式时各个工作元件工作情况   表 3-10

运行模式	发动机	驱动电机/发电机 A	驱动电机/发电机 B	工作离合器	适应工况
高速模式	运行	驱动	驱动/发电	高速离合器	大负荷、高速

四、混合动力汽车变速装置和动力控制系统检修

每一款混合动力汽车的变速装置和动力控制系统组成和工作原理都是独特的,检修的项目、方法等也都无法统一,所以在此以卡罗拉混合动力汽车为例,讲解混合动力汽车的变速装置和动力控制系统的检修。

(一)卡罗拉混合动力汽车使用注意事项

(1)电源开关置于 OFF 位置时,混合动力车辆控制 ECU 不会立即切断。因此,失效保护功能工作时,如果在短时间内反复操作电源开关,失效保护功能将不会取消。电源开关置于 OFF 位置后,连接 GTS、打开/关闭车门或操作踏板前等待约 1min 或更长时间以完全切断混合动力车辆控制 ECU。

(2)短时间内不要在驻车挡和其他挡位之间反复切换,否则在一段时间内将无法换出驻车挡(P)以保护系统。如果系统保护功能工作,试图切换挡位前等待约 20s。

(3)如果无法退出驻车挡 P,则可能是辅助蓄电池电压低。

(4)如果由于浸水等导致电子换挡杆系统损坏,则挡位无法换至或退出驻车挡 P。挡位无法从驻车挡 P 换至其他挡位时,驻车锁止将啮合。因此,将无法使用拉索或链条牵引车辆。需要牵引车辆,牵引车辆时的注意事项如下:

①在受损车辆前后轮均离开地面的情况下方可进行牵引。如果在拖动损坏的车辆时使其车轮接触地面,可能会导致发动机发电。根据车辆损坏的性质,这种电流可能会泄漏并导致起火。

②在 4 个车轮全部着地的情况下牵引车辆时,如果需要使用拉索或链条牵引车辆,则牵引速度不能超过 30km/h,且仅可牵引一小段距离。

③将电源开关置于 ON(IG) 位置,将换挡杆移至 N。如果辅助蓄电池断开,或者与变速器控制 ECU 有关的零件有故障时,则无法选择空挡 N,只能用平板车移走车辆。

④确保不要将电源开关置于 OFF 位置,否则可能会选择驻车挡 P,从而导致损坏或发生事故。

⑤如果在牵引过程中受损车辆出现任何异常,则立即停止牵引。

(5)如果电子换挡杆系统损坏,则试图将电源开关切换至 OFF 位置时可能会切换至 ON(ACC)位置。在这种情况下,施加驻车制动可能将电源开关置于 OFF 位置。

(6)如果失效保护功能因故障或辅助蓄电池电压变低而工作,则即使故障已维修或给辅助蓄电池充电,多信息显示屏上也会持续显示警告信息,直至换出驻车挡 P。

(二)卡罗拉混合动力汽车变速装置和动力控制系统主要检查项目

1. 检查输入轴总成轴向间隙(图 3-85)

使用 SST 和百分表车辆输入轴总成轴向间隙,标准轴向间隙:0.1～0.2mm。如果不符合规定,则用正确厚度的行星太阳轮卡环更换。

2. 检查 1 号后行星齿轮总成(图 3-86)

使用厚薄规测量 1 号后行星齿轮总成和小齿轮之间的间隙。标准间隙:0.11～0.91mm,如果不符合规定,则更换 1 号后行星齿轮总成。

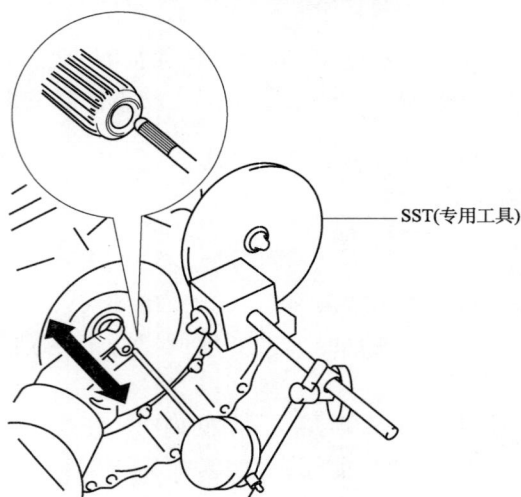

图 3-85　检查输入轴总成轴向间隙

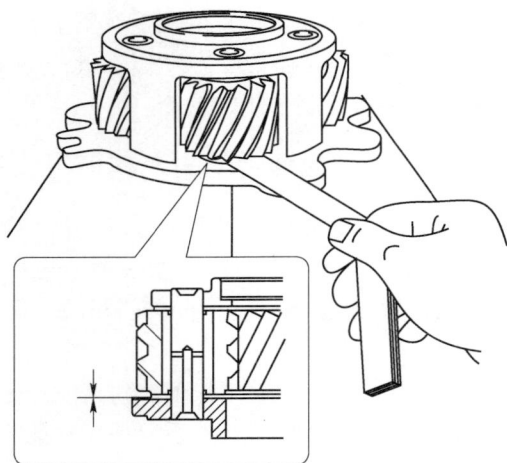

图 3-86　检查 1 号后行星齿轮总成

3. 检查换挡拨板装置(变速器换挡开关总成)

用万用表测量换挡拨板装置(变速器换挡开关总成)(图 3-87)端子之间的电阻,与标准值做比较,标准值如表 3-11 和表 3-12 所示。

左侧换挡拨板装置(变速器换挡开关总成)　　　　　　表 3-11

检测仪连接	条件	规定状态
2(SFTD)-3(ECC)	持续按住"－"	小于 3Ω
	松开	1MΩ 或更大

检测仪连接	条　件	规定状态
2（SFTD）-4（ECC）	持续按住"－"	小于3Ω
	松开	1MΩ或更大

如果测量结果不符合规定,则更换左侧换挡拨板装置(变速器换挡开关总成)。

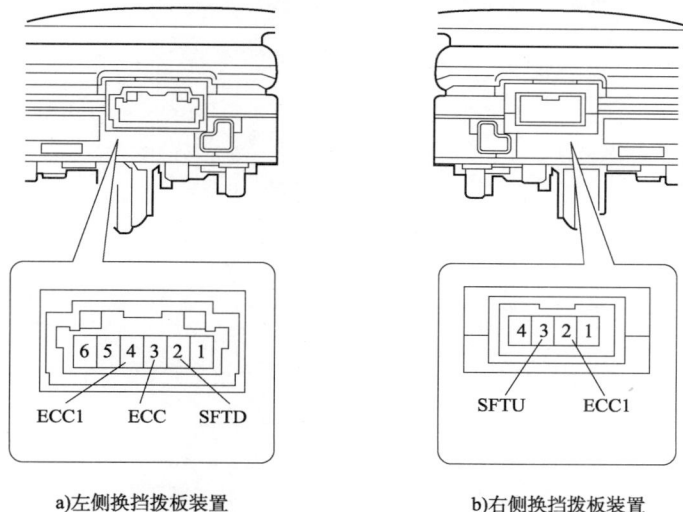

a)左侧换挡拨板装置　　　　　　　　b)右侧换挡拨板装置

图 3-87　检查换挡拨板装置

右侧换挡拨板装置(变速器换挡开关总成)　　　　　　表 3-12

检测仪连接	条　件	规定状态
3（SFTU）-4（ECC1）	持续按住"－"	小于3Ω
	松开	1MΩ或更大

如果测量结果不符合规定,则更换右侧换挡拨板装置(变速器换挡开关总成)。

(三)卡罗拉混合动力控制系统故障诊断与排除

1.卡罗拉混合动力控制系统故障症状表(表 3-13)

卡罗拉混合动力车故障症状表　　　　　　表 3-13

症　状	可疑部位
P 位置开关指示灯不亮	P 位置开关指示灯电路
P 位置开关指示灯不熄灭	P 位置开关指示灯电路
挡位无法从驻车挡 P 切换至任一其他挡位	未踩下制动踏板或踩踏板力度小
	READY 指示灯闪烁时移动换挡杆
	换挡杆移至 S
	READY 指示灯不亮时移动换挡杆
	电子换挡杆系统过热失效保护功能工作(等待一段时间,然后尝试再次切换挡位)
	踩下加速踏板时移动换挡杆
	辅助蓄电池电量耗尽或电压低

续上表

症　状	可 疑 部 位
挡位无法切换至驻车挡 P	行驶时操作 P 位置开关(变速器换挡主开关)
	同时操作 P 位置开关(变速器换挡主开关)和换挡杆
	辅助蓄电池电量耗尽或电压低
	P 位置开关电路(失效保护功能暂时工作)
意外将挡位切换至驻车挡 P	意外操作 P 位置开关(变速器换挡主开关)
	电源开关置于 OFF 位置
	P 位置开关电路(失效保护功能暂时工作)
挡位无法切换至滑行挡 S	选择行驶挡 D 以外的挡位时将换挡杆移至 S
	辅助蓄电池电量耗尽或电压低
挡位无法切换至空挡 N	换挡杆操作时间过短(将换挡杆保持在 N 一小段时间)
	停车或低速行驶时换挡杆保持在 N 的时间不够长
根据换挡杆操作,挡位切换至目标挡位之外的挡位	选择挡位后,手动复位换挡杆并选择其他挡位
意外将挡位切换至空挡 N	行驶时操作 P 位置开关(变速器换挡主开关)
	行驶时操作换挡杆或换挡杆由于悬挂其上的物体而移动
	倒车时换挡杆移至 D
	倒车时换挡杆移至 R
	换挡杆复位过慢(由于换挡杆挂有物体、改装换挡把手、异物等)
	电源开关置于 ON(IG)位置时将换挡杆保持在 D 或 R
	辅助蓄电池电量耗尽或电压低
	换挡传感器电路(间歇故障)
	P 位置开关电路(失效保护功能暂时工作)
挡位无法切换至行驶挡 D 或倒挡 R	READY 指示灯不亮
	倒车时换挡杆移至 D
	前进时换挡杆移至 R
	换挡杆复位过慢(由于换挡杆挂有物体、改装换挡把手、异物等)
	换挡杆未完全移动或操作时间过短
	辅助蓄电池电量耗尽或电压低

2.卡罗拉混合动力控制系统诊断故障码表(表3-14)

卡罗拉混合动力诊断故障码表　　　　　　　　　　　　表3-14

DTC	检 查 项 目
P1C8949	驻车锁爪电动机控制系统(初步驱动)内部电子故障
P1C8A49	驻车锁爪电动机控制系统(固定挡位范围学习值)内部电子故障
P1C8B49	驻车锁爪电动机控制系统(锁止/解除控制切换)内部电子故障
P1C8C49	驻车锁爪电动机控制系统(锁止/解除位置学习)内部电子故障

续上表

DTC	检 查 项 目
P1C8D49	驻车锁爪电动机控制系统(锁止/解除位置学习后)内部电子故障
P1C8E49	驻车锁爪电动机控制系统(驱动请求)内部电子故障
P1C8F49	驻车锁爪电动机 U 相位电路对搭铁短路或断路
P1C9414	驻车锁爪电动机相位电路对搭铁短路或断路
P1C9914	驻车锁爪电动机 W 相位电路对搭铁短路或断路
P272C00	驻车锁爪电动机驱动电路驱动时间过长
P272C46	驻车锁爪电动机校准/参数存储故障
P272C73	驻车锁爪电动机继电器系统执行器卡在关闭位置
P272D19	驻车锁爪电动机电源系统电路电流高于阈值

3. 故障排除步骤

(1)根据客户描述,对照故障症状表 分析故障症状。

(2)将智能诊断仪(GTS)连接到故障诊断接头(DLC3),检查故障码(DTC)并保存定格数据。

(3)根据故障码并对照故障代码表,确定故障的部位及修理方法。

(4)按照故障原因和部位进行诊断,对确定故障的部位进行修理。

(5)清除自动变速器 ECU 中存储的故障码。

(6)进行相关的试验及路试,若代码和故障现象同时消失,说明故障已排除,并删除故障码。

如果确认是机械故障,则需要解体,检查各个元件,确认故障所在,更换相应的元件。

技能实训

(一)检查传动桥油压

1. 实训准备

(1)场地设施:举升机一台,具有废油收集设备和消防设施的场地。

(2)设备设施:卡罗拉混合动力汽车。

(3)工量具:常用工具(一套)等。

2. 注意事项

(1)穿戴干净整洁的工作服。

(2)遵守场地安全规定,注意举升机使用安全。

3. 操作步骤

(1)将车辆举升至合适的高度。

(2)从变速器油泵盖分总成上拆下油泵盖螺栓和 O 形圈,如图 3-88 所示。

(3)将专用工具(SST)安装到变速器油泵盖分总成上(图 3-89)。

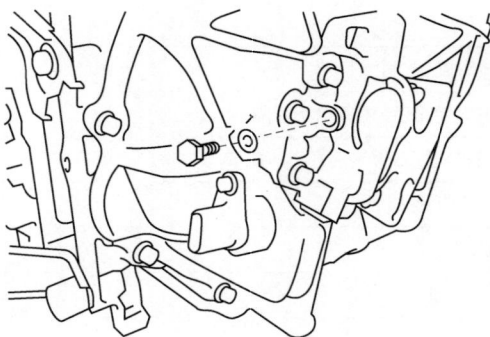

图 3-88　拆下油泵盖螺栓和 O 形圈　　　　　　图 3-89　安装油压表

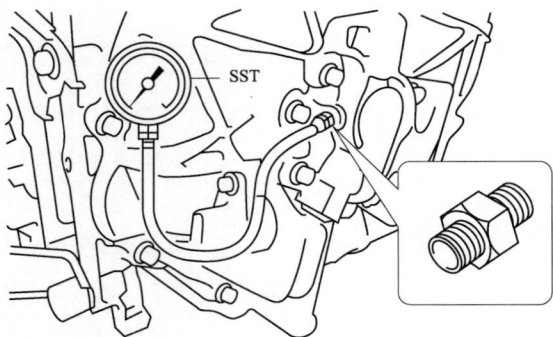

（4）使发动机处于维护模式，激活维护模式（不使用 GTS）的方法如下。在 60s 内，完成以下步骤：

①将电源开关置于 ON（IG）位置。

②选择驻车挡 P 时，完全踩下加速踏板两次。

③选择空挡 N 时，完全踩下加速踏板两次。

④选择驻车挡 P 时，完全踩下加速踏板两次。

（5）测量混合动力传动桥油压。油压标准值参考表 3-15，完成混合动力传动桥油压检查后，务必立即取消维护模式。

参考油压标准值　　　　　　　　　　　　表 3-15

维护模式发动机怠速转速	混合动力传动桥油温度	混合动力传动桥油压
900～1000r/min	20～50℃（68～122℉）	3kPa（0.03kgf/cm² 、0.4psi）或者更高

（6）从变速器油泵盖分总成上拆下专用工具（SST）。

（7）在新 O 形圈上涂抹 ATF，并将其安装在油泵盖螺塞上。

（8）将油泵盖螺塞安装到变速器油泵盖分总成上，力矩：8.0N·m（82kgf·cm）。

（二）更换变速驱动桥油

混合动力传动桥油不足或过量可能损坏混合动力车辆传动桥总成。

1.实训准备

（1）场地设施：举升机一台，具有废油收集设备和消防设施的场地。

（2）设备设施：卡罗拉混合动力汽车。

（3）工量具：常用工具（一套）等。

2.操作要点

（1）穿戴干净整洁的工作服。

（2）遵守场地安全规定，注意举升机使用安全。

3.操作步骤

1）排空变速驱动桥油

（1）确保车辆水平并举升车辆到合适的位置。

（2）用 10mm 六角套筒扳手，从混合动力车辆传动桥总成上拆下注油螺塞、放油螺塞及其衬垫,并排空混合动力传动桥油。

(3)使用10mm六角套筒扳手,将放油螺塞和衬垫暂时安装到混合动力车辆传动桥总成上。由于需要再次拆下放油螺塞,此时可重复使用衬垫。

(4)加注传动桥油直到液位位于距注油螺塞开口下唇0~10mm(0~0.394in),如图3-90所示。

注意:

①必须用丰田原厂ATF WS。

②确保注油喷嘴完全插入注油螺塞开口。

③确保缓慢加注混合动力传动桥油。如果快速加注混合动力桥油,则混合动力传动桥油可能撞到内部零件而反弹,导致混合动力传动桥油从加注螺塞开口溅出。

④确保直接检查并确认混合动力传动桥油液位在规定范围内。

⑤传动桥油量的参考值是3.4L。

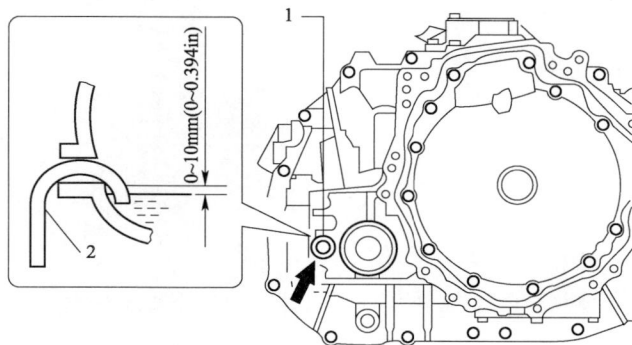

图3-90　液位在距注油螺塞开口下唇0~10mm(0~0.394in)

1-注油螺塞;2-注油喷嘴

(5)使用10 mm六角套筒扳手,将注油螺塞和衬垫暂时安装到混合动力车辆传动桥总成上。由于需要再次拆下放油螺塞,此时可重复使用衬垫。

(6)降下车辆,使发动机处于维护模式,激活维护模式(不使用GTS)的方法如下:在60s内,完成以下步骤:

①将电源开关置于ON(IG)位置。

②选择驻车挡P时,完全踩下加速踏板两次。

③选择空挡N时,完全踩下加速踏板两次。

④选择驻车挡P时,完全踩下加速踏板两次。

(7)电源开关置于ON(READY)位置时,发动机怠速运转30s。然后将电源开关置于OFF位置。

(8)重复步骤(1)~(7),目的是用新油冲洗驱动桥,使驱动桥更干净,旧油排放更为彻底。

注意:步骤(3)中把放油螺塞和衬垫安装到混合动力车辆传动桥总成上,力矩为50N·m (510kgf·cm)。

2)加注变速驱动桥油并检查液位

(1)确保车辆水平并举升车辆到合适的位置。

（2）用 10mm 六角套筒扳手，从混合动力车辆传动桥总成上拆下注油螺塞及其衬垫。

（3）加注传动桥油直到液位在距注油螺塞开口下唇 0～10mm（0～0.394in）。

（4）加注混合传动桥油后，静置 30s 使液面静止，检查并确认液位在距注油螺塞开口下唇 0～10mm（0～0.394in）。如果液位低，则重复步骤（3）、（4）。

（5）使用 10 mm 六角套筒扳手，将注油螺塞和衬垫暂时安装到混合动力车辆传动桥总成上，力矩为 50N·m（510kgf·cm）。

注意：如果混合动力传动桥油液位低，则检查是否漏油，如果没有泄漏，则添加混合动力传动桥油；如果有泄漏，则先解决泄漏问题。

（三）更换换挡控制执行器总成

1. 实训准备

（1）场地设施：举升机一台，具有废油收集设备和消防设施的场地。

（2）设备设施：卡罗拉混合动力汽车。

（3）工量具：常用工具（一套）等。

2. 注意事项

（1）穿戴干净整洁的工作服。

（2）遵守场地安全规定，注意举升机使用安全。

3. 操作步骤

（1）断开换挡控制执行器总成连接器（图 3-91）。

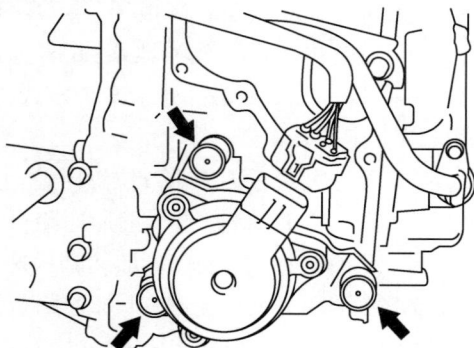

（2）从混合动力车辆传动桥总成上拆下 3 个换挡控制执行器螺栓和换挡控制执行器总成（图 3-92）。

该执行器为精密装置，拆卸和安装期间，不要用塑料锤或类似工具敲击。重新连接辅助蓄电池时，该执行器检测其自身位置。因此不需要进行初始化。

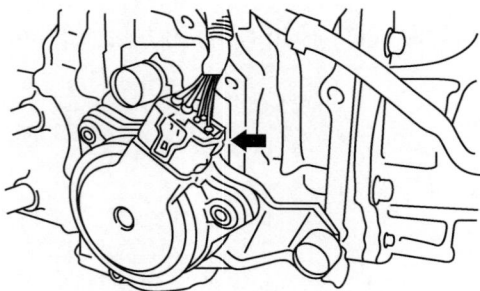

图 3-91　断开换挡控制执行器总成连接器　　图 3-92　拆下 3 个换挡控制执行器螺栓

（3）拆卸换挡控制执行器密封。

更换换挡控制执行器总成时，并非总是需要同时更换或拆卸/安装换挡控制执行密封。拆下换挡控制执行器总成时，仅当油液从换挡控制执行器密封处泄漏或发现其他故障时，才需拆卸/安装换挡控制执行器密封。

使用头部缠有保护胶带的螺丝刀，从混合动力车辆传动桥总成上拆下换挡控制执行器密封,如图 3-93 所示。拆下换挡控制执行器密封时,确保不要用螺丝刀损坏混合动力车辆传动桥总成或驻车锁止轴。

(4)安装换挡控制执行器密封。

使用专用工具(SST)和锤子,将新换挡控制执行器安装到混合动力车辆传动桥总成上,标准深度 a:8.5~9.5mm,如图 3-94 所示。

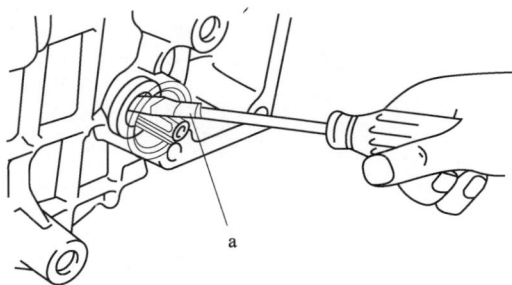

图 3-93　拆下换挡控制执行器密封
a-保护胶带

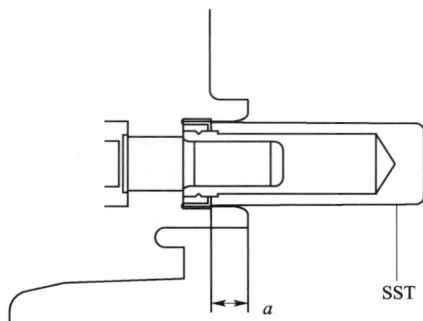

图 3-94　安装换挡控制执行器密封

(5)安装换挡控制执行器总成(图 3-95)。

①用 3 个新换挡控制执行器螺栓将换挡控制执行器总成安装到混合动力车辆传动桥总成上,力矩为 9.5N·m(97kgf·cm)。

②将 3 个新换挡控制执行器螺栓帽安装到 3 个换挡控制执行器螺栓上。牢固推入各换挡控制执行器螺栓帽,直到换挡控制执行器螺栓帽的卡爪与换挡控制执行器螺栓接合,如图 3-96 所示。

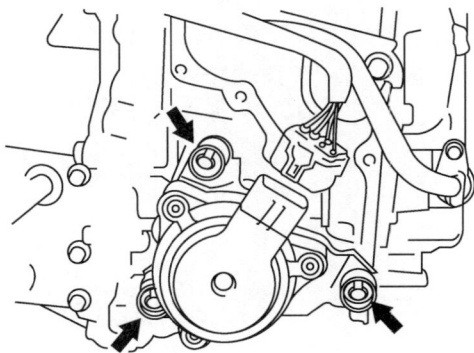

图 3-95　安装换挡控制执行器总成

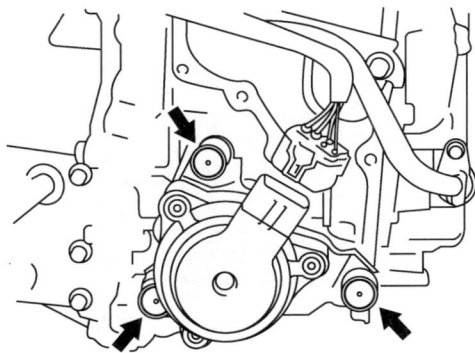

图 3-96　安装 3 个新换挡控制执行器螺栓帽

③连接换挡控制执行器总成连接器。

模块小结

(1)常用的自动变速装置可分为三类:第一类是液力自动变速器(Automatic Transmission,AT),混合动力汽车很少用;第二类是无级变速器(Continuously Variable Transmission,

CVT),被大部分混合动力汽车采用;第三类是由传统固定轴式变速器和干式离合器以及相应的电液控制系统组成的机械式自动变速器(Automatic Mechanical Transmission,AMT),国产混合动力汽车受技术和开发周期太长的局限采用这种变速装置。

(2)卡罗拉变速驱动桥包括 MG1、MG2、复合行星齿轮装置、变速器输入减振器总成、中间轴齿轮、减速齿轮、差速器齿轮机构和油泵。其中,采用带复合齿轮装置实现了无级变速器装置,实现了平稳、静谧性操作。

(3)卡罗拉变速驱动桥的工作模式:①发动机和 MG2 共同驱动车轮,属于混合动力模式;②发动机驱动 MG1 发电,属于发电模式;③仅 MG2 驱动车轮,属于纯电动模式;④MG1驱动发动机,也属于纯电动模式。

(4)普锐斯的组成和工作模式与卡罗拉非常相似,但它的变速齿轮是单排行星齿轮机构;发动机与行星架之间没有减振器,是刚性连接的。

(5)君越混合动力汽车通过电机的转速变化改变传动比,实现无级变速;变速器内部安装了两组单排行星齿轮机构,两个电机连接在其太阳轮上;内部设有 3 组多片式离合器,切换不同的驱动模式;变速器可以实现 4 种不同的驱动模式,应对不同工况。

(6)君越混合动力汽车具备了混合动力最重要的功能:电机助力、怠速停机和再生制动。电机助力用于起步、加速、爬坡等车辆需要大功率输出;智能停机用于车辆静止时,发动机断油不运转;减速断油,能量回收用于当车速降低,燃油供应自动切断,电机作为发电机发电,为镍氢蓄电池充电,回收部分能量;智能充电用于发动机运转时,电机作为发电机发电,为镍氢蓄电池充电。

(7)卡罗拉混合动力汽车的控制系统的组成。卡罗拉混合动力控制系统主要由换挡杆、换挡杆位置传感器、驻车锁止执行器、驻车锁止机构、混合动力车辆控制 ECU 总成、指示报警装置等元件组成。

(8)别克君越混合动力控制系统由传感器、ECU、执行器、故障指示灯等元件组成。

(9)卡罗拉、普锐斯和君越混合动力汽车不同工况下的动力传递路线。

(10)卡罗拉混合动力汽车常用的维修操作项目,重点是检查传动桥油压和更换变速驱动桥油。

思考与练习

(一)填空题

1.卡罗拉变速驱动桥主要由_____、_____和_____。

2.君越混合动力汽车具备_____、_____、_____和_____四种功能。

3.普锐斯的行星齿轮机构与发动机和电机装配关系是:发动机与_____连接、MG1与_____连接、MG2 连接_____。

4.君越混合动力汽车变速器的高速离合器在_____和_____结合,起传递动力的作用。

5.卡罗拉混合动力汽车具备_____、_____、_____和_____四种模式。

6. 普锐斯汽车起动时，_____起动机来驱动发动机，此时属于纯电动模式。

7. 卡罗拉混合动力控制系统的组成主要由_____、_____、_____、_____和_____等元件组成。

8. 卡罗拉变速驱动桥的复合行星齿轮机构包括_____和_____两排行星齿轮。

(二)判断题

1. 混合动力汽车的任何一个电子元件出现故障，系统就停止工作。 （　　）

2. 君越混合动力汽车电机助力功能用于起步、加速、爬坡等车辆需要大功率输出。
（　　）

3. 卡罗拉混合动力汽车发动机和 MG2 共同驱动车轮时，属于混合动力模式。 （　　）

4. 君越混合动力汽车的低速离合器只在低速挡模式时起作用。 （　　）

5. 混合动力汽车的倒挡通常是通过改变驱动电机的运转方向来实现的。 （　　）

6. 当齿圈固定，太阳轮输入，齿圈输出时，产生减速增矩的效果。 （　　）

(三)简答题

1. 卡罗拉变速驱动桥的工作模式有哪几种？

2. 简述卡罗拉 P410 驱动桥的结构特点。

3. 分析普锐斯各工况的动力传动路线。

4. 分析卡罗拉各工况的动力传动路线。

5. 比较普锐斯和卡罗拉变速驱动桥的主要不同之处。

6. 分析别克君越各工况的动力传动路线。

7. 简述卡罗拉混合动力汽车的变速器输入减振器总成的作用。

8. 列出君越混合动力汽车不同模式下发动机、驱动电机/发电机 A 和 B 与离合器的工作情况以及适应的工况。

模块四 混合动力汽车电子电力辅助系统

学习目标

1. 能够描述混合动力汽车动力转向系统的特点；
2. 能够描述混合动力汽车制动系统的特点；
3. 能够描述混合动力汽车空调系统的特点；
4. 能够使用工具对混合动力汽车动力转向系统进行维护及检修；
5. 能够使用工具对混合动力汽车制动系统进行维护及检修；
6. 能够使用工具对混合动力汽车空调系统进行维护及检修。

建议课时:18 课时。

一、混合动力汽车动力转向系统

(一) 混合动力汽车动力转向系统组成及工作原理

混合动力汽车的电子动力转向系统(EPS)通过对转向柱上的电动机和减速机构的操作,产生辅助转向力矩。动力转向 ECU 根据车速信号和来自内置于电动转向柱分总成的转矩传感器的信号确定辅助动力的方向及大小。动力转向 ECU 总成可以调节转向力矩,使其在低速行驶期间较小,在高速行驶期间较大。

丰田卡罗拉混合动力汽车采用的 EPS 仅在驾驶人转动转向盘时才激活动力转向电动机,这样可以降低车辆直线行驶时的能量消耗,从而实现较好的燃油经济性。转矩传感器、动力转向 ECU、动力转向电动机和减速机构集成于转向柱总成,形成了简单紧凑的结构。与常规液压转向动力系统不同,该系统具有良好的维护方便性,因为不需要管路、叶片泵、皮带轮或动力转向液。

1.混合动力汽车动力转向系统的组成

混合动力汽车动力转向系统的组成如图 4-1 所示,组件位置如图 4-2、图 4-3 所示。

(1)动力转向 ECU 总成。

①动力转向 ECU。

　　根据从各传感器和 ECU 接收到的信号,驱动安装在转向柱总成上的动力转向电动机,以提供动力辅助。

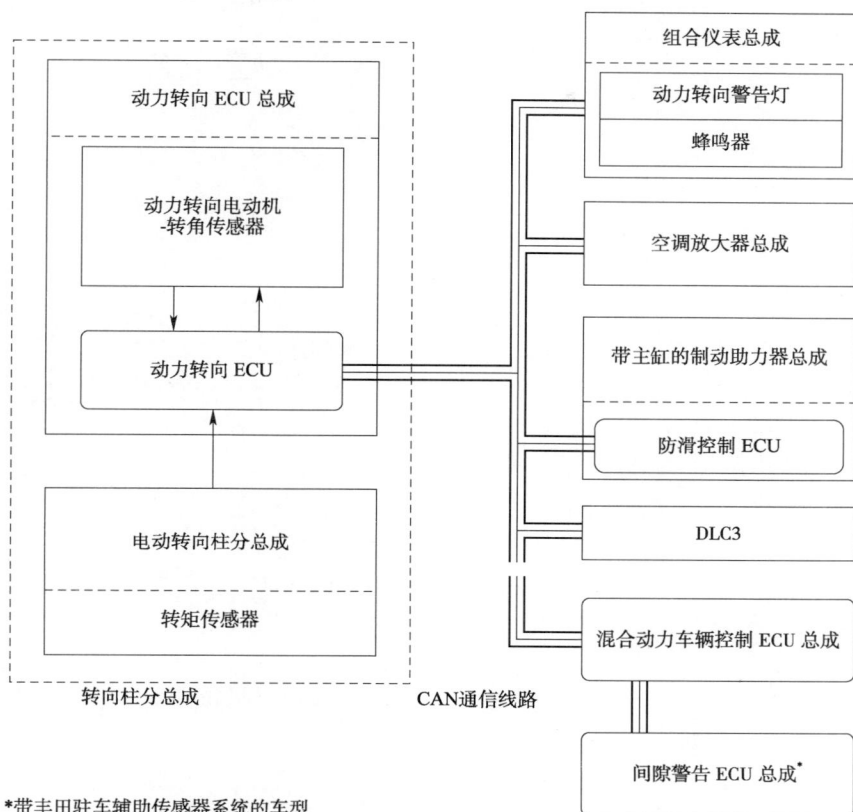

图 4-1　电子动力转向系统组成

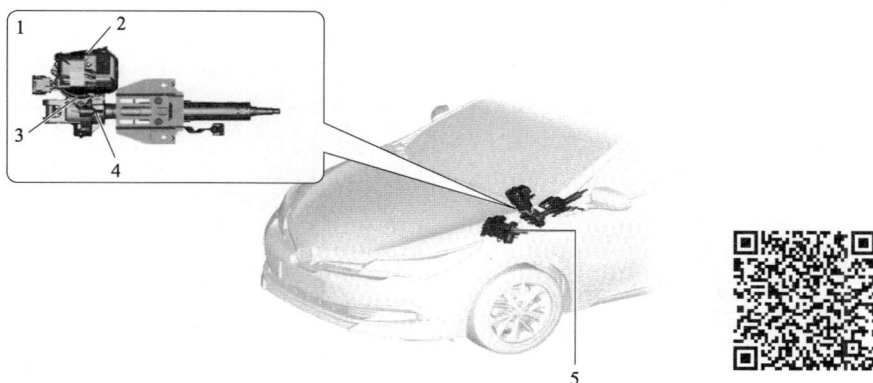

图 4-2　电子动力转向系统组成部件的位置
1-转向柱总成;2-动力转向 ECU 总成;3-动力转向电动机(转角传感器);4-电动转向柱总成(转矩传感器);5-带主缸的制动助力器总成

②动力转向电动机。

根据从动力转向 ECU 接收的信号产生辅助转矩。

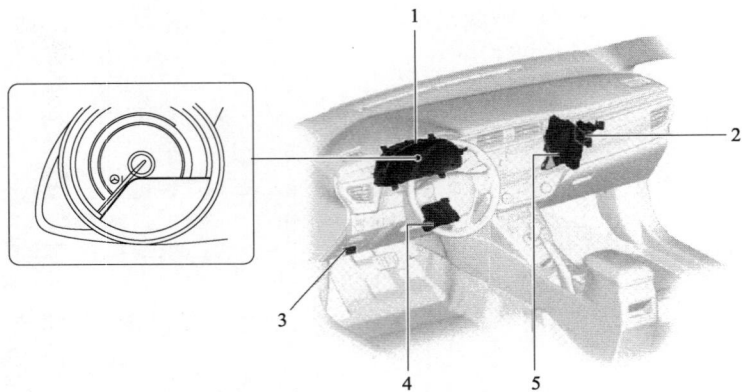

图 4-3　电子动力转向系统组成部件的位置

1-组合仪表总成;2-间隙警告 ECU 总成;3-DLC3;4-空调放大器总成;5-混合动力车辆控制 ECU

③转角传感器(内置于动力转向电动机)。

将动力转向电动机的转角发送至动力转向 ECU。

(2)电动转向柱分总成。

①转矩传感器。

检测扭力杆的扭曲度。传感器根据施加到扭杆上的转矩,产生电信号,并将此信号输出到动力转向 ECU。

②减速机构。

通过蜗杆和蜗轮的使用来降低动力转向电动机的转速,然后将其传送到转向柱轴。

(3)带主缸的制动助力器总成。

防滑控制 ECU:

①将车速信号发送至动力转向 ECU 总成。

②转向协同控制期间请求转向转矩辅助。

(4)空调放大器总成。

接收来自动力转向 ECU 的信号以限制用电。

(5)混合动力车辆控制 ECU 总成。

将就绪状态信号传输至动力转向 ECU 总成。

(6)组合仪表总成。

①动力转向警告灯。

A.动力转向 ECU 总成检测到 EPS 系统存在故障时,此灯点亮以警告驾驶人。

B.如果动力转向 ECU 总成检测到辅助蓄电池电压过低,其将点亮动力转向警告灯。

C.电源开关置于 ON(IG)时,动力转向警告灯点亮以检查警告灯电路,系统进入READY ON 状态时,警告灯熄灭。

②蜂鸣器。

鸣响以警告驾驶人系统存在故障。

(7)间隙警告 ECU 总成(带丰田驻车辅助传感器系统的车型)。

转向协同控制期间请求转向转矩辅助。

2.混合动力汽车动力转向系统的结构和工作原理

（1）转向柱总成。

转向柱总成由电动转向柱分总成、动力转向电动机和动力转向 ECU 总成组成,如图 4-4 所示。

（2）转向电动机。

转向电动机采用惯性小、噪声低及输出功率高的无刷型动力转向电动机。如图 4-5 所示,电动机由转子、定子、电动机轴和转角传感器组成。转角传感器检测电动机转角并将该信息输出至动力转向 ECU 总成,确保实现高效的电子动力转向。由转向电动机产生的转矩通过万向节传输至减速机构。

（3）转矩传感器。

①未转动转向盘时。

如果车辆直线行驶,且驾驶人没有转动转向盘,则磁轭居于多极磁铁的 N 和 S 极中间,没有磁通量穿过霍尔集成电路,霍尔集成电路将输出规定电压至动力转向 ECU总成,以指示无转矩施加至转向盘。因此电流不会施加到电动机,如图 4-6 所示。

图 4-4　电子动力转向柱总成
1-动力转向电动机轴减振器;2-动力转向电动机轴隔垫;3-带电动机的动力转向 ECU 总成;4-电动转向柱分总成（转矩传感器）

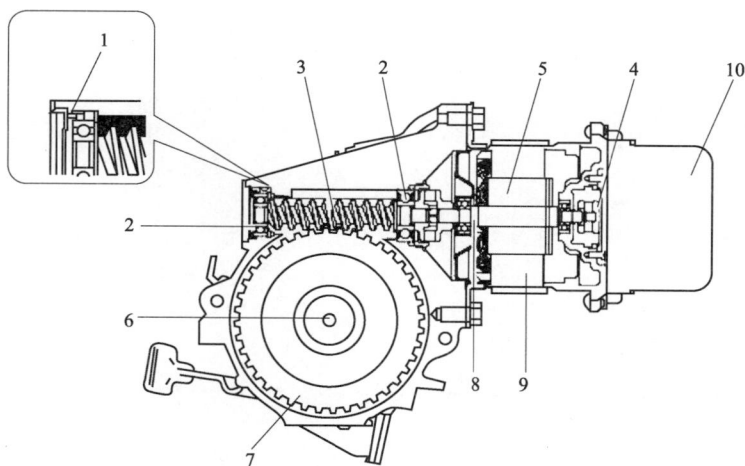

图 4-5　转向电动机
1-弹簧;2-滚珠轴承;3-蜗杆;4 -转角传感器;5-转子;6-转向柱轴;7-蜗轮;8-电动机轴;9 -定子;10-动力转向 ECU 总成

②左转或右转转向盘时。

驾驶人左转或右转转向盘时,扭杆产生的扭曲度在多极磁铁和磁轭之间产生相对位移,此时多极磁铁 N 和 S 极的磁通会通过霍尔集成电路之间,系统根据穿过霍尔集成电路的磁通量的方法检测转向盘的转动方向。霍尔集成电路 1 和霍尔集成电路 2 对置安装,因此 2个霍尔集成电路的输出特性一直是彼此相反的。为检测故障,系统监视这些霍尔集成电路的不同输出。霍尔集成电路接近各自相应的磁极中心时,磁通密度变大,各霍尔集成电路将这些磁通量波动转化为电压波动,从而将转向盘的转动转矩传输至动力转向 ECU 总成。

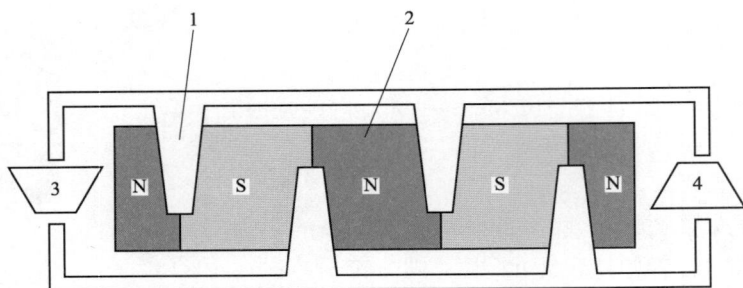

图4-6 转矩传感器

1-磁轭片;2-多极磁铁;3-霍尔集成电路2;4-霍尔集成电路1

③转矩传感器输出特性。

如图4-7所示,驾驶人未转动转向盘时,动力转向转矩传感器将规定电压(2.5V)输出至动力转向 ECU 总成。只要输出规定电压,动力转向 ECU 总成就会判定未向转向盘施加转矩。

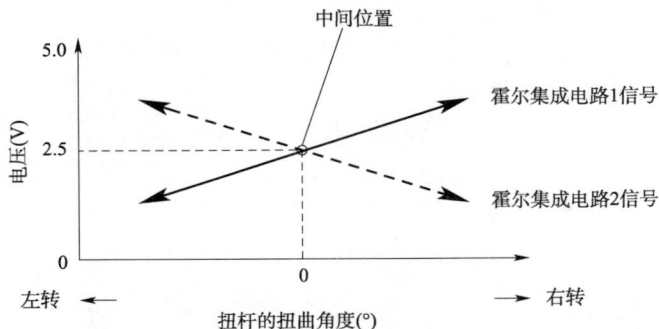

图4-7 转矩传感器输出特性

驾驶人左转或右转转向盘时,动力转向转矩传感器输出至动力转向 ECU 总成的电压将会改变,动力转向 ECU 总成根据这种变化判定驾驶人输入的转向转矩和转向方向。

(4)混合动力汽车动力转向系统的电子控制。

①基本控制。

根据驾驶人的输入转矩信号,控制电动机电流和电动机控制设备以获得目标辅助力。

②补偿控制。

根据转向操作调节辅助力以改善转向感。

③电气负载控制。

动力转向 ECU 总成检测到辅助蓄电池电压下降时,其将电气负载控制信号传输至空调放大器总成以限制电气使用,空调放大器总成限制后窗除雾器的操作,直至动力转向 ECU 总成解除限制要求,防止辅助蓄电池电压降低时辅助转矩减小。

④自诊断。

如果动力转向 ECU 总成检测到 EPS 系统存在故障,动力转向 ECU 总成将点亮动力转向警告灯并鸣响蜂鸣器以告知驾驶人,动力转向 ECU 总成也存储诊断故障代码,可以通过使用诊断仪读取故障代码。

⑤安全保护。

如果动力转向 ECU 总成检测到 EPS 系统存在故障,则组合仪表上的主警告灯点亮,并鸣响蜂鸣器,动力转向 ECU 总成将控制模式切换为失效保护模式。

(二)混合动力汽车动力转向系统检修

1.丰田卡罗拉混合动力汽车动力转向系统的维修注意事项

(1)SRS 空气囊系统操作注意事项。

车辆配备有辅助约束系统(SRS),如果不按照正确顺序进行维修操作,则可能导致 SRS 在维修过程中意外展开,并可能造成严重事故。维修(包括检查、更换、拆卸和安装零件)前,一定要阅读辅助约束系统的注意事项。

(2)拆卸、安装和更换电动转向零部件的注意事项。

①拆卸和安装转向机总成时,确保将前轮对准正前位置。

②断开转向中间轴总成时,开始操作前务必做好装配标记。

③更换电动转向柱总成或者动力转向 ECU 总成后,校准转矩传感器零点。

(3)CAN 通信注意事项。

①CAN 通信线路用于接收来自防滑控制 ECU(带主缸的制动助力器总成)和混合动力车辆控制 ECU 的信息,并将警告传输至组合仪表总成。检测到 CAN 通信线路存在故障时,存储 CAN 通信 DTC。

②输出 CAN 通信 DTC 时,应对通信故障进行排除,务必确认 CAN 通信系统正常后,再开始对电动转向系统进行故障排除。

③因为 CAN 通信线路均有其自身的长度和路径,所以无法用旁通线束等暂时维修。

(4)操作注意事项。

①处理电子部件时。

A.避免撞击零件,如 ECU 和继电器,用新的零件更换掉落或遭受严重撞击的零件。

B.不要将任何电子部件暴露在高温或潮湿环境中。

C.不要触碰连接器端子,以防变形或静电而引起故障。

②更换动力转向 ECU 总成时。

更换动力转向 ECU 总成时,执行助力图写入和转矩传感器零点校准。

③操作电动转向柱分总成时。

A.避免撞击电动转向柱分总成,特别是电动机和转矩传感器,用新的零件更换掉落或遭受严重撞击的零件。

B.移动电动转向柱分总成,不要拉拔线束。

C.更换电动转向柱分总成后,执行转矩传感器零点校准。

④断开和重新连接连接器时。

A.断开与动力转向系统相关的连接器前,将电源开关置于 ON(IG)位置,将转向盘置中,再将电源开关置于 OFF 位置,然后断开连接器。

B.重新连接与动力转向系统相关的连接器前,确保电源开关置于 OFF 位置,然后将转向盘置中,再将电源开关置于 ON(IG)位置(转向盘没有置中时,不要将电源开关置于 ON

（IG）位置）。

C.如果没有正确完成以上操作,则转向中心点(零点)将偏离,从而导致向右和向左的转向力矩之间存在差异。

2.丰田卡罗拉混合动力汽车转向柱总成的拆卸

(1)使前轮朝向正前方,拆下喇叭按钮总成和转向盘总成。

(2)拆下转向柱上、下罩,如图4-8所示。

图4-8　拆下转向柱上、下罩

(3)拆下带螺旋电缆分总成的转向信号开关总成,如图4-9所示。

图4-9　拆下带螺旋电缆分总成的转向信号开关总成

(4)拆卸2号中间轴总成,如图4-10所示。

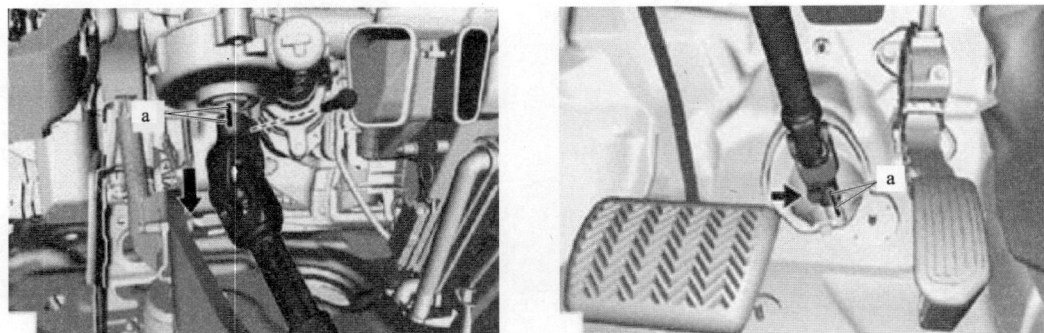

图4-10　拆卸2号中间轴总成

a-装配标记

（5）断开连接器,拆下转向柱总成,如图4-11所示。

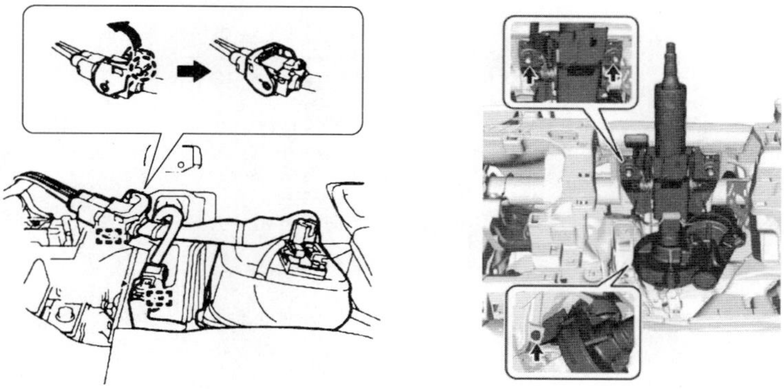

图4-11　断开连接器,拆下转向柱总成

3.丰田卡罗拉混合动力汽车动力转向系统的基本诊断步骤

（1）根据客户描述,对照故障症状表 分析故障症状。

（2）检查辅助蓄电池电压。

（3）将 GTS 连接到 DLC3,检查 DTC 并保存定格数据。

（4）根据 DTC 并对照 DTC 表,确定故障的部位及修理方法。

（5）按照故障原因和部位进行诊断,对确定故障的部位进行修理。

（6）清除混合动力汽车动力转向系统 ECU 中存储的 DTC。

（7）进行相关的试验及路试,若 DTC 和故障现象同时消失,说明故障已排除,并删除 DTC。

4.丰田卡罗拉混合动力汽车动力转向系统的故障症状表（表4-1）

丰田卡罗拉混合动力汽车动力转向系统故障症状表　　　　表4-1

症　状	可　疑　部　位
转向困难	前轮胎（充气不当、磨损不均匀）
	前轮定位（错误）
	前悬架（下球节）
	电动转向柱分总成
	转矩传感器（电动转向柱分总成）
	转向电动机总成
	转速传感器电路
	辅助蓄电池和电源系统
	动力转向 ECU 总成电源电压和继电器
	动力转向 ECU 总成
	CAN 通信系统

症　状	可疑部位
向右和向左的转向力矩不同,或转向力矩不均匀	校准转矩传感器零点未完成
	前轮胎(充气不当、磨损不均匀)
	前轮定位(错误)
	前悬架(下球节)
	转向机总成
	转矩传感器(电动转向柱分总成)
	电动转向柱分总成
	转向电动机总成
	动力转向 ECU 总成
行驶时,转向力矩不随车速改变或转向盘不能正确复位	前悬架(下球节)
	转速传感器
	转矩传感器(电动转向柱分总成)
	转向电动机总成
	动力转向 ECU 总成
	CAN 通信系统
动力转向工作期间,前后转动转向盘时发出爆震(或沉闷的金属声)	前悬架(下球节)
	转向中间轴
	动力转向 ECU 总成
低速行驶期间,转动转向盘时出现摩擦	动力转向电动机总成
	电动转向柱总成
低速行驶期间,转动转向盘时出现噪声	转向机总成
	电动转向柱总成
在车辆停止的情况下慢慢转动转向盘时,出现尖锐的声音(吱吱声)	转向电动机总成
在车辆停止时将转向盘左右转到底,转向盘出现振动和噪声	转向机总成
	电动转向柱总成
无法输出 DTC(连接 DLC3 的端子 TC 和 CG)	TC 和 CG 端子电路
	IG 电源电路
	组合仪表总成
无法进行信号检查(连接 DLC3 的端子 TC 和 CG)	TC 和 CG 端子电路
	动力转向 ECU 总成
EPS 警告灯一直亮	EPS 警告灯电路

5. 丰田卡罗拉混合动力汽车动力转向系统的诊断 DTC 表(表4-2)

丰田卡罗拉混合动力汽车动力转向系统诊断 DTC 表　　　　表4-2

DTC 编号	检测项目	DTC 检测条件	警告指示	恢复到正常状态的条件	备注
C1511	转矩传感器 1	转矩传感器故障	EPS 警告灯点亮	电源开关再次置于 ON(IG)位置	
C1512	转矩传感器 2	转矩传感器故障	EPS 警告灯点亮	电源开关再次置于 ON(IG)位置	
C1513	转矩传感器偏差过大	转矩传感器故障	EPS 警告灯点亮	电源开关再次置于 ON(IG)位置	
C1514	转矩传感器电源压力	转矩传感器故障	EPS 警告灯点亮	电源开关再次置于 ON(IG)位置	
C1515	转矩传感器零点调节未进行	未进行转矩传感器零点校准时,存储该 DTC	EPS 警告灯点亮	进行转矩传感器零点校准	进行转矩传感器零点校准后未再次出现该 DTC,则没有故障
C1516	转矩传感器零点调节未完成	校准期间,由于触摸转向盘而无法完成转矩传感器零点校准	EPS 警告灯点亮	清除 DTC	在清除 DTC 和转矩传感器零点校准后,如果未再次出现该 DTC,则没有故障
C1517	转矩保持	转矩传感器故障	EPS 警告灯点亮	电源开关再次置于 ON(IG)位置	
C1521	电动机电路短路	电动机电流过大	EPS 警告灯点亮	电源开关再次置于 ON(IG)位置	
C1522	电源传感器	电动机电流传感器故障	EPS 警告灯点亮	电源开关再次置于 ON(IG)位置	
C1523	电流偏差过大	电流偏差过大	EPS 警告灯点亮	电源开关再次置于 ON(IG)位置	
C1524	电动机端子电压	电动机短路或电动机电路电压或电流异常	EPS 警告灯点亮	电源开关再次置于 ON(IG)位置	
C1528	电动机转角传感器	电动机转角传感器故障	EPS 警告灯点亮	电源开关再次置于 ON(IG)位置	
C1531	ECU 故障	ECU 内部故障	EPS 警告灯点亮	电源开关再次置于 ON(IG)位置	

二、混合动力汽车制动系统

(一)混合动力汽车制动系统组成及工作原理

混合动力汽车的制动系统采用电子控制制动系统。电子控制制动系统可以根据驾驶人踩制动踏板的程度和所施加的力计算制动力,该系统一旦收到防滑控制 ECU 的信号,将实现 4 个车轮的液压控制。制动执行器与防滑控制 ECU 集成一体并配置有液压制动助力器,从而优化了液压回路,并减轻了重量。电子控制制动系统采用了再生制动协同控制,同时配备有制动控制功能(带 EBD 的 ABS、制动辅助、TRC、VSC + 和上坡起步辅助控制)。

1. 混合动力汽车制动系统的组成

(1)混合动力汽车制动系统的组成如图 4-12、图 4-13 所示。

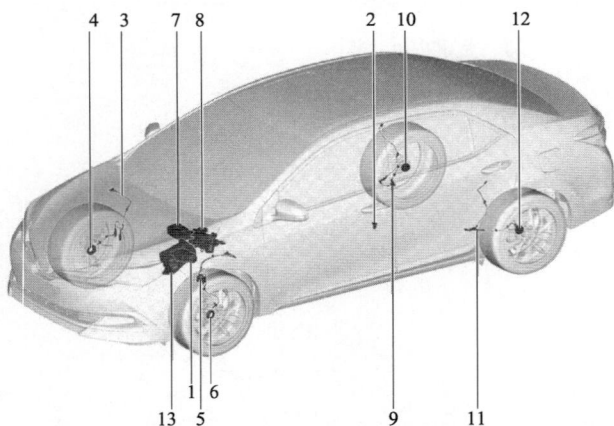

图 4-12 混合动力汽车制动系统的组成

1-制动助力器泵总成;2-左前车门门控灯开关总成;3-右前轮转速传感器;4-右前桥轮毂分总成;5-左前轮转速传感器;6-左前桥轮毂分总成;7-制动主缸储液罐总成;8-带主缸的制动助力器总成;9-右侧防滑控制传感器线束;10-右后桥轮毂和轴承总成;11-左侧防滑控制传感器线束;12-左后桥轮毂和轴承总成;13-发动机舱 1 号继电器盒和 1 号接线盒总成

(2)混合动力汽车制动系统的工作原理。

①电子控制制动系统(图 4-14)。

A. 在该系统中,不再使用常规制动助力器部分。而是由液压制动助力器、制动执行器和制动助力器泵总成组成。

B. 正常制动期间,液压制动助力器产生的液压并不直接驱动轮缸,而是用作液压信号。通过液压制动助力器泵总成的液压获得实际控制压力,从而驱动轮缸。

C. 防滑控制 ECU 检测到该系统有故障时,通过使用液压制动助力器增压的液压可以确保制动力。

②再生制动协同控制,如图 4-15、图 4-16 所示。

A. 再生制动是指在旋转车桥处产生一个与发电的 MG2 旋转方向相反的阻力。产生的电流强度(蓄电池充电电流强度)越大,阻力就会越大。

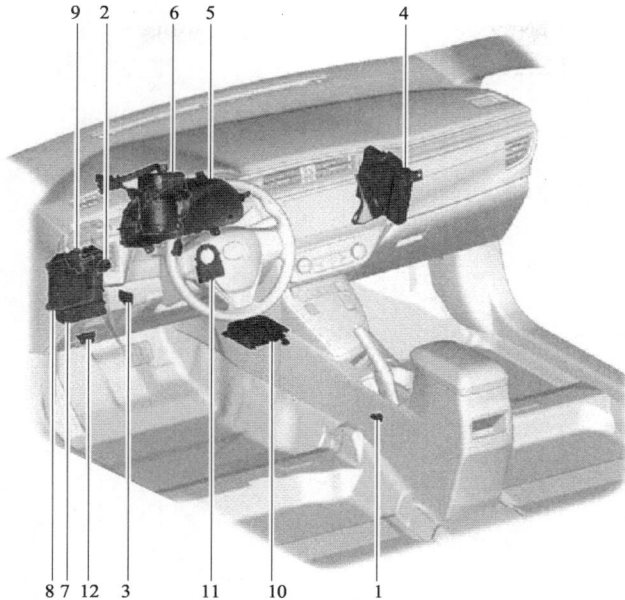

图4-13 混合动力汽车制动系统的组成

1-驻车制动开关;2-制动灯开关总成;3-VSC OFF 开关;4-混合动力车辆控制 ECU;5-组合仪表总成;6-动力转向 ECU 总成;7-仪表板接线盒总成;8-主车身 ECU 总成;9-制动踏板行程传感器总成;10-安全气囊 ECU 总成;11-转角传感器;12-DLC3

B.驱动轮与 MG2 机械相连,驱动轮旋转 MG2 并使其作为发电机工作时,MG2 的再生制动力传输至驱动轮。根据来自防滑控制 ECU 的信号,控制发电的混合动力系统对此力进行控制。

C.再生制动协同控制不仅仅依靠液压制动系统的制动力提供驾驶人所需制动力。相反,该控制通过与混合动力系统协同控制,用再生制动和液压制动提供联合制动力。

D.再生制动和液压制动之间的制动力的分配随着车速和制动时间的变化而变化。

E.通过控制液压制动完成再生制动和液压制动之间的制动力分配,使再生制动和液压制动的总制动力符合驾驶人所需的制动力。

F.如果因混合动力系统故障导致再生制动不起作用,则制动系统执行控制,从而用液压制动系统提供驾驶人所需的制动力。

③VSC +。

早先的车型中,采用单独控制制动控制功能(ABS、TRC、VSC)和电动转向(EPS),而新车型采用了 VSC +。该系统根据行驶状态进行综合控制功能和 EPS 的控制。从而实现了"行驶、转向、停车"的动态性能,确保了出色的行驶稳定性和操纵性,如图4-17所示。

(3)制动系统电子控制系统主要部件及其功能。

表4-3 所示为丰田混合动力制动系统电子控制系统主要部件及其功能。

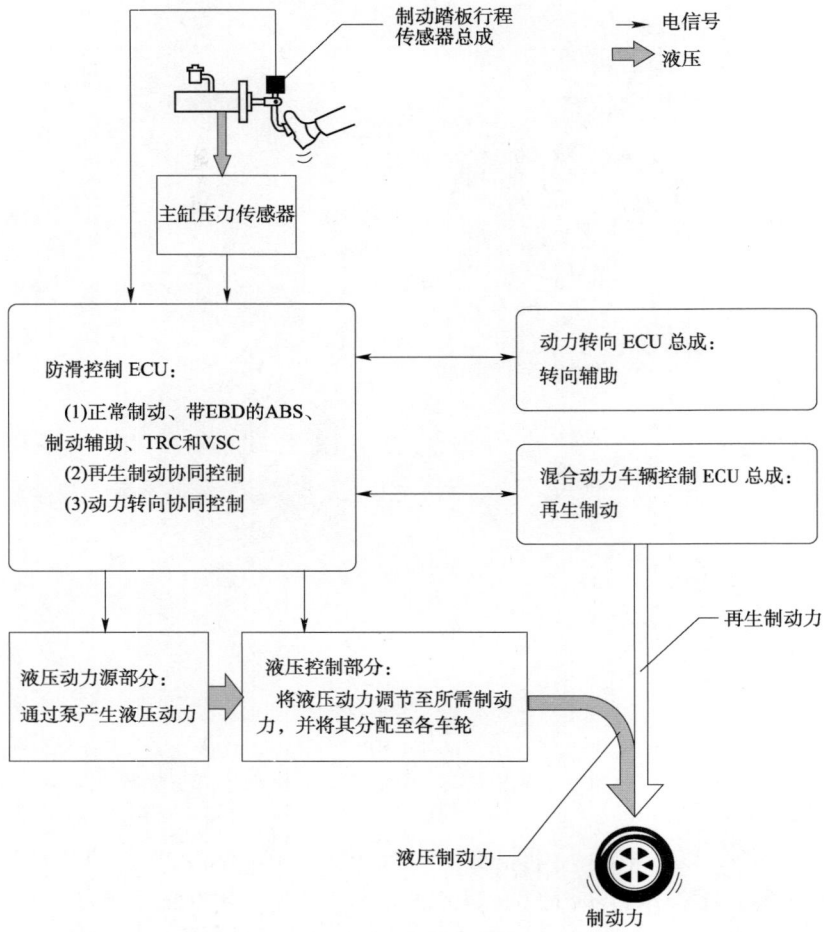

图 4-14 混合动力汽车制动系统的工作原理图

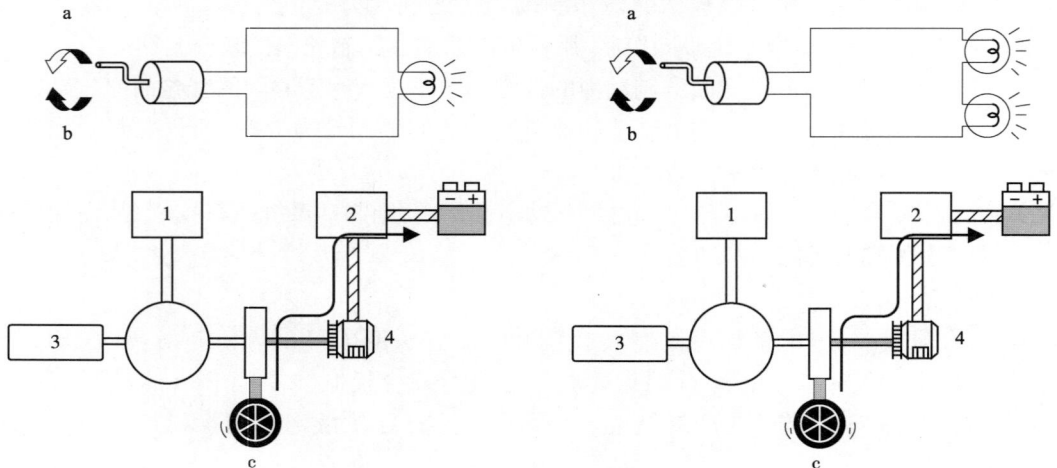

图 4-15 再生制动协同控制
1-MG1;2-逆变器;3-发动机;4-MG2;a-发电旋转方向;b-阻力;c-制动力

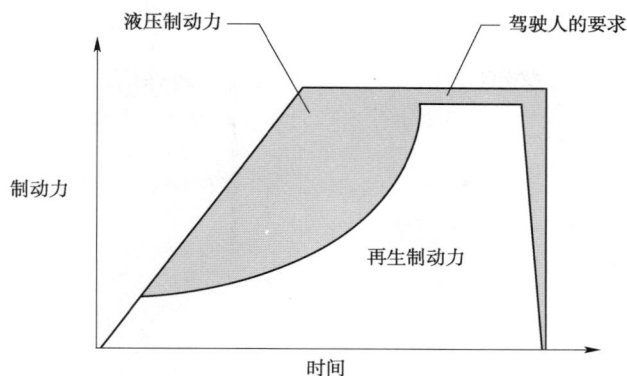

图 4-16　再生制动协同控制制动力分配

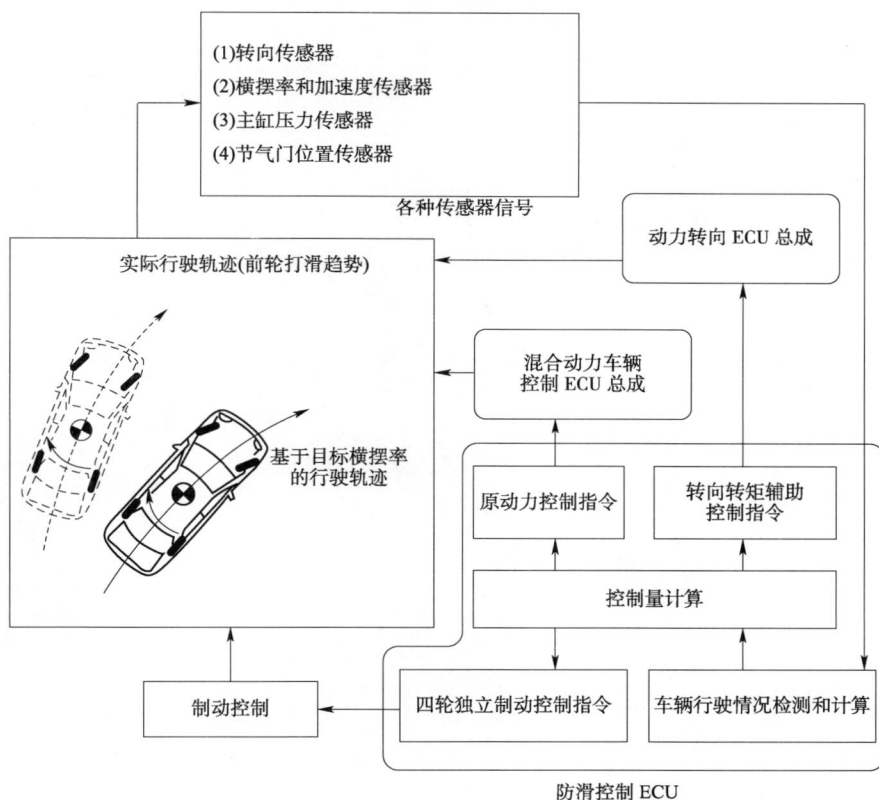

图 4-17　VSC + 工作原理图

丰田混合动力制动系统电子控制系统主要部件及其功能　　　表 4-3

零　部　件	功　　能
制动助力器泵总成	由泵、泵电动机和蓄压器组成。液压动力源部分产生并存储液压,防滑控制 ECU 用此液压控制制动; 减压阀安装在液压制动助力器内; 蓄压器压力传感器(PACC)安装在制动执行器内

续上表

零 部 件		功　　能
带主缸的制动助力器总成	制动执行器	由 4 个开关电磁阀、2 个线性电磁阀和 8 个控制电磁阀组成;带 EBD 的 ABS、制动辅助、TRC、VSC + 和上坡起步辅助控制功能运行期间,根据来自防滑控制 ECU 的信号改变制动液流动路径,从而控制施加至轮缸的液压
	液压制动助力器	根据驾驶人施加到制动踏板的力度产生液压; 制动系统出现故障时,液压制动助力器将液压(由制动踏板的作用力产生)直接供应至轮缸
	减压阀	如果泵由于蓄压器压力传感器(PACC)故障而持续运行,则使制动液流回储液罐以防止压力过大
	制动踏板行程模拟器	制动期间根据驾驶人踏板的作用力产生踏板行程
	防滑控制 ECU	根据接收自传感器的信号监测车辆的行驶状况,通过与混合动力车辆控制 ECU 和动力转向 ECU 总成的协同控制来计算所需的制动力大小,并控制制动执行器; 根据来自各传感器的信号判断车辆的行驶状况,并控制带 EBD 的 ABS、制动辅助、TRC、VSC + 和上坡起步辅助控制; 根据蓄压器压力传感器信号操作制动助力器泵总成以控制蓄压器压力
带主缸的制动助力器总成	制动液液位警告开关	检测到制动液液位低
制动灯开关总成		检测到已踩下制动踏板并将其信号传输至防滑控制 ECU
制动踏板行程传感器总成		直接检测驾驶人踩下制动踏板的行程长度
转速传感器		检测 4 个车轮的车轮转速
空气囊传感器总成		检测车辆横摆率; 检测车辆前向加速度、后向加速度及横向加速度
转向传感器		检测转向盘的转向方向和角度
组合仪表总成	ABS 警告灯	防滑控制 ECU 检测到 ABS、EBD 或制动辅助出现故障时,该指示灯点亮提醒驾驶人
	制动警告灯/黄色 (轻微故障)	检测到制动系统存在不影响制动力的轻微故障(如再生制动中的故障)时,点亮以提醒驾驶人
	制动警告灯/红色 (故障)	防滑控制 ECU 检测到制动分配故障时,点亮以提醒驾驶人; 施加驻车制动或制动液液位低时,点亮以告知驾驶人
	打滑指示灯	ABS、TRC 或 VSC 运行时,闪烁以告知驾驶人; TRC 或 VSC 故障时,点亮以警告驾驶人
	VSC OFF 指示灯	选择"VSC OFF 模式"时,点亮以告知驾驶人
	蜂鸣器	液压电路存在故障或电源没电时,此蜂鸣器持续鸣响以告知驾驶人
电磁阀继电器(内置于防滑控制 ECU)		为制动执行器内的电磁阀供电或断电

零 部 件	功 能
电动机继电器(内置于防滑控制 ECU)	通常使用 3 个继电器中的 2 个向泵电动机供电。如果防滑控制 ECU 故障,则使用其他继电器确保向泵电动机供电
混合动力车辆控制 ECU 总成	接收到来自防滑控制 ECU 的信号后执行再生制动; 将实际再生制动控制值发送至防滑控制 ECU; 在 VSC 或 TRC 运行时,根据来自防滑控制 ECU 的输出控制请求信号控制原动力
动力转向 ECU 总成	与防滑控制 ECU 协同工作,以控制辅助转矩
危险警告信号开关总成	将危险警告灯点亮/熄灭请求信号传输至组合仪表总成
前门门控灯开关总成(驾驶人侧)	检测驾驶人车门打开还是关闭,并将信息发送至主车身 ECU(多路网络车身 ECU)
主车身 ECU(多路网络车身)	通过 CAN 通信将驾驶人侧车门打开信号发送至防滑控制 ECU 总成; 电源开关置于 OFF 位置且驾驶人侧车门打开时,防滑控制 ECU 总成激活电子控制制动系统
VSC OFF 开关	使驾驶人能够选择"NORMAL 模式""TRC OFF 模式"或"VSC OFF 模式"

(二)混合动力汽车制动系统检修

1.丰田卡罗拉混合动力汽车制动系统的维修注意事项

(1)故障排除注意事项。

①出现端子触点故障或零件安装故障时,拆下并安装可疑故障零件可使系统完全或暂时恢复到正常状态。

②为确定故障部位,确保检查故障出现时的状态,如 DTC 输出和定格数据,并在断开各连接器或拆下及安装零件前进行记录。

③由于系统会受制动控制系统以外其他故障的影响,所以确保检查其他系统的 DTC。

(2)操作注意事项。

①除非需要,否则不要拆下或安装电子控制制动系统零件,如转角传感器、横摆率和加速度传感器或制动踏板行程传感器总成,因为它们在拆下和安装后需要正确调节。

②更换电动转向柱总成或者动力转向 ECU 总成后,校准转矩传感器零点。

③如果已经拆下并安装带主缸的制动助力器总成或者传感器,则必须在重新装配零件后,检查系统是否有故障。使用 GTS 检查 DTC,同时用测试模式检查并确认系统功能和 ECU 接收的信号正常。

④如果在制动控制系统准备工作前踩下制动踏板,则踏板行程可能会过长或者过短。将电源开关置于 ON 位置或踩下制动踏板两次或更多次后,行程模拟器将工作且制动踏板行程将保持一致。

(3)DTC 注意事项。

仅通过维修故障零件不能清除某些 DTC 警告。如果维修工作完成后显示警告信息,则应在电源开关置于 OFF 位置后清除 DTC。检测到 2 个或多个 DTC 时,逐一进行电路检查直至识别出故障。

(4)CAN 通信系统注意事项。

①防滑控制 ECU(带制动主缸助力器总成)、转角传感器、横摆率和加速度传感器和其他 ECU 之间使用 CAN 通信系统进行通信。如果检测到 CAN 通信线路存在故障时,则输出通信线路相应的 DTC。

②如果任何 CAN 通信有 DTC,则维修故障,然后在通信正常时对 VSC 系统进行故障排除。

③为实现 CAN 通信,CAN 通信线路使用了特种配线。

2. 丰田卡罗拉混合动力汽车制动系统的校准

(1)清除零点校准数据。

①将电源开关置于 OFF 位置。

②检查并确认转向盘置中。

③检查并确认选择驻车挡。

④将 GTS 连接到 DLC3。

⑤将电源开关置于 ON(IG)位置。

⑥打开 GTS。

⑦使用 GTS 选择防滑控制 ECU 以清除零点校准数据。进入以下程序,如图 4-18 所示。

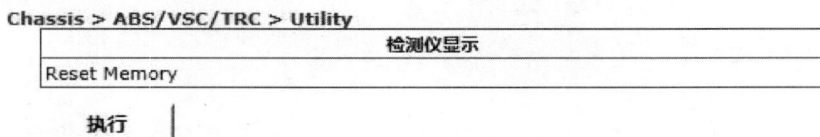

Chassis > ABS/VSC/TRC > Utility

检测仪显示
Reset Memory

执行

图 4-18　防滑控制 ECU 零点校准程序

⑧将电源开关置于 OFF 位置。

(2)对横摆率和加速度传感器进行零点校准。

①将电源开关置于 OFF 位置。

②检查并确认转向盘置中。

③检查并确认选择驻车挡。

④将 GTS 连接到 DLC3。

⑤将电源开关置于 ON(IG)位置。

⑥打开 GTS。

⑦使用 GTS 选择防滑控制 ECU 切换至测试模式。进入以下程序,如图 4-19 所示。

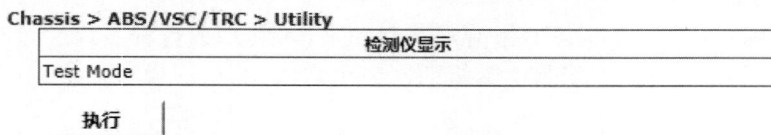

Chassis > ABS/VSC/TRC > Utility

检测仪显示
Test Mode

执行

图 4-19　防滑控制 ECU 零点校准测试程序

⑧进入测试模式后,使车辆在水平面上保持静止状态 2s 或更长时间。

⑨检查并确认 ABS 警告灯、制动警告灯和打滑指示灯点亮数秒,然后在测试模式下闪烁。

⑩将电源开关置于 OFF 位置并断开 GTS。

3. 丰田卡罗拉混合动力汽车制动系统的基本诊断步骤

(1)根据客户描述,对照故障症状表 分析故障症状。

(2)将 GTS 连接到 DLC3,检查 DTC 并保存定格数据。

(3)根据 DTC 并对照 DTC 表,确定故障的部位及修理方法。

(4)按照故障原因和部位进行诊断,对确定故障的部位进行修理。

(5)清除混合动力汽车制动系统 ECU 中存储的 DTC。

(6)进行相关的试验及路试,若 DTC 和故障现象同时消失,说明故障已排除,并删除 DTC。

4. 丰田卡罗拉混合动力汽车制动系统的故障症状表(表4-4)

丰田卡罗拉混合动力汽车制动系统故障症状表

表 4-4

症　　状	可 疑 部 位
ABS、BA 或 EBD 不工作	使用底盘测功机等检查电子控制制动系统的工作情况
	再次检查是否输出 DTC。如果输出 DTC,则根据输出的 DTC 进行诊断
	电源电路
	前轮转速传感器电路
	后轮转速传感器电路
	使用 GTS 检查制动执行器(带主缸的制动助力器总成)。利用主动测试功能检查制动执行器(带主缸的制动助力器总成)的工作情况。如果异常,则检查液压回路是否泄漏
	如果上述可疑部位检查完毕且确认正常后,症状仍然存在,则更换防滑控制 ECU(带主缸的制动助力器总成)
ABS、BA 和/或 EBD 不能有效工作	再次检查是否输出 DTC
	前轮转速传感器电路
	后轮转速传感器电路
	使用 GTS 检查制动执行器(带主缸的制动助力器总成)。利用主动测试功能检查制动执行器(带主缸的制动助力器总成)的工作情况。如果异常,则检查液压回路是否泄漏
	如果上述可疑部位检查完毕且确认正常后,症状仍然存在,则更换防滑控制 ECU(带主缸的制动助力器总成)
ABS 警告灯异常(一直亮)	ABS 警告灯电路
	防滑控制 ECU(带主缸的制动助力器总成)
ABS 警告灯异常(不亮)	ABS 警告灯电路
	防滑控制 ECU(带主缸的制动助力器总成)

症　状	可　疑　部　位
制动警告灯红色(故障)异常(一直亮)	制动液液位警告开关电路
	制动警告灯/红色(故障)电路
	防滑控制 ECU(带主缸的制动助力器总成)
制动警告灯红色(故障)异常(不亮)	制动警告灯红色(故障)电路
	防滑控制 ECU(带主缸的制动助力器总成)
VSC 或 TRC 不工作	电源电路
	检查液压回路是否泄漏
	前轮转速传感器电路
	后轮转速传感器电路
	横摆率加速度传感器电路
	转向角传感器电路
	如果上述可疑部位检查完毕且确认正常后,症状仍然存在,则更换防滑控制 ECU(带主缸的制动助力器总成)
	再次检查是否输出 DTC。如果输出 DTC,则根据输出的 DTC 进行诊断
制动警告灯黄色(轻微故障)异常(一直亮)	制动警告灯/黄色(轻微故障)电路
	防滑控制 ECU(带主缸的制动助力器总成)
制动警告灯黄色(轻微故障)异常(不亮)	制动警告灯/黄色(轻微故障)电路
	防滑控制 ECU(带主缸的制动助力器总成)
VSC OFF 开关异常	VSC OFF 开关电路
	防滑控制 ECU(带主缸的制动助力器总成)
打滑指示灯异常(一直亮)	打滑指示灯电路
	防滑控制 ECU(带主缸的制动助力器总成)
打滑指示灯异常(不亮)	打滑指示灯电路
	防滑控制 ECU(带主缸的制动助力器总成)
DTC 检查无法进行	再次检查是否输出 DTC。如果输出 DTC,则根据输出的 DTC 进行诊断
	TC 和 CG 端子电路
	如果上述可疑部位检查完毕且确认正常后,症状仍然存在,则更换防滑控制 ECU(带主缸的制动助力器总成)
传感器检查无法进行	TS 和 CG 端子电路
	防滑控制 ECU(带主缸的制动助力器总成)
仪表蜂鸣器异常	仪表系统
	防滑控制 ECU(带主缸的制动助力器总成)

5. 丰田卡罗拉混合动力汽车制动系统诊断 DTC 表(表 4-5)

卡罗拉混合动力汽车制动系统诊断 **DTC** 表 　　　　表 4-5

DTC 编号	检测项目	备　注
36	ABS 控制系统故障	电子控制制动系统 DTC
42	电子控制制动系统故障	ABS DTC
43	ABS 控制系统故障	VSC DTC
45	电子控制制动系统故障	VSC DTC
C1202/68	主储液罐液位故障	电子控制制动系统 DTC
C1203/95	ECM 通信电路故障	电子控制制动系统 DTC
C1210/36	横摆率传感器的零点校准未完成	VSC DTC
C1211/25	SLA 线性电磁阀	电子控制制动系统 DTC
C1212/26	SLR 线性电磁阀	电子控制制动系统 DTC
C1214/62	液压控制系统故障	电子控制制动系统 DTC
C1225/31	SA1 电磁阀电路	电子控制制动系统 DTC
C1226/32	SA2 电磁阀电路	电子控制制动系统 DTC
C1227/33	SA3 电磁阀电路	电子控制制动系统 DTC
C1228/34	STR 电磁阀电路	电子控制制动系统 DTC
C1231/31	转向角传感器电路故障	VSC DTC
C1234/34	横摆率传感器故障	VSC DTC
C1235/35	右前轮转速传感器端部黏附异物	ABS DTC
C1236/36	左前轮转速传感器端部黏附异物	ABS DTC
C1238/38	右后轮转速传感器端部黏附异物	ABS DTC
C1239/39	左后轮转速传感器端部黏附异物	ABS DTC
C1241/41	蓄电池正电压低	电子控制制动系统 DTC ABS DTC
C1242/42	IG1/IG2 电源电路断路	电子控制制动系统 DTC
C1243/43	加速度传感器卡滞故障	ABS DTC
C1244/44	加速度传感器电路断路或短路	ABS DTC
C1245/45	加速度传感器输出故障	电子控制制动系统 DTC
C1246/46	主缸压力传感器故障	电子控制制动系统 DTC

三、混合动力汽车空调系统

(一)混合动力汽车空调系统组成及工作原理

混合动力汽车空调系统与传统汽车空调的主要区别是用电动空调压缩机取代了皮带驱动的空调压缩机。电动空调压缩机由空调变频器提供交流电来驱动,该变频器安装在混合动力系统的变频器上。因此即使发动机不工作,空调系统也能工作,因而能达到良好的空气状况,同时也减少了油耗。

所有车型都采用自动空调系统作为标准配置。自动空调系统自动改变出风口、出风口温度和出气量;同时采用了鼓风机脉冲控制器,该控制器根据空调 ECU 提供的占空比信号控制输出电压来调节鼓风机电动机的转速,减少了由于传统鼓风机线性控制器发热所造成的功率损失,从而实现低油耗。

车内温度传感器增加了湿度传感器功能,当空调系统工作时,优化了除湿性能。因为采用了紧凑、轻型和高效的电动水泵,发动机停止时也能保证合适的暖风机性能;采用模糊控制功能来计算要求的出风口温度和自动空调控制系统的鼓风量,空调 ECU 可以计算出出风口温度、鼓风量、出风口数量和与运行环境相适应的压缩机转速,从而提高了乘坐舒适性。

1. 混合动力汽车空调系统的组成

空调系统的组成如图 4-20 所示,组件位置如图 4-21 ~ 图 4-23 所示。

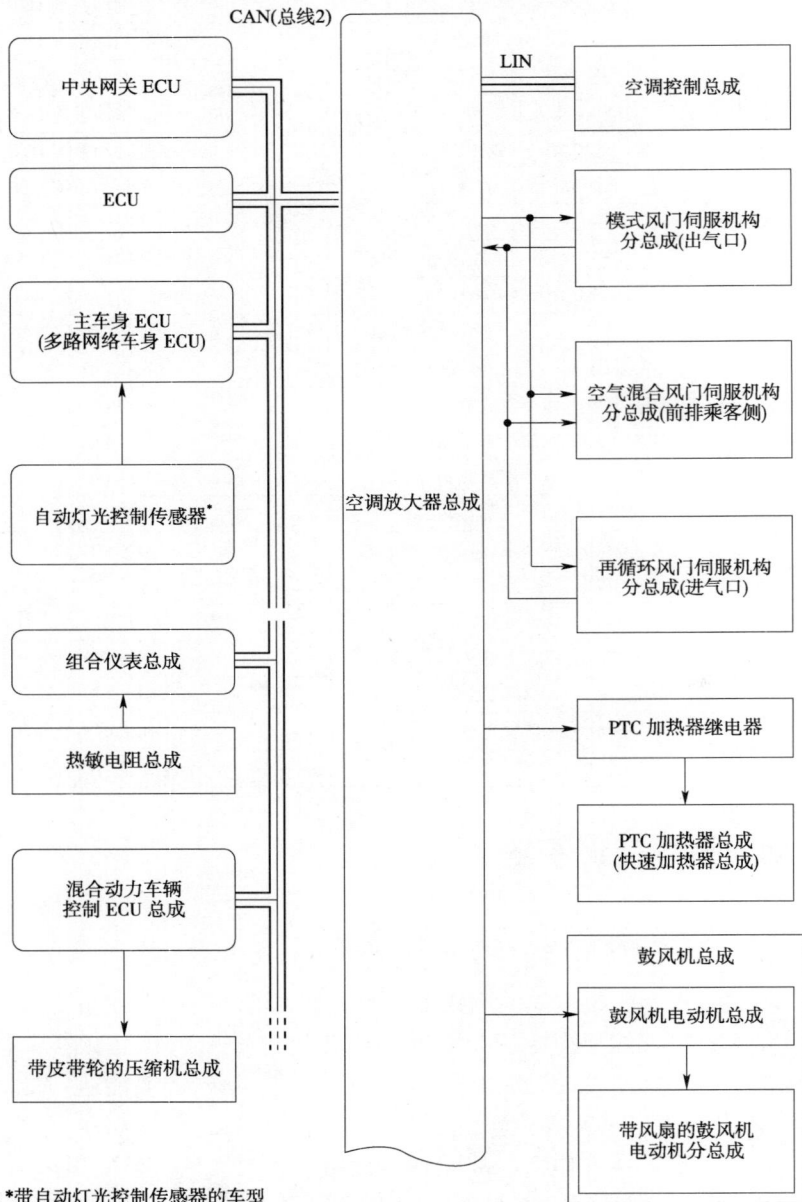

*带自动灯光控制传感器的车型

图 4-20　混合动力汽车空调系统工作原理图

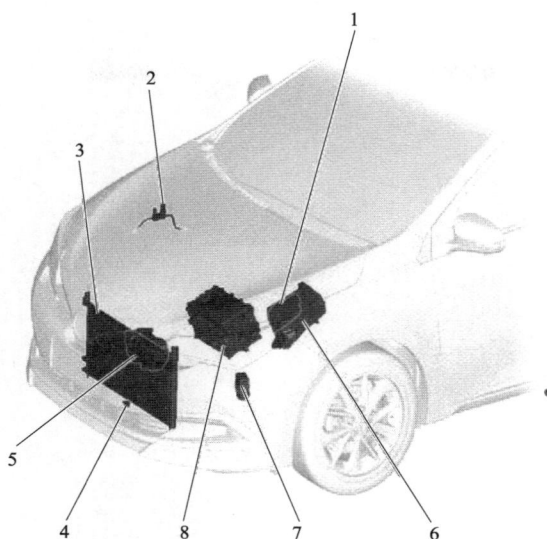

图 4-21　混合动力汽车空调系统结构位置图(发动机舱)

1-ECM;2-空调压力传感器;3-冷凝器总成;4-环境温度传感器;5-带皮带轮的压缩机总成;6-除雾器继电器(发动机舱2号继电器盒和接线盒总成);7-PTC加热器继电器(发动机舱2号继电器盒和接线盒总成);8-带转换器的逆变器总成

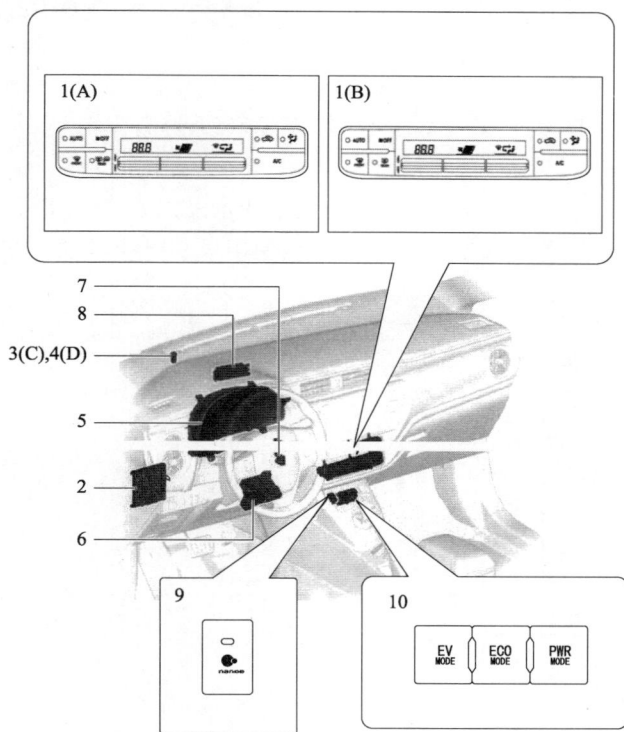

图 4-22　混合动力汽车空调系统结构位置图(车内)

A-TFTM 生产车型;B-GTNC 生产车型;C-带自动灯光控制系统的车型;D-不带自动灯光控制系统的车型;1-空调控制总成;2-主车身 ECU(多路网络车身 ECU)3-自动灯光控制传感器;4-冷却器(阳光传感器)热敏电阻;5-组台仪表总成;6-空调放大器总成;7-冷却器(车内温度传感器)热敏电阻;8-离子发生器;9-离子发生器开关;10-组合开关总成(ECO 模式开关)

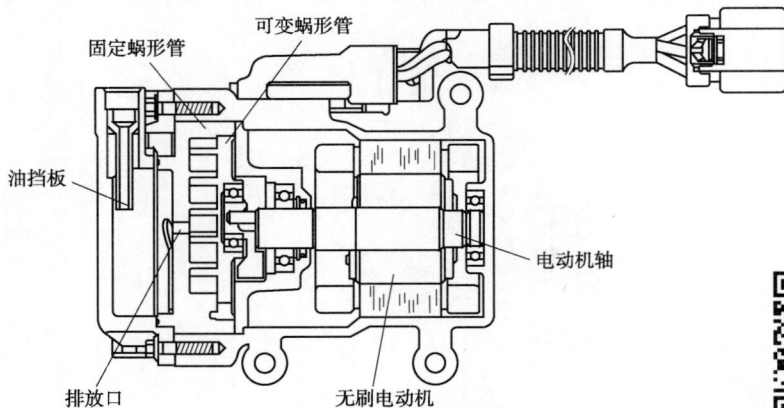

图 4-23　混合动力汽车空调系统电气元件位置图

1-冷却器 1 号蒸发器分总成;2-加热器散热装置分总成;3-带风扇的鼓风机电动机分总成;4-空气混合风门伺服机构分总成(前排乘客侧);5-模式风门伺服机构分总成(出气口);6-再循环风门伺服机构分总成(进气口);7-空调线束总成;8-空调净化滤清器(空气细滤器滤芯);9-冷却器 1 号热敏电阻;10-PTC 加热器总成(快速加热器总成)

（1）压缩机。

汽车空调压缩机是汽车空调制冷系统的心脏,其作用是维持制冷剂在制冷系统中的循环,吸入来自蒸发器的低温低压气态制冷剂,压缩转变为高温高压的气态制冷剂送往冷凝器。

目前,混合动力汽车空调上普遍使用的是电动变排量涡旋式压缩机,主要包括一对螺旋线缠绕的固定蜗形管和可变蜗形管、无刷电动机、油挡板和电动机轴,如图 4-24 所示。

图 4-24　电动变频压缩机内部结构

其工作原理主要包括三个过程,如图 4-25 所示。

①吸入过程。

在固定蜗形管和可变蜗形管间产生的压缩室的容量随着可变蜗形管的旋转而增大,这时,气态制冷剂从进风口吸入。

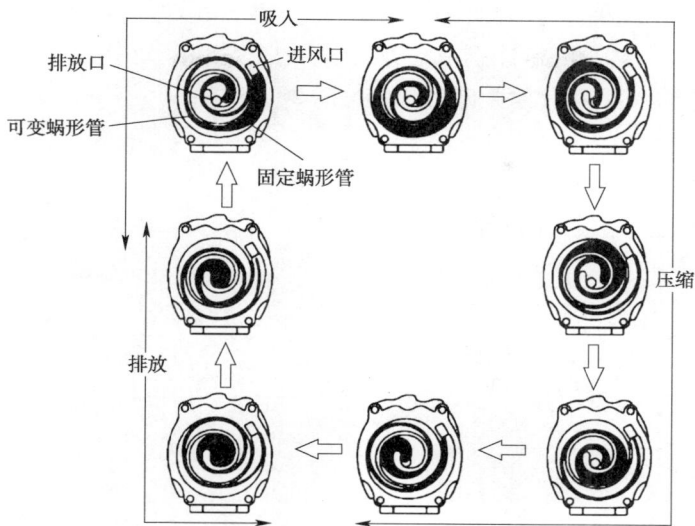

图 4-25 电动变频涡旋压缩机工作原理

②压缩过程。

吸入步骤完成后,随着可变蜗形管继续转动,压缩室的容积逐渐减小,吸入的气态制冷剂逐渐压缩并被排到固定蜗形管的中心,当可变蜗形管旋转约两周后,制冷剂的压缩完成。

③排放过程。

气态制冷剂压缩完成而压力较高时,通过按压排放阀,气态制冷剂通过固定蜗形管中心排放口排出。

(2)冷凝器。

冷凝器作用是将压缩机排出的高温高压制冷剂蒸气进行冷却,使之凝结为高温高压的液体,由于制冷剂蒸发所放出的热量由周围的空气带走,排至大气中,实现了热量的转移。

汽车冷凝器的安装位置一般都在散热器的前方,利用发动机冷却风扇吹来的新鲜空气和行驶中迎面吹来的空气流进行冷却。一些大、中型客车和一部分微型货车,则把冷凝器安装在车厢两侧或后侧和车厢的顶部。汽车空调冷凝器的结构形式主要有管片式、管带式和平流式三种,如图 4-26 所示。

技术提示:

冷凝器大多布置在车头前部、侧面或车底,经常有地面泥浆溅上,降低了冷凝器的散热效果;受到酸性腐蚀,冷凝器管子易烂穿。因此,清洁、检查冷凝器表面是空调系统日常维护的重要内容。

管片式冷凝器是由铜质或铝制散热圆管套上散热片组成的。片和管组装后,经膨胀和收缩处理,使散热片与散热管紧密接触,来保证热传递的顺利进行,并与其他附件组合成为冷凝器总成。这种冷凝器结构简单,加工方便,但散热效果不好,一般应用在大中型客车上。

管带式冷凝器是将铝合金多孔扁管弯成蛇形管,在蛇形管间放置波形翅片,然后进行整体钎焊而成。这种冷凝器传热效率比管片式冷凝器提高了 10% 左右。

平行流冷凝器由管带式冷凝器演变而来,类似于把管带式冷凝器的蛇形管每根截断,两端各设置一根集管,将数根多孔扁管隔成一组,形成进口处管道多,随着制冷剂流向逐渐减少每组管道数,从而合理分配制冷剂流道,降低了制冷剂在冷凝中的压力损失,提高了换热效率。这种冷凝器传热效率比管带式冷凝器提高20%~40%,应用较为普遍。

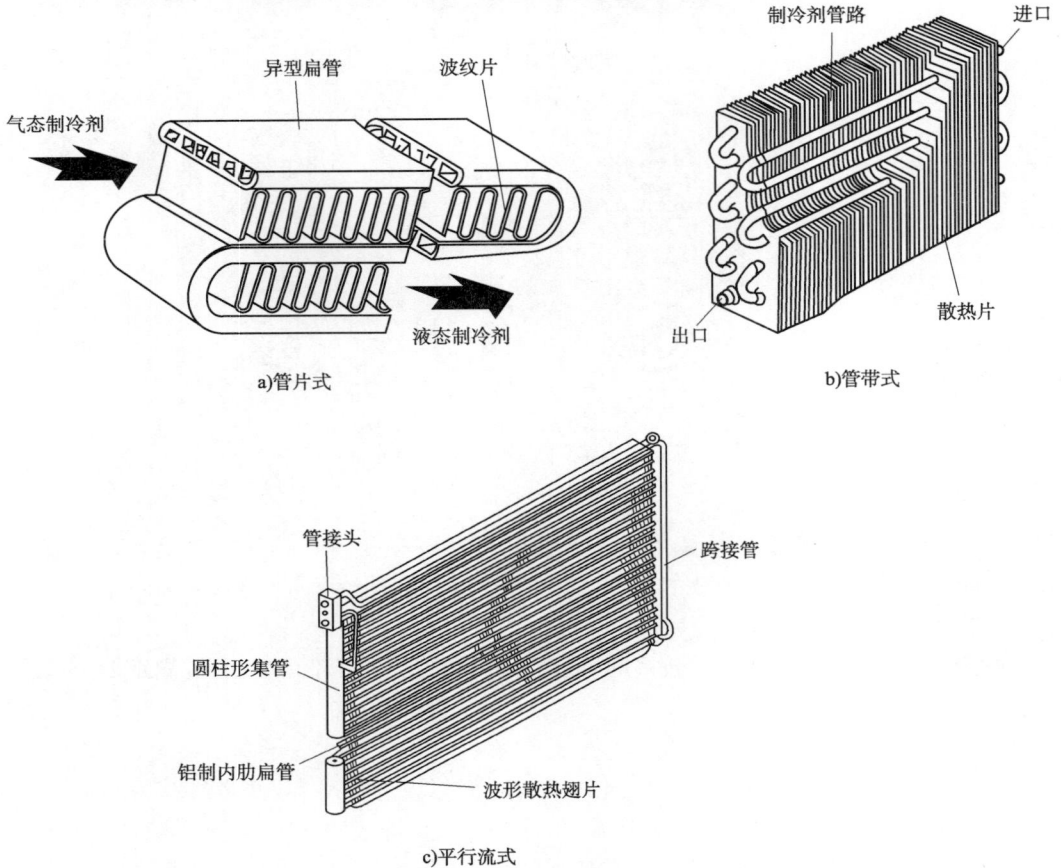

a)管片式

b)管带式

c)平行流式

图4-26 冷凝器

（3）储液干燥器。

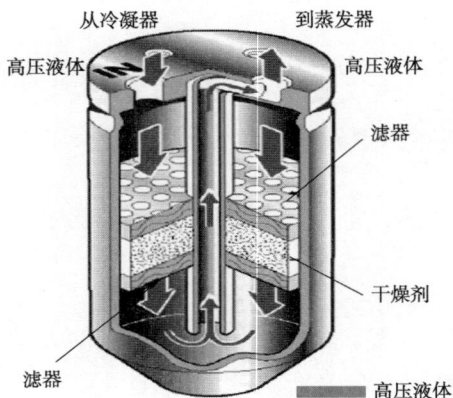

图4-27 储液干燥器结构

储液干燥器串联在冷凝器与膨胀阀之间的管路上,使从冷凝器中出来的高压制冷剂液体经过滤、干燥后流向膨胀阀。其作用是储液、干燥和过滤液态制冷剂。储液干燥器的组成,如图4-27所示。

（4）膨胀阀。

节流装置的作用是对高压制冷剂液体进行节流降压,保证冷凝器和蒸发器的压力差,使得蒸发器中的液体制冷剂可以在要求的低压下蒸发吸热,冷凝器中的制冷剂蒸气可以在给定的高压下冷凝放热;另外一些节流装置还具有调节进入蒸发器制冷剂流量的作用。目前,汽车空调制冷系统中主要采用 H

型热力膨胀阀。

H 型热力膨胀阀结构如图 4-28 所示。H 型热力膨胀阀有四个接口与制冷系统连接,其中两个接口与普通热力膨胀阀相同,一个连接储液干燥器,一个连接蒸发器进口;另外两个接口,一个连接蒸发器出口,一个连接压缩机进口。感温包直接处在蒸发器出口的制冷剂气流中。该膨胀阀由于取消了 F 型热力膨胀阀中的感温包、毛细管和外平衡接管,提高了调节灵敏度,结构紧凑,抗振可靠。

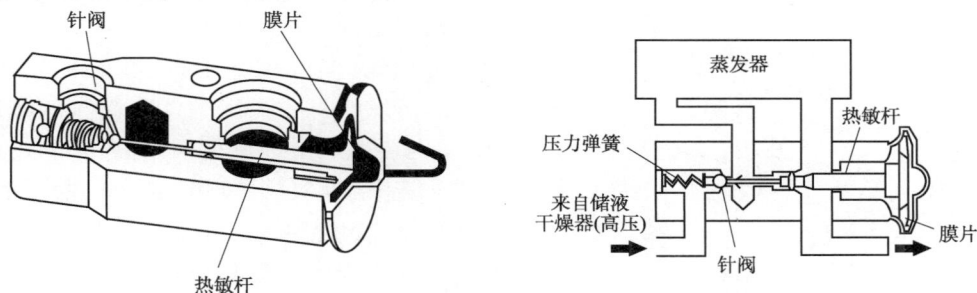

图 4-28 H 型膨胀阀结构

(5)蒸发器。

蒸发器的作用是将节流降压后的气液两相制冷剂,通过吸收流经蒸发器表面空气的热量,蒸发气化成制冷剂蒸气使流经蒸发器周围的空气温度降低。

一般汽车的蒸发器安装位置处在车厢内仪表台下面靠近中央的位置,也有的将蒸发器安装在后车厢。由于车厢的空间小,为此要求蒸发器应具有制冷效率高、尺寸小、质量小等特点。汽车空调蒸发器按照结构形式分为管片式、管带式和层叠式三种,如图 4-29 所示。

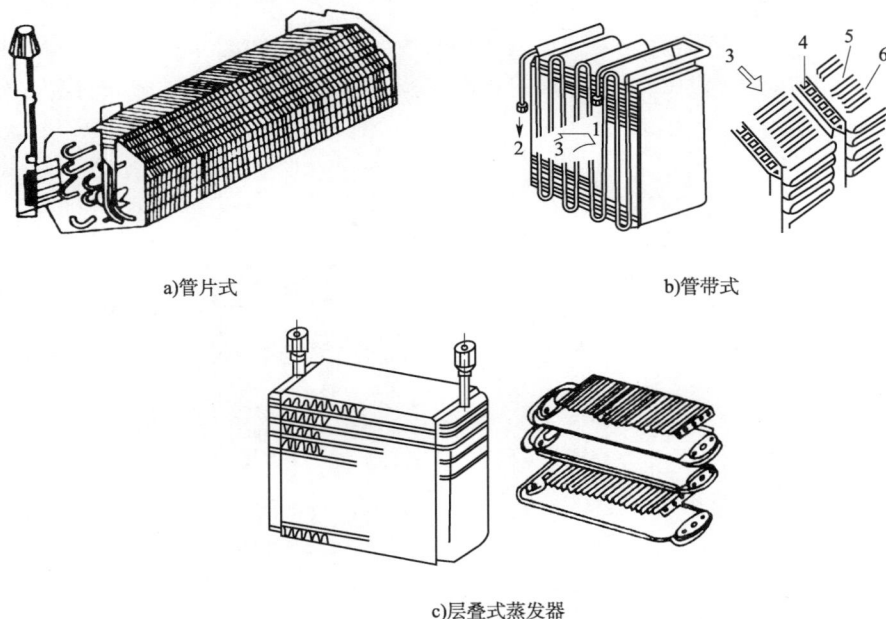

a)管片式   b)管带式

c)层叠式蒸发器

图 4-29 蒸发器的类型

管片式蒸发器由铜质或铝制圆管套上铝翅片组成,通过胀管工艺使铝翅片与圆管紧密接触。其特点是结构简单、加工方便,但换热效率差。

管带式冷凝器相似,由多孔扁管和蛇形散热铝带焊接而成。该蒸发器的换热效率比管片式好。层叠式蒸发器由两片冲成复杂形状的铝板叠在一起组成制冷剂通道,每两片通道之间夹有蛇形散热铝带。早期层叠式蒸发器为双储液室,目前常使用单储液室蒸发器。单储液室蒸发器将具有分流、集合制冷剂功能的储液室集中在换热器单侧,可使换热器正面面积中进行换热的有效比例增加。层叠式蒸发器换热效率一般比管带式提高了10%~35%。

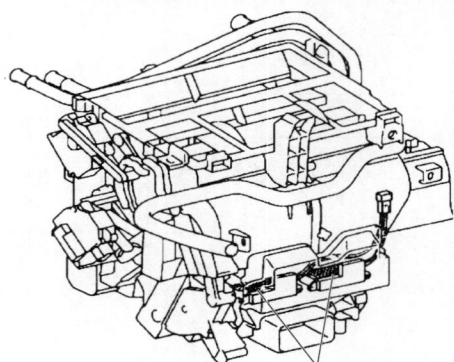

图4-30 普锐斯 PTC 暖风机

(6)混合动力汽车空调暖风系统。

混合动力汽车空调系统与传统汽车空调的主要区别是暖风蒸发箱总成内取消了基础车的暖风芯体,以高压 PTC 加热器进行替换,将原车利用发动机冷却液热量进行制暖的原理变更为采用电加热器直接加热 HVAC 内部空气的方式,如图4-30所示。

①PTC 加热器外形尺寸与暖风芯体接近,布置于原汽油车型暖风芯体位置。

②控制方面,通过 PTC 控制模块采集加热请求,同时根据 VCU 控制信号、PTC 总成内部传感器温度反馈等信号综合控制 PTC 通断。

③PTC 控制模块采集信息内容包括风速、冷暖程度设置、出风模式、加热器启动请求、环境温度。

2.混合动力汽车空调系统的工作原理

(1)空调变频器。

图4-31所示为变频器总成中的空调变频器内部图,变频器总成中的空调变频器为空调系统中电动变频压缩机供电,变频器将 HV 蓄电池的额定电压 DC 201.6V 转换为 AC 201.6V 来为空调系统中的压缩机供电。

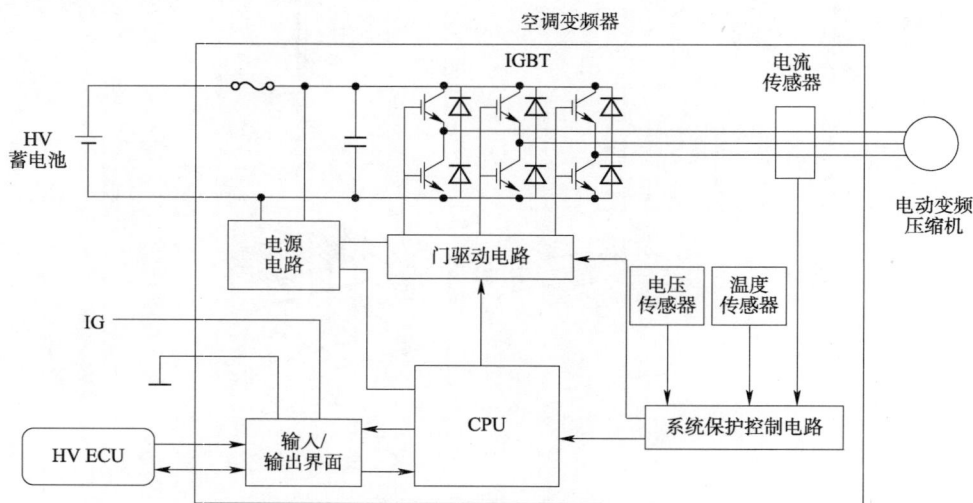

图4-31 变频器总成中的空调变频器内部图

技术提示：

因为空调压缩机中采用了电机,所以使用了具有高压绝缘性能的 ND11 型压缩机油,如果 ND8、ND9、ND10 或者其他类型的机油混进了空调循环系统,电绝缘性能会大大降低(极可能会造成漏电)。

图 4-32 所示为空调变频器调节压缩机原理。

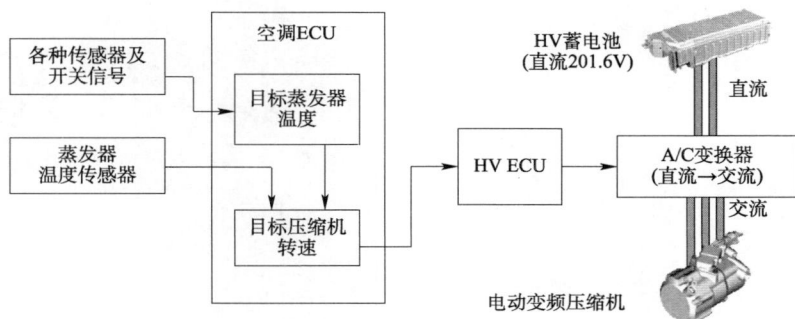

图 4-32　空调变频器调节压缩机原理

(2)蒸发器。

如图 4-33 所示,采用了 RS(改良型条状)蒸发器,在蒸发器装置的顶部和底部有储液罐并使用了微孔管结构,从而达到增强导热性、散热更集中、使蒸发器更薄的效果。

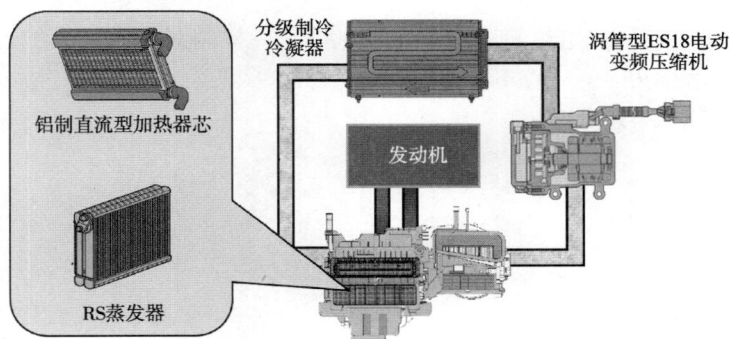

图 4-33　普锐斯空调系统

(3)暖风机芯。

如图 4-33 所示,采用 SFA(直吹铝制)暖风机芯,与传统 SFA 暖风机芯同样是直吹(全程吹风)型暖风机芯。

(4)PTC 暖风机和鼓风机脉冲控制器。

如图 4-30 所示,2 个 PTC(正温度系数热敏电阻)暖风机安装在暖风机芯上,电流通过 PTC 元件来加热流经散热片的空气。

(5)冷凝器。

目前所采用的是分级制冷式冷凝器。

(6)水泵。

目前采用的是电动水泵。

(7)车内温度和湿度传感器。

如图 4-34 所示,湿度传感器被加入到了车内温度传感器中,通过检测车内的湿度,这个功能优化了空调系统操作期间的除湿效率。

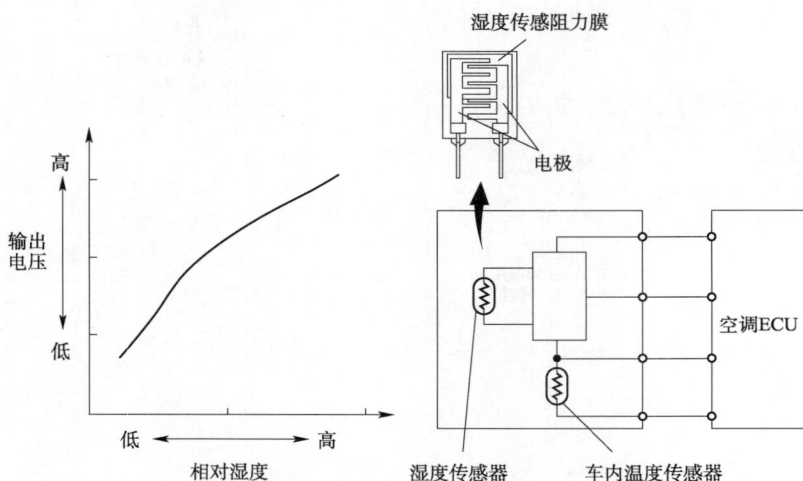

图 4-34　普锐斯温度和湿度传感器

(8)鼓风机脉冲控制器。

如图 4-35 所示,鼓风机电机转速由来自鼓风机脉冲控制器的占空信号进行控制。来自空调 ECU 的占空信号:0~5V,到鼓风机电机的信号:0~13.5V(+B)。

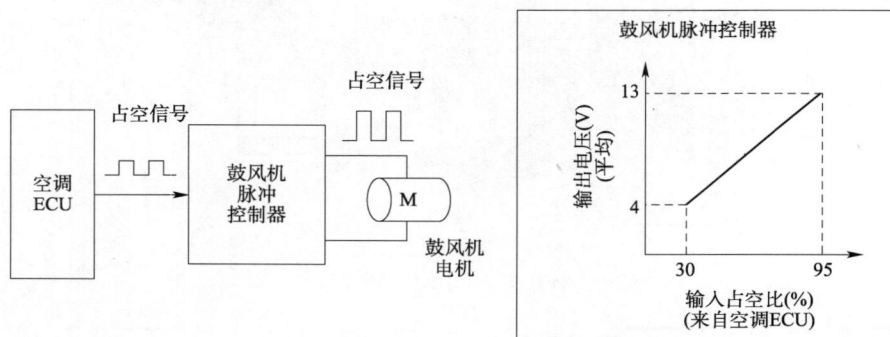

图 4-35　普锐斯鼓风机脉冲控制器

(9)神经网络控制。

该控制通过人工模拟生物神经系统的信息处理方法,进行复杂的控制,以建立类似人脑的复杂输入/输出关系,如图 4-36 所示。

(10)制冷剂量检测控制。

空调放大器总成根据环境温度、制冷剂压力和刚刚流经 1 号蒸发器总成的冷却空气温度判断制冷剂量。如果空调放大器总成判断制冷剂量不足时,其熄灭空调开关指示灯。此时,压缩机总成停止工作,如图 4-37 所示。

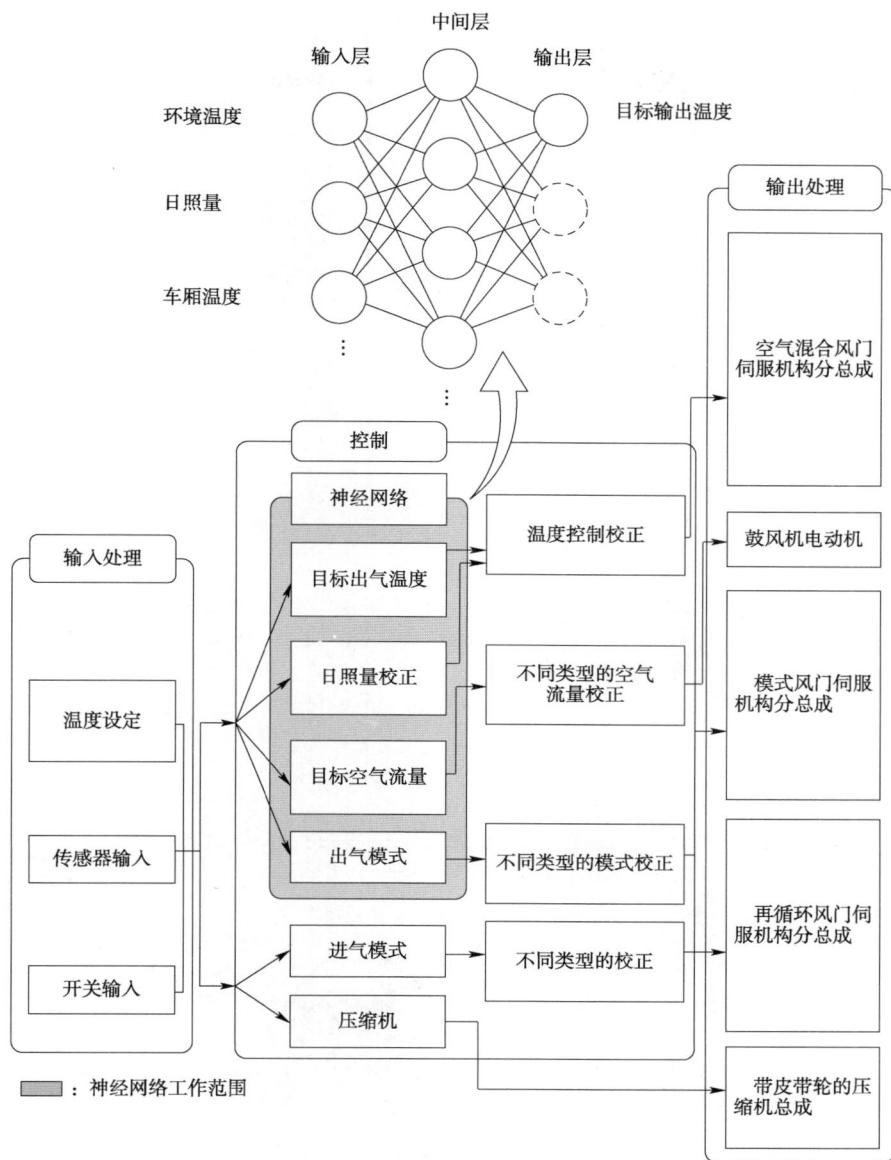

图 4-36　神经网络控制

(二)混合动力汽车空调系统检修

1. 丰田卡罗拉混合动力汽车空调系统的维修注意事项

(1)不要在密闭区域或接近明火的地方处置制冷剂。

(2)务必佩戴护目镜。

(3)注意不要让液体制冷剂溅入眼睛或者溅到皮肤上,见图4-38。

(4)切勿加热容器或将其暴露于明火处,注意不要使容器掉落或受到物理冲击。

(5)制冷剂不足时,不要运行压缩机;压缩机工作期间,不要打开高压歧管阀。

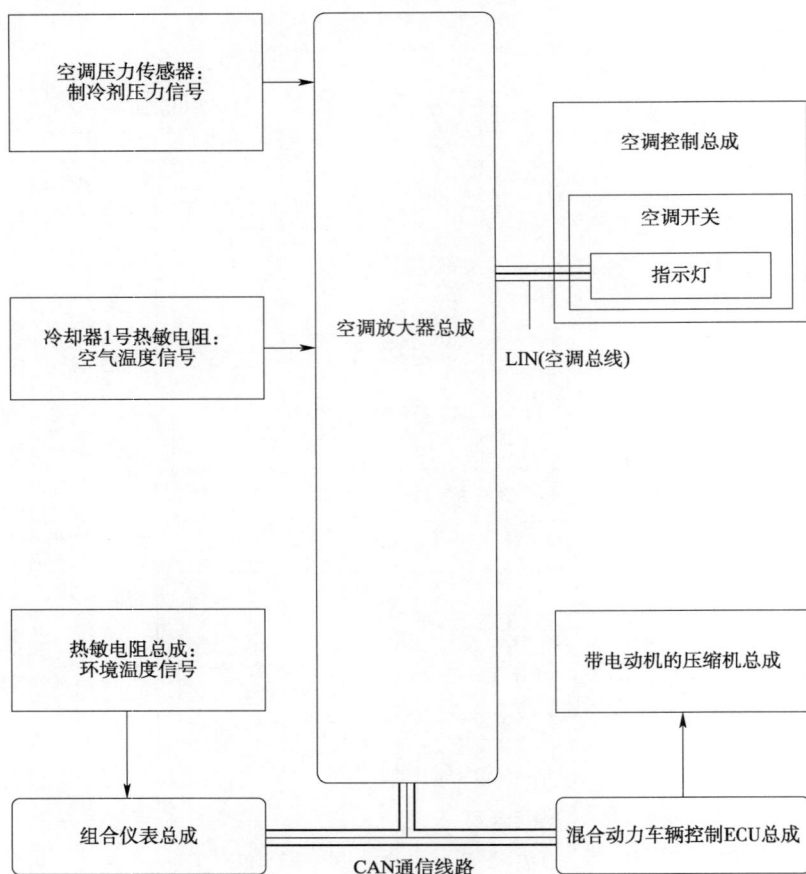

图 4-37　制冷剂量检测控制

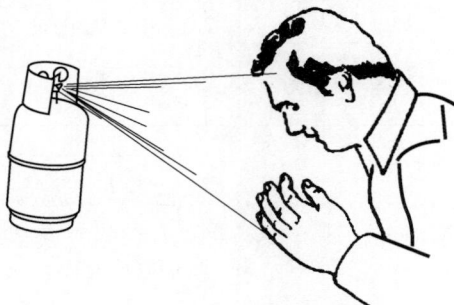

图 4-38　避免制冷剂溅入眼睛或皮肤上

　　(6)注意不要向系统中加注过量的制冷剂;不要在没有制冷剂的情况下运行发动机和压缩机。

　　2.丰田卡罗拉混合动力汽车空调系统制冷剂的加注

　　(1)回收制冷系统中的制冷剂。

　　①将电源开关置于 ON 位置。

　　②在表 4-6 条件下操作压缩机。

压缩机操作条件   表4-6

项　目	条　件	项　目	条　件
操作时间	3min 或更长时间	电源开关	ON(READY)
温度设定	MAX COOL	空调开关	打开
鼓风机转速	高		

③将电源开关置于 OFF 位置。

④使用制冷剂回收装置从空调系统中回收制冷剂。

（2）空调系统制冷剂的更换。

①用真空泵或者合适的设备进行真空清污操作。

②向空调系统加注制冷剂,制冷剂类型:R134a。

（3）压缩机暖机。

（4）检查制冷剂是否泄漏。

①向空调系统加注制冷剂后,使用卤素泄漏检测器检查制冷剂是否泄漏。

②在下列条件下进行测试:将电源开关置于 OFF 位置;确保通风良好;重复检查 2～3 次;测量压力以确认空调系统内残留有制冷剂;压缩机关闭时的压力为 392～588kPa。

③使用卤素泄漏检测器检查制冷剂是否泄漏, 如图 4-39 所示。

④关闭卤素泄漏检测器电源,将其靠近冷却器排放软管,然后打开检测器,如图 4-40 所示。

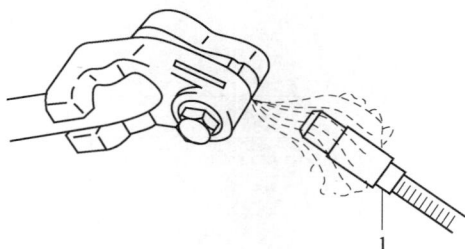

图 4-39　制冷剂泄漏检测
1-卤素泄漏检测器

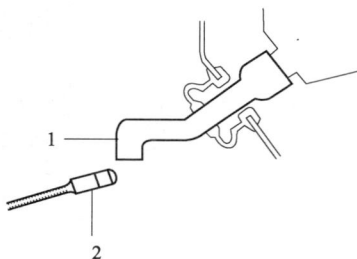

图 4-40　卤素泄漏检测器检测
1-冷却器排放软管;2-卤素泄漏检测器

⑤如果在冷却器排放软管处未检测到制冷剂泄漏,则从空调装置总成上拆下带风扇的鼓风机电动机分总成,将卤素泄漏检测器传感器插入空调装置总成,并检查是否泄漏。

⑥断开空调压力传感器连接器,放置约 20min,将卤素泄漏检测器靠近空调压力传感器并检查是否泄漏。

3.丰田卡罗拉混合动力汽车空调系统的基本诊断步骤

（1）根据客户描述,对照故障症状表 分析故障症状。

（2）检查辅助蓄电池电压。

（3）将 GTS 连接到 DLC3,检查 DTC 并保存定格数据。

（4）根据 DTC 并对照 DTC 表,确定故障的部位及修理方法。

（5）按照故障原因和部位进行诊断,对确定故障的部位进行修理。

（6）清除空调系统 ECU 中存储的 DTC。

（7）进行相关的试验及路试,若 DTC 和故障现象同时消失,说明故障已排除,并删除 DTC。

4. 丰田卡罗拉混合动力汽车空调系统的故障症状表（表4-7）

丰田卡罗拉混合动力汽车空调系统的故障症状表　　　　表4-7

空调系统的所有功能不工作	IG 电源电路
	LIN 通信电路
	备用电源电路
	空调放大器总成
空气流量控制:鼓风机不工作	鼓风机电动机电路
	LIN 通信电路
	空调放大器总成
空气流量控制:鼓风机失控	鼓风机电动机电路
	LIN 通信电路
	空调放大器总成
空气流量控制:空气流量不足	鼓风机电动机电路
	空调放大器总成
温度控制:制冷效果不良	使用 GTS 进行制冷剂不足检查
	制冷剂量
	制冷剂压力
	冷却器膨胀阀
	带电动机的压缩机总成
	器总成
温度控制:无冷气吹出	使用 GTS 进行制冷剂不足检查
	制冷剂量
	制冷剂压力
	空调压力传感器电路
	空气混合风门控制伺服电动机电路
	蒸发器温度传感器电路
	车内温度传感器电路
	环境温度传感器电路
	LIN 通信电路
	冷却器膨胀阀
	空调线束
	空气混合风门伺服机构分总成
	空调线束总成
	带电动机的压缩机总成
	空调放大器总成
	混合动力车辆控制 ECU
	ECM

技能实训

(一)混合动力汽车动力转向系统的认识

1.准备工作

(1)场地设施:具有废气抽排系统和消防设施的场地。

(2)设备设施:丰田卡罗拉 LEVIN HYBRID 混合动力汽车一台。

(3)工具资料:常用工具(一套)、维修手册等。

2.实训过程

(1)在维修手册中找到车辆动力转向系统结构图,熟悉混合动力车辆动力转向系统结构图。

(2)按照图 4-41 提示的名称及位置,在汽车上找到相应的部件。

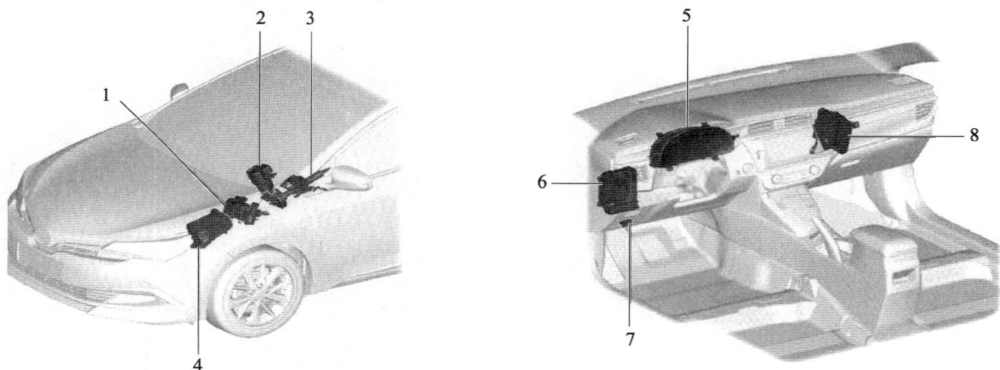

图 4-41　电子动力转向系统组成部件的位置

1-带主缸的制动助力器总成;2-动力转向 ECU 总成;3-动力转向电动机(转角传感器);4-发动机舱 1 号继电器盒子和 1 号接线盒总成;5-组合仪表总成;6-仪表板接线盒总成;7-DLC3;8-混合动力车辆控制 ECU

(二)混合动力汽车动力转向 ECU 的更换

1.准备工作

(1)场地设施:具有废气抽排系统和消防设施的场地。

(2)设备设施:丰田卡罗拉 LEVIN HYBRID 混合动力汽车一台。

(3)工具资料:常用工具(一套)、GTS 诊断仪一台等。

2.实训过程

(1)拆卸转向柱总成。

(2)如图 4-42 所示,断开连接器,从电动转向柱总成上拆卸下 2 个螺栓、支架和带电动机的动力转向 ECU。

(3)如图 4-43 所示,拆卸转向电动机轴隔垫及减振器。

(4)更换新的动力转向 ECU,按照与拆卸时相反顺序安装动力转向 ECU 及转向柱总成。

(5)转矩传感器零点校准。

(6)助力图写入。

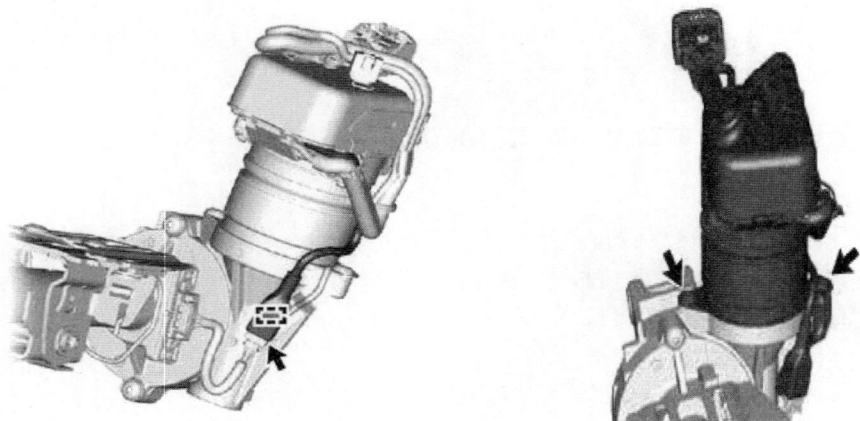

图 4-42　拆卸动力转向 ECU

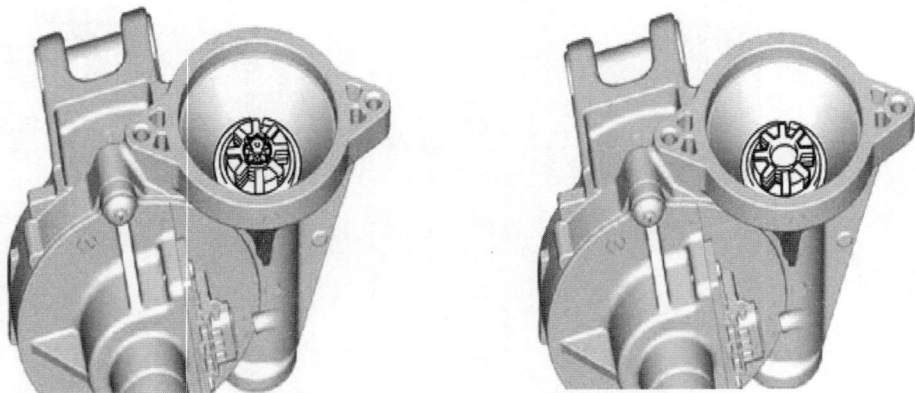

图 4-43　拆卸转向电动机轴隔垫及减振器

(三)混合动力汽车动力转向系统的校准

1. 准备工作

(1)场地设施:具有废气抽排系统和消防设施的场地。

(2)设备设施:丰田卡罗拉 LEVIN HYBRID 混合动力汽车一台。

(3)工具资料:常用工具(一套)、维修手册等。

2. 实训过程

(1)校准前进行检查

①将电源开关置于 OFF 位置。

②将 GTS 连接到 DLC3。

③将电源开关置于 ON(IG)位置。

④打开 GTS。

⑤校准动力转向 ECU,进入以下程序,如图 4-44 所示。

检测仪显示	测量项目	范围	正常状态	诊断备注
IG Power Supply	IG 电源电压	最低：0.0000 V 最高：20.1531 V	9 至 16 V	电源开关 ON (IG)

Chassis > EMPS > Data List

检测仪显示
IG Power Supply

执行

图 4-44　校准动力转向 ECU 程序 1

（2）进行转矩传感器零点校准
①将转向盘设定至中心点（零点），并使前轮朝向正前方。
②将电源开关置于 OFF 位置。
③将 GTS 连接到 DLC3。
④将电源开关置于 ON（IG）位置。
⑤打开 GTS。
⑥进入以下程序，如图 4-45 所示。

Chassis > EMPS > Utility

检测仪显示
Torque Sensor Adjustment

执行

图 4-45　校准动力转向 ECU 程序 2

⑦检查 DTC，如图 4-46 所示。

Chassis > EMPS > Trouble Codes

执行

图 4-46　校准动力转向 ECU 程序 3

（四）混合动力汽车制动系统的认识

1. 准备工作
（1）场地设施：具有废气抽排系统和消防设施的场地。
（2）设备设施：丰田卡罗拉 LEVIN HYBRID 混合动力汽车一台。
（3）工具资料：常用工具（一套）、维修手册等。
2. 实训过程
（1）在维修手册中找到车辆制动系统结构图，熟悉混合动力车辆动力转向系统结构图。

（2）按照图 4-47、图 4-48 所示的名称及位置，在汽车上找到相应的部件。

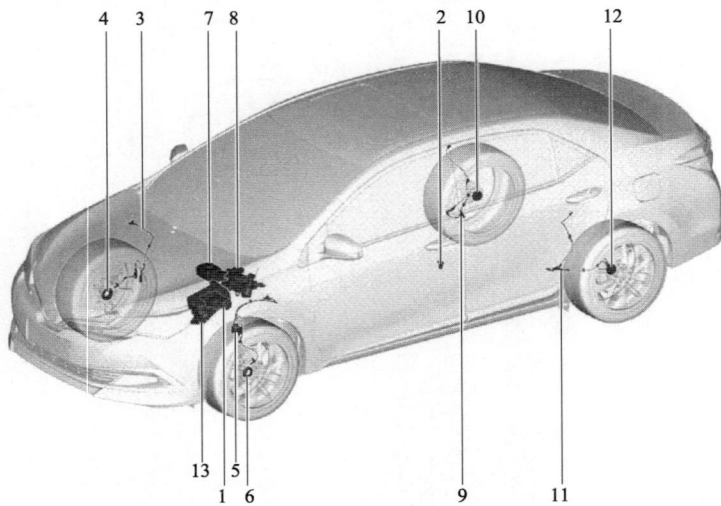

图 4-47   车辆制动系统结构图

1-制动助力器泵总成；2-左前车门门控灯开关总成；3-右前轮转速传感器；4-右前桥轮毂分总成；5-左前轮转速传感器；6-左前桥轮毂分总成；7-制动主缸储液罐总成；8-带主缸的制动助力器总成；9-右侧防滑控制传感器线束；10-右后桥轮毂和轴承总成；11-左侧防滑控制传感器线束；12-左后桥轮毂和轴承总成；13-发动机舱 1 号继电器盒和 1 号接线盒总成

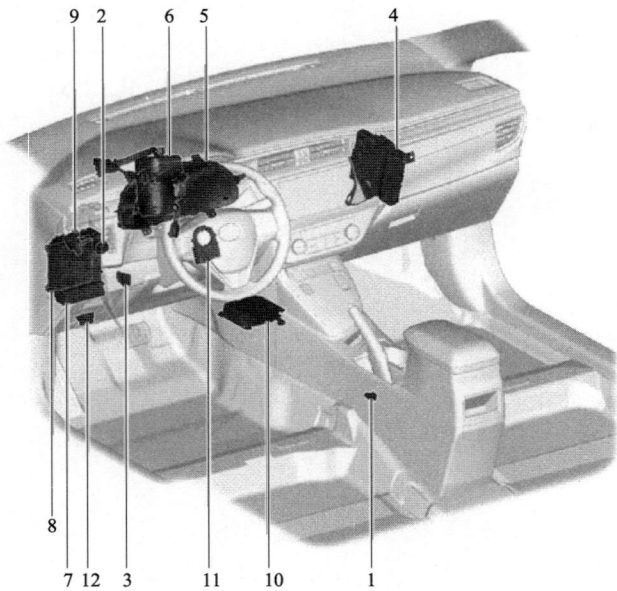

图 4-48   车辆制动系统结构图

1-驻车制动开关；2-制动灯开关总成；3-VSC OFF 开关；4-混合动力车辆控制 ECU；5-组合仪表总成；6-动力转向 ECU 总成；7-仪表板接线盒总成；8-主车身 ECU 总成；9-制动踏板行程传感器总成；10-安全气囊 ECU 总成；11-转角传感器；12-DLC3

（五）ABS 警告灯一直亮故障检修

1.准备工作

（1）场地设施：具有废气抽排系统和消防设施的场地。

（2）设备设施：丰田卡罗拉 LEVIN HYBRID 混合动力汽车一台。

（3）工具资料：常用工具（一套）、维修手册等。

2.实训过程

（1）检查 CAN 通信系统。

（2）检查带主缸的制动助力器总成连接器是否连接牢靠。

（3）如果不正常，将连接器正确连接至带主缸的制动助力器总成；如果正常，检查辅助蓄电池。

（4）如果不正常，对辅助蓄电池充电或更换辅助蓄电池；如果正常，检查线束和连接器（IG1 端子）。

（5）如果不正常，维修或更换线束和连接器（GND 电路）；如果正常，使用 GTS 读取值（ABS 警告灯）。

（6）检查仪表系统，或者更换带主缸的制动助力器总成。

（六）混合动力汽车空调系统的认识

1.准备工作

（1）场地设施：具有废气抽排系统和消防设施的场地。

（2）设备设施：丰田卡罗拉 LEVIN HYBRID 混合动力汽车一台。

（3）工具资料：常用工具（一套）、维修手册等。

2.实训过程

（1）在维修手册中找到车辆空调系统结构图，如图 4-20 所示，熟悉混合动力车辆空调系统结构图。

（2）按照图 4-21 ~ 图 4-23 提示的名称及位置，在汽车上找到相应的部件。

（七）混合动力汽车空调系统鼓风电动机电路故障检修

1.准备工作

（1）场地设施：具有废气抽排系统和消防设施的场地。

（2）设备设施：丰田卡罗拉 LEVIN HYBRID 混合动力汽车一台。

（3）工具资料：常用工具（一套）、维修手册等。

2.实训过程

（1）使用 GTS 进行主动测试，转至故障症状表中所示的下一个可疑部位。

（2）检查线束连接器是否连接牢靠（带风扇的鼓风机分总成—辅助蓄电池）。

（3）如果不正常，将维修或更换线束或连接器；如果正常，检查线束连接器是否连接牢靠（空调放大器总成—带风扇的鼓风机分总成）。

（4）如果不正常，将维修或更换线束或连接器；如果正常，检查带风扇的鼓风机分总成。

（5）如果不正常,维修或更换带风扇的鼓风机分总成;如果正常,检查空调放大器总成。

（6）如果不正常,将维修或更换空调放大器总成。如果正常,更换带风扇的鼓风机分总成。

模块小结

（1）混合动力汽车的电子动力转向系统(EPS)通过对转向柱上的电动机和减速机构的操作,产生转矩以辅助转向力矩。

（2）动力转向 ECU 根据车速信号和来自内置于电动转向柱分总成的转矩传感器的信号,确定辅助动力的方向及大小。

（3）转角传感器将动力转向电动机的转角发送至动力转向 ECU。

（4）转矩传感器检测扭力杆的扭曲度。

（5）转向柱总成由电动转向柱分总成、动力转向电动机和动力转向 ECU 总成组成。

（6）电气负载控制:动力转向 ECU 总成检测到辅助蓄电池电压下降时,其将电气负载控制信号传输至空调放大器总成以限制电气使用,空调放大器总成限制后窗除雾器的操作,直至动力转向 ECU 总成解除限制要求,防止辅助蓄电池电压降低时辅助转矩减小。

（7）SRS 空气囊系统操作注意事项:车辆配备有辅助约束系统(SRS),如果不按照正确顺序进行维修操作,则可能导致 SRS 在维修过程中意外展开,这可能造成严重事故。维修(包括检查、更换、拆卸和安装零件)前,一定要阅读辅助约束系统的注意事项。

（8）混合动力汽车的制动系统采用电子控制制动系统。

（9）电子控制制动系统可以根据驾驶人踩制动踏板的程度和所施加的力计算制动力,该系统一旦收到防滑控制 ECU 的信号,将实现 4 个车轮的液压控制。

（10）除非需要,否则不要拆卸或安装电子控制制动系统零件,如转角传感器、横摆率和加速度传感器或制动踏板行程传感器总成,因为它们在安装时需要正确调节。

（11）更换电动转向柱总成或者动力转向 ECU 总成后,校准转矩传感器零点。

（12）如果已经拆下并安装带主缸的制动助力器总成或者传感器,则必须在重新装配零件后,检查系统是否有故障。使用 GTS 检查 DTC,同时用测试模式检查并确认系统功能和 ECU 接收的信号正常。

（13）DTC 注意事项:仅通过维修故障零件不能清除某些 DTC 警告。如果维修工作完成后显示警告信息,则应在电源开关置于 OFF 位置后清除 DTC。检测到 2 个或多个 DTC 时,逐一进行电路检查直至识别出故障。

（14）混合动力汽车空调系统与传统汽车空调的主要区别是电动空调压缩机取代了皮带驱动的空调压缩机。

（15）目前,混合动力汽车空调上普遍使用的是电动变排量涡旋式压缩机,主要包括一对螺旋线缠绕的固定蜗形管和可变蜗形管、无刷电动机、油挡板和电动机轴。

（16）冷凝器作用是将压缩机排出的高温高压制冷剂蒸气进行冷却,使之凝结为高温高压的液体。

（17）鼓风机电机转速由来自鼓风机脉冲控制器的占空信号进行控制。

（18）神经网络控制通过人工模拟生物神经系统的信息处理方法，进行复杂的控制，以建立类似人脑的复杂输入/输出关系。

（19）制冷剂量检测控制是空调放大器总成根据环境温度、制冷剂压力和刚刚流经1号蒸发器总成的冷却空气温度判断制冷剂量。

思考与练习

（一）填空题

1. 电子动力转向系统（EPS）仅在_____时才激活动力转向电动机。

2. 转向柱总成由_____、_____和_____组成。

3. 驾驶人未转动转向盘时，动力转向转矩传感器将_____输出至动力转向 ECU 总成。只要输出_____，动力转向 ECU 总成就会判定未向转向盘施加转矩。

4. 电子动力转向系统的基本控制是根据驾驶人的输入转矩信号，控制_____和_____以获得目标辅助力。

5. 汽车空调压缩机是汽车空调制冷系统的心脏，其作用是维持制冷剂在制冷系统中的循环，吸入来自蒸发器的_____、_____气态制冷剂转变为_____、_____的气态制冷剂送往冷凝器。

6. 目前混合动力汽车空调上普遍使用的是电动_____涡旋式压缩机。

7. 汽车空调冷凝器的结构形式主要有_____、_____和_____三种。

8. 鼓风机电机转速由来自鼓风机脉冲控制器的_____进行控制。

9. 在进行制冷剂加注操作时，应佩戴_____进行防护。

10. 在进行空调系统的维修时，不要在密闭区域或_____的地方处置制冷剂。

（二）判断题

1. 动力转向 ECU 根据车速信号和来自内置于电动转向柱分总成的转矩传感器的信号，确定辅助动力的方向及大小。（　　）

2. 转角传感器将动力转向电动机的转角发送至动力转向 ECU。（　　）

3. 转矩传感器检测扭力杆的扭曲度。（　　）

4. 除非需要，否则不要拆下或安装电子控制制动系统零件。（　　）

5. 更换电动转向柱总成或者动力转向 ECU 总成后，校准转矩传感器零点。（　　）

6. 如果已经拆下并安装带主缸的制动助力器总成或者传感器，则必须在重新装配零件后，检查系统是否有故障。（　　）

7. 混合动力汽车空调系统与传统汽车空调的主要区别是电动空调压缩机取代了皮带驱动的空调压缩机。（　　）

8. 鼓风机电机转速由来自鼓风机脉冲控制器的占空信号进行控制。（　　）

9. 更换制冷剂时，注意不要让液体制冷剂溅入眼睛或者溅到皮肤上。（　　）

10. 更换制冷剂时，不需要佩戴护目镜。（　　）

(三) 简答题

1. 混合动力汽车采用电子动力转向系统(EPS)的优点有哪些?
2. 电子动力转向系统的基本诊断步骤是什么?
3. 混合动力汽车动力转向系统校准是什么?
4. 再生制动协同控制是什么?
5. 汽车空调压缩机的功用是什么?
6. 汽车空调加注制冷剂的基本步骤是什么?

模块五 混合动力汽车储能装置与管理系统

一、混合动力汽车储能装置的定义与分类

(一)混合动力汽车储能装置的定义

储能技术是通过介质将能量储存起来,以便日后需要时利用的技术。混合动力汽车储能装置可以分为二次电池、超级电容和飞轮电池这三类。目前,混合动力汽车上常用的储能装置为二次电池。

(二)混合动力汽车储能装置的分类

1. 二次电池

二次电池是一种能量转化与储存的装置,它主要通过化学反应将化学能转化为电能。混合动力汽车上使用的二次电池也可以称为动力电池,动力电池使得混合动力汽车具有了储存电能和释放电能的能力。目前,混合动力汽车上最常见的动力电池有铅酸蓄电池、镍氢电池和锂离子电池三类。

2. 超级电容

超级电容是从二十世纪七八十年代发展起来的通过极化电解质来储存电能的一种电化学元件。它不同于传统的电池,是一种介于传统电容器与电池之间,具有特殊性能的元件,主要依靠电荷的存储来储存电能。但在其储能的过程中并不发生化学反应,因此超级电容可以反复充放电数十万次。

3.飞轮电池

飞轮电池是二十世纪90年代才提出的新概念电池,它突破了化学电池的局限,用物理方法实现储能。飞轮电池中有一个电机,充电时该电机以电动机形式运转,在外电源的驱动下,电机带动飞轮高速旋转,即用电给飞轮电池"充电";放电时,电机则以发电机状态运转,在飞轮的带动下对外输出电能,完成机械能(动能)到电能的转换。

(三)混合动力汽车动力电池的性能参数

1.电压(V)

(1)开路电压:电池在开路时电池两端的电压。

(2)额定电压:电池在标准规定条件下工作时电池两端达到的电压。

(3)工作电压:在电池两端接上负载后,在放电过程中,电池两端的电压。

(4)终止电压:电池在标准放电条件下放电的过程中,电池两端的电压将逐渐下降,当电池不易再继续放电时,电池的最低电压称为终止电压。

2.电池容量(Ah)

电池容量表示电池存储电量的大小,是指一定条件下电池放电到终止电压时放出的电量。

(1)理论容量:根据电池活性物质的特性,计算出的理论值。一般用质量比容量(Ah/kg)或者体积比容量(Ah/L)来表示。

(2)实际容量:在一定工作条件下所输出的电量,等于放电电流与放电时间的乘积。

(3)额定容量:按照标准放电条件下,电池所输出的电量。

(4)荷电状态:荷电状态(SOC)描述电池剩余容量占额定容量的百分比,是电池运行中一个重要的技术参数。SOC=1,表示电池为充满状态。随着电池放电,电池的电荷逐渐减少,可以用SOC的百分数形式来表示电池中电荷的变化状态。控制电池运行时必须考虑其荷电状态,能够精确地估算电池的荷电状态,对SOC的实时监控就可为电池的使用提供良好的指导,避免电池在使用过程中出现过充电和过放电的情况。一般电池放电高效率区域为SOC在50%~80%范围。

3.能量(Wh、kWh)

在标准放电条件下,电池所输出的电能称为电池的能量,可表示为电池的电压与容量的乘积,单位为瓦时(Wh)。

(1)标称能量:在标准规定的放电条件下,电池所输出的能量。电池的标称能量是电池的额定电压与额定容量的乘积。

(2)实际能量:在实际规定的放电条件下,电池所输出的能量。电池的实际能量是电池的平均工作电压与实际容量的乘积。

(3)比能量(Wh/kg):比能量也就是质量能量密度,是指电池单位质量所能输出的电能。电池的质量包括电池本身结构质量和电解质质量的总和。混合动力汽车所采用的动力电池要求有比较大的比能量,比能量是保证混合动力汽车能够达到基本合理的行驶里程的重要性能参数,是评价混合动力汽车动力电池满足设计续驶里程与否的重要指标。常用动力电池的比能量参数,如表 5-1 所示。

常用动力电池的比能量参数　　　　　　　　表 5-1

电池类型	铅酸电池	镍氢电池	锂离子电池
工作电压(V)	2	1.2	3.7
质量比能量(Wh/kg)	30 ~ 50	60 ~ 80	100 ~ 120
体积比能量(Wh/L)	60 ~ 90	150 ~ 200	250 ~ 500
质量比功率(W/kg)	200 ~ 500	500 ~ 1000	1000 ~ 1200

(4)能量密度(Wh/L):能量密度也就是体积能量密度,动力电池的体积能量密度是指电池单位体积所能输出的电能。

4.功率(W、kW)

电池的功率表示电池输出能量的速率,一定标准所规定的放电条件下,单位时间内电池输出的能量,称为电池的功率,单位为瓦(W)。

(1)比功率(W/kg):比功率是指电池单位质量所能输出电能的功率。比功率是评价动力电池能否满足混合动力汽车加速与爬坡能力的重要指标。

(2)功率密度(W/L):功率密度是指电池单位体积所能输出电能的功率。

5.电池的内阻(Ω)

电池的内阻是指电池在工作时,电流流过电池内部所受到的阻力。由于电池的内阻,电池在放电的时电池两端电压低于开路电压。

6.电池的循环次数(次)

动力电池充电和放电为一个循环,按一定的测试标准,当电池容量降到某一规定值(我国标准规定为额定值的 80%)以前,电池经历的充放电循环次数也称为循环使用寿命。随着充放电次数的增加,动力电池中的化学活性物质会发生老化变质,逐渐减弱其化学功能,降低充放电效率,最后部分或完全丧失充电或放电功能。

7.电池的使用年限(年)

动力电池除了用电池的循环次数表示使用时间外,通常还要用电池的使用年限来表示动力电池的使用寿命。

8.放电速率(放电率)

放电速率是表示放电快慢的一种度量。电池以一定的电流强度放电直到电池电压降低到终止电压时,所需要的放电时间称为放电速率。电池所有的容量在 1h 放电完毕,称为 1C 放电速率,电池所有的容量在 5h 放电完毕,则称为 1/5 =0.2C 放电速率。

9.自放电率

自放电率又称荷电保持能力,是指电池在开路状态下,电池所储存的电量在一定条件下的保持能力。在电池的存放时间内,电池自身放电,使得电池容量下降。自放电率用单位时间内电池容量下降的百分数来表示。

二、混合动力汽车动力电池

(一)铅酸电池

铅酸电池是第一代动力电池,1895 年,法国科学家普兰特研制成功第一只可充电的铅酸电池,距今已有 120 多年的历史了。随着设计和工艺的不断改进,铅酸电池具有生产技术成熟、性能稳定、产品价格低、原材料来源丰富和可回收再循环利用等优点。

铅酸电池的结构如图 5-1 所示,铅酸电池主要由正极板、负极板、电解液、隔板、槽和盖等组成。正、负极板都浸在一定浓度的硫酸水溶液中,隔板为电绝缘材料,将正、负极隔开。正极活性物质是氧化铅(PbO_2),负极活性物质是海绵状金属铅,电解液是硫酸。正、负两极活性物质在电池放电后都转化为硫酸铅($PbSO_4$),这就是双硫酸盐化理论。

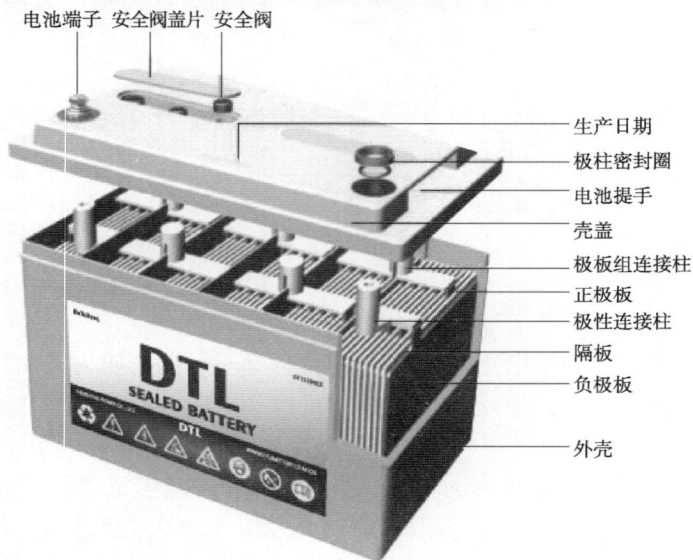

图 5-1　铅酸电池的结构

铅酸电池充放电时主要发生如下电化学反应:

正极:

$$PbSO_4 + 2H_2O \xrightarrow[\text{放电}]{\text{充电}} PbO_2 + H_2SO_4 + 2H^+ + 2e^-$$

副反应:

$$H_2O \xrightarrow{\text{充电}} 1/2O_2 + 2H^+ + 2e^-$$

负极:

$$PbSO_4 + 2H^+ + 2e^- \xrightarrow[\text{放电}]{\text{充电}} Pb + H_2SO_4$$

副反应:

$$2H^+ + 2e^- \xrightarrow{\text{充电}} H_2$$

$$PbSO_4 + 2H_2O \xrightarrow[\text{放电}]{\text{充电}} PbO_2 + Pb + 2H_2SO_4$$

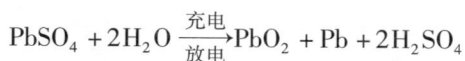

铅酸电池具有以下优点:

(1)自放电率小,25℃下自放电率小于2%/月。

(2)电池寿命较长。

(3)结构紧凑,密封良好,抗振性能好,比容量高。

(4)电池的高低温性能较好,可在40~50℃范围内使用。

(5)价格低廉,制造及维护成本低。

(6)无"记忆效应"。

(7)电池失效后的回收利用技术比较成熟,回收利用率高。

铅酸电池与镍氢电池、锂离子电池相比,铅酸电池也存在许多不足,最为突出的是比能量低,一般为30~50Wh/kg,其次循环寿命短,另外由于在制造和使用过程中会产生污染,铅酸电池的发展受到了制约。

(二)镍氢电池

20世纪70年代中期,美国研制成功了功率大、质量小、寿命长、成本低的镍氢电池,并且于1978年成功地将这种电池应用在导航卫星上。镍氢电池的结构,如图5-2所示。

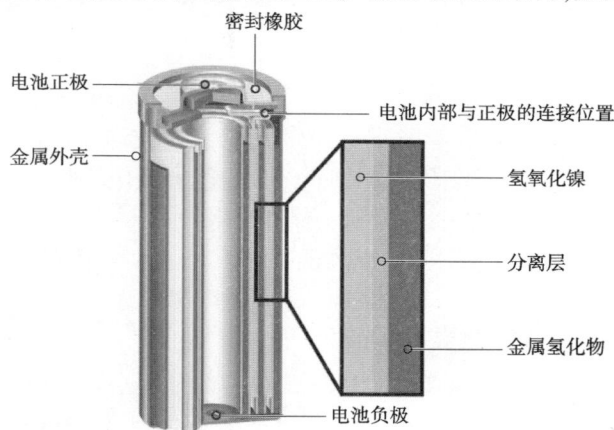

图5-2 镍氢电池的结构

镍氢电池是新型环保的二次碱性电池,与传统的铅酸电池相比具有更高的比能量和循环寿命。镍氢电池正极活性物质为NiOOH(放电时)和$Ni(OH)_2$(充电时),称为氧化镍电极,负极活性物质为H_2(放电时)和H_2O(充电时),称为储氢合金(电极称为储氢电极),电解液为30%浓度的氢氧化钾。其充放电机理为:充电时由于水的电化学反应生成氢原子,立即扩散到合金中,形成氢化物(MH),实现负极储氢;镍电极活性物质$Ni(OH)_2$释放出一个电子,变为充电态的NiOOH。而放电时氢化物分解出的氢原子又在合金表面氧化为水,NiOOH吸收一个电子还原为$Ni(OH)_2$。

镍氢电池在充放电过程中的电化学反应如下。

充电时

正极:

$$Ni(OH)_2 + OH^- \longrightarrow NiOOH + H_2O + e^-$$

负极：

$$M + H_2O + e^- \longrightarrow MH + OH^-$$

总反应：

$$M + Ni(OH)_2 \longrightarrow MH + NiOOH$$

放电时

正极：

$$NiOOH + H_2O + e^- \longrightarrow Ni(OH)_2 + OH^-$$

负极：

$$MH + OH^- \longrightarrow M + H_2O + e^-$$

总反应：

$$MH + NiOOH \longrightarrow Ni(OH)_2 + M$$

与铅酸电池相比,镍氢电池具有容量大、结构坚固、充放电循环次数多的优点。镍氢电池是密封免维护电池,不含 Pb、Cr、Hg 等有毒物质,正常使用过程中也不会产生任何有害物质;镍氢电池具有较好的低温放电特性,自放电率很小,在常温下镍氢电池充足电后,放置28天,电池容量能保持在标称容量的75%~85%。但镍氢电池有记忆效应、能量密度低、充电速率较慢的缺点。

(三)锂离子电池

锂离子电池是二十世纪90年代发展起来的高容量可充电电池,锂离子电池工作电压高、能量密度大、比功率高、质量小、体积小、循环寿命长、自放电率低、无记忆效应、绿色环保等优点而广受关注并迅速发展起来,成为新一代动力电池。

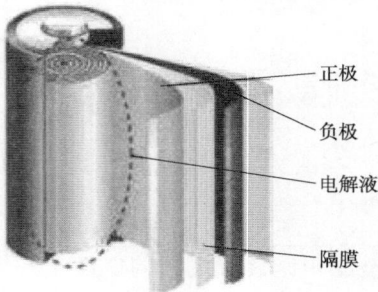

图5-3　锂离子电池的结构

锂离子电池采用了一种锂离子嵌入和脱嵌的金属氧化物或硫化物作为正极,无机盐体系作为电解质,碳材料作为负极。充电时,锂离子从正极脱出嵌入负极晶格,正极处于贫锂态;放电时,锂离子从负极脱出并嵌入正极,正极为富锂态。为保持电荷的平衡,充放电过程中应有相同数量的电子经外电路传递,与锂离子同时在正负极间迁移,使负极发生氧化还原反应,保持一定的电位。锂离子电池的结构如图5-3所示,锂离子电池的工作原理如图5-4所示。充放电时通过锂离子的嵌入和脱嵌来实现化学能和电能的相互转换。

锂离子电池在充放电过程中的电化学反应如下:

正极反应:

$$LiMO_x \underset{\text{放电}}{\overset{\text{充电}}{\rightleftharpoons}} Li_{1-y}MO_y + yLi^+ + ye^-$$

负极反应:

$$C_n + yLi^+ + ye^- \underset{\text{放电}}{\overset{\text{充电}}{\rightleftharpoons}} Li_yC_n$$

电池总反应：

$$LiMO_x + C_n \underset{放电}{\overset{充电}{\rightleftharpoons}} Li_{1-y}MO_y + Li_yC_n$$

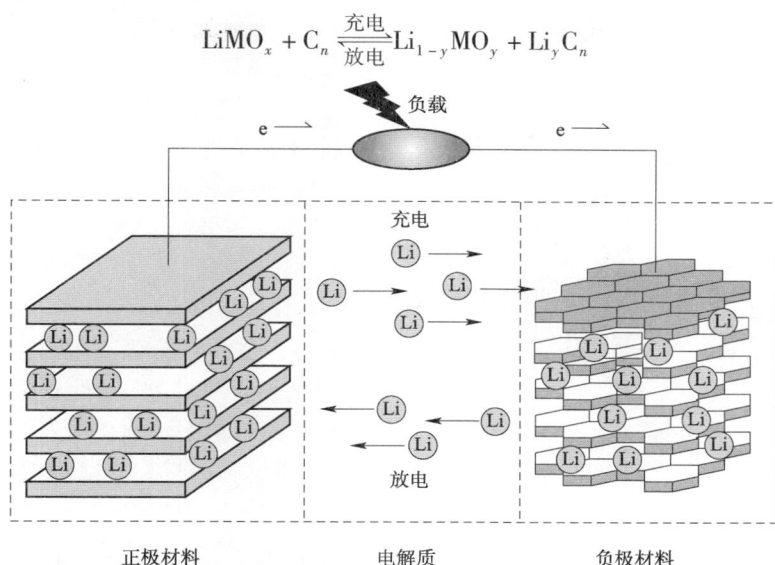

图 5-4 锂离子电池的工作原理

锂离子电池的理论容量为 120Wh/kg，循环性能好，单体循环 2000 次后容量保持率为 80% 以上，安全性高，可在 1～3C 下持续充放电，且放电平稳，瞬间放电倍率能达 30C，但锂离子电池的低温性能差，0℃时放电容量将为 70%，电池的一致性仍然存在问题，成组后电池能量密度、循环寿命等特性大大下降。

锂电池的正极材料一般采用 $LiCoO_2$、$LiNiO_2$、$LiMn_2O_4$、$LiFePO_4$ 等，负极材料一般为炭，电解液为溶解了锂盐的有机溶剂。不同锂离子电池正极材料性能比较，见表 5-2。

锂离子电池正极材料性能   表 5-2

正极材料	理论容量（mAh/g）	实际容量（mAh/g）	工作电压（V）	安全性能	成本
$LiCoO_2$	274	140～155	3.7	一般	高
$LiMn_2O_4$	148	90～120	3～4	好	低
$LiNiO_2$	274	190～210	2.5～4.2	差	居中
$LiFePO_4$	170	110～165	3.4	很好	低
$LiMnO_2$	286	200	3～4.5	好	低

钴酸锂是较早商品化的电池正极材料，能量较高，循环性良好，同时制作工艺比较简单，主要用于各类小型电子装置里。但是钴作为正极材料的电池安全性不高，反复充放电会导致电池内阻增大容量减小，而且钴资源属于稀缺资源，价格较高，这就限制了钴酸锂作为电池正极材料的推广。镍酸锂是一种高容量的三元类材料，镍酸锂与钴酸锂结构相似，但循环性要好于钴酸锂，而且镍资源丰富，所以最有可能成为替代钴酸锂的正极材料之一。但是镍酸锂的制备工艺要求高，随着技术手段的进步，相信能慢慢克服这一缺点。锰酸锂的成本更低，耐过充性和安全性都超过钴酸锂和镍酸锂，但是一个比较大的缺点是其循环性差，同时当温度比较高的时候容量衰减得很快。磷酸铁锂与以上三种正极材料相比耐过充性、安全

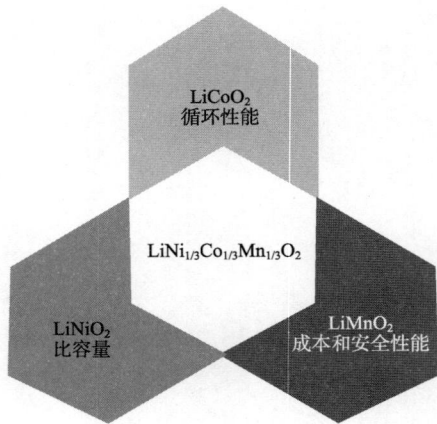

图5-5 三元材料

性、循环性都有大幅提升，温度较高时表现出良好的热稳定性，不会因为过充、温度过高、短路或者撞击而发生爆炸或燃烧。其缺点是电导率比较低，低温时放电性能不好，但优点较为突出。钴酸锂、锰酸锂、镍酸锂三元复合材料作为锂离子电池正极材料，综合了钴酸锂、锰酸锂、镍酸锂三种材料的优点，同时又弥补了各自的不足，降低了成本。三元材料示意图，如图5-5所示。

当前，锂离子电池负极材料主要使用碳材料以及一些金属化合物。碳材料分为石墨、硬碳和软碳。金属化合物有锡基复合氧化物、钛酸锂等。目前，锂电池应用最多的负极材料是石墨类材料，石墨材料导电性好，安全性高，循环寿命长，随着石墨技术的进步，其成本有待进一步降低。硬碳材料比容量高，循环性好，但其制作工艺尚不完善如电极电位过高等。这些缺点制约了硬碳作为负极材料的推广应用。金属化合物类材料作为电池负极如钛酸锂，是目前研究的一个热点。钛酸锂作为负极材料具有循环寿命长、容量大的优点，而且反复充放电后钛酸锂的体积基本不变。钛酸锂与电解液融合良好，可以提供安全、稳定的充放电平台，此外，它还有很好的耐过充性。钛酸锂的缺点是电极电位高，制作工艺尚不完善，需要进一步的研究实验才能向市场推广。

电解质的作用是在正负极之间传送锂离子。锂电池一般以六氟磷酸锂为电解质盐，它的优点是有良好的电导率，但是热稳定性和抗水解性比较差，所以通常添加一些功能添加剂，如碳酸乙烯酯、碳酸二甲酯等，用以提升锂离子电池的安全性。

动力电池将向着高比能量、比功率大、寿命长、高可靠性、低成本、安全环保方向发展。铅酸电池、镍氢电池、锂离子电池的性能，如表5-3所示。铅酸电池技术成熟、性能可靠、大电流放电性能好、安全性高、成本低，通过技术革新，其他性能还有提升空间。镍氢电池的性能主要表现能量密度、高倍率放电性能和成本，尽管目前受到了锂离子电池的巨大挑战，但其成本低于锂离子电池近一半。锂离子电池有较好的性能，随着其材料的研究和发展，价格下降的空间很大，是目前混合动力汽车上最常用的动力电池。

不同类型动力电池的性能 表5-3

电池类型	铅酸电池	镍氢电池	锂离子电池
工作电压（V）	2	1.2	3.7
质量比能量（Wh/kg）	30～50	60～80	100～120
体积比能量（Wh/L）	60～90	150～200	250～500
质量比功率（W/kg）	200～500	500～1000	1000～1200
循环寿命（次）	300～500	500～1000	500～2000
每月自放电率（%）	4～5	30～35	<5
工作温度（℃）	0～45	−10～45	−20～60
耐过充电特性	高	低	很低
有害物质	铅	—	—
成本	低	较高	很高

三、混合动力汽车电池管理系统

（一）混合动力汽车电池管理系统的定义

混合动力汽车动力电池组由数百节单体电池通过串并联方式组合而成,总电压高达几百伏,充放电电流达几百安,成本昂贵,提高动力电池的使用安全性和循环充放电寿命具有重要价值。此外,电池在充放电过程中的电压、电流和温度要保持在合理范围之内,并避免过充和过放,这对于保证电池的安全和寿命十分重要。一旦电池出现一定程度的过充或过放等不合理操作,将会对电池的使用寿命带来严重影响,极易引发安全隐患。混合动力汽车电池管理系统(BMS)作为混合动力汽车核心组成部分之一,不仅担负着保持电池安全平稳运行的职责,还需要避免电池的过充过放以延长电池使用寿命,其重要性日益彰显。根据电池管理系统拓扑结构的差异,可分为集中式和分布式电池管理系统。集中式结构通过微控制器控制检测模块进行数据采集并处理,具有成本低、体积小、连接方便的优点,分布式电池管理系统多采用星形拓扑结构,由一个电池管理主机模块和多个电池管理从机模块构成,电池管理从机模块负责电池信息采集、与主机模块通信并执行均衡等功能,与此同时主机模块则负责数据处理和任务管理。分布式结构的电池管理系统具有接线灵活、扩展方便的突出优点,能够根据电池数量灵活配置。混合动力汽车电池管理系统结构示意图,如图5-6所示。

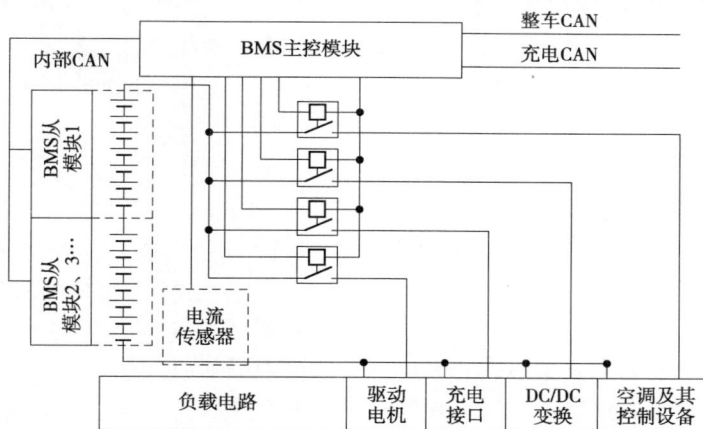

图5-6　混合动力汽车电池管理系统结构示意图

（二）混合动力汽车电池管理系统的组成和作用

混合动力汽车电池管理系统主要包括温度管理子系统、电池组管理子系统和线路管理子系统组成,如图5-7所示。

1.温度管理子系统

混合动力汽车不同的动力电池发热程度各不相同。有的动力电池采用自然通风即可满足电池组的散热要求,但有的动力电池则必须采取强制通风来进行冷却,才能保证电池组正常工作并延长动力电池的使用寿命。另外,在混合动力汽车上由于动力电池组的各个分电池组布置在车架不同的位置上,各处的散热条件和周围环境都不同。这些差别也会对电池充、放电性能和电池的使用寿命造成影响。为了保证每个电池都能有良好的散热条件和环境,将混合动力汽车的动力电池组装在一个强制冷却系统中,温度管理子系统控制冷却系统使各个电池的温度保持一致。

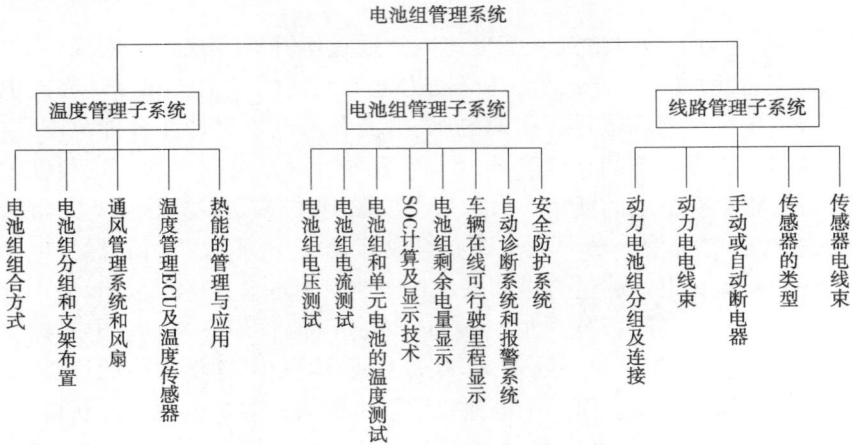

图 5-7　混合动力汽车电池管理系统

2.电池组管理子系统

电池组管理子系统的作用是对电池的充电、放电,电池组中各个电池的不均衡性,电池的温度测试和电池的状态等进行监控和管理,使电池组能够提高工作效率,保证电池的正常运转,避免发生电池的过充电和过放电,有效延长电池的寿命,以及实现动力电池组的安全管理。

3.线路管理子系统

线路管理子系统管理电池与电池、电池组与电池组之间的连接线路。当动力电池组的总电压较高时,连接导线的横截面积比较小,有利于电线束的连接和固定,但高电压要求有更可靠的安全防护。当动力电池组的总电压较低时,则电流比较大,导线的横截面积则比较大,安装较不方便。在各个电池组之间还需要安装连接导线将各个电池组串联起来,一般在电池组与电池组之间,装有断电器,以便在安装、拆卸和检修时切断电流。另外,在电池组管理系统中还有各种传感器线路等,因此在混合动力汽车上有尺寸很长的各种各样的电线束,要求导线之间有可靠的绝缘。混合动力汽车电池系统,如图 5-8 所示。

(三) 混合动力汽车电池组管理子系统的组成和作用

动力电池组管理子系统主要承担动力电池组的全面管理,一方面保证动力电池组的正常运作,显示动力电池组的状态并在出现故障时及时报警,使驾驶人随时都能掌握动力电池组的情况;另一方面要对人身和车辆进行安全保护,避免因电池引起的各种事故。动力电池组管理子系统主机模块是整个系统任务处理中心,采用高性能单片机进行控制,主机和从机模块之间通过 CAN 总线传递信息,具备电压、电流和温度采集功能。图 5-9 为混合动力汽车电池组管理子系统示意图。

动力电池组管理子系统的主要功能包括:

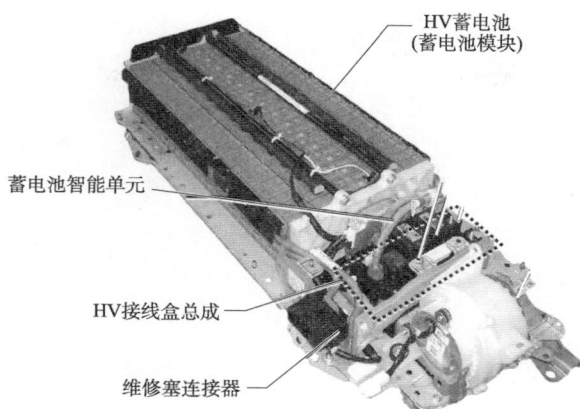

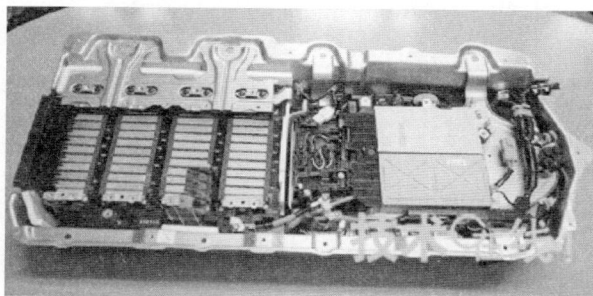

图 5-8 混合动力汽车电池系统

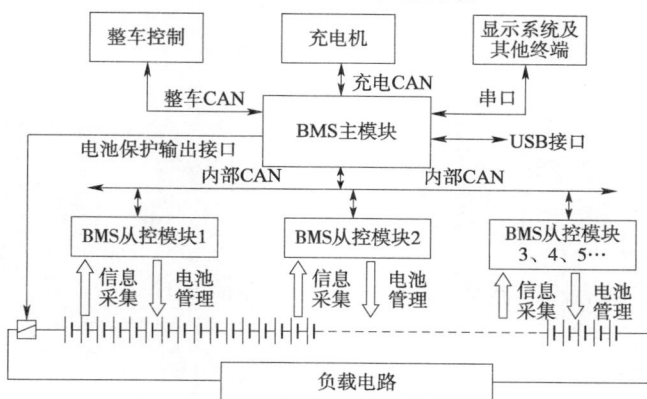

图 5-9 混合动力汽车电池组管理子系统

1. 动力电池组管理

监控动力电池组的双向总电压和电流、动力电池组的温度,并通过液晶显示或其他显示装置,动态显示总电压、电流、温度的变化,避免动力电池组过充电或过放电,对人身和车辆进行安全保护,在动力电池组出现故障时切断动力电池。利用温度传感器来测定和监控每一个电池在充电和放电过程中的温度是否在正常范围内。

2. 单节电池管理

对动力电池组中的单节电池的管理,可以监测单节电池的状态,对单节电池动态电压和温度的变化进行实时测量,以便及时发现单节电池的问题,并采取有效的预防措施。

3.荷电状态的检测和故障诊断

动力电池组管理系统应具有对荷电状态的检测和故障诊断的功能,能够有效地反映和显示荷电状态。目前,对荷电状态的检测误差一般在10%左右。配备故障诊断专家系统,可以早期预报动力电池组的故障。

四、混合动力汽车电池系统故障诊断和维修

(一)混合动力汽车电池系统维修注意事项

混合动力汽车与传统的汽车不同,使用电机和发动机来提供驱动力。同样,混合动力汽车的维修和维护的程序和传统的车辆也不同。

注意:混合动力汽车内有超过300V的电器零件和电路,如果采用不适当方法或在工作中疏忽对待,会有严重电击或身体伤害的潜在危险。动力电池电解液为高碱性的氢氧化钾。

当处理被损坏车辆时,有电击或暴露在高碱性化学物质中的可能性。所以,需要准备好防护装备。

1.防护装备

防护装备注意包括安全手套、护目镜、安全鞋、绝缘胶布和绝缘工具。

对安全手套的要求,第一,在进行任何有关高压组件或线路的操作时,需要使用橡胶制成的绝缘手套,这些手套通常被认为是电工手套,能够承受650V的工作电压。第二,抗碱性的合成橡胶手套在工作中接触高碱性的氢氧化物时,可以避免氢氧化物对人体组织造成伤害。安全手套如图5-10所示。

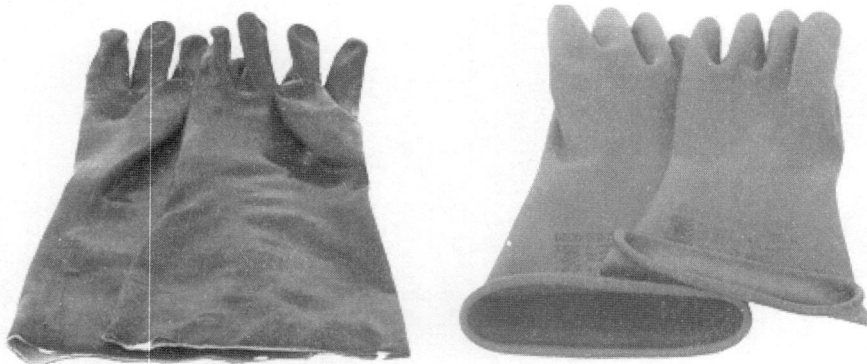

图5-10　安全手套

戴上合适的护目镜和安全鞋,以防止电池电解液的飞溅。护目镜将面部皮肤裸露部分覆盖,安全鞋也必须具有耐碱性鞋底,护目镜如图5-11所示。

当高压电线或端子裸露时,必须使用绝缘胶布将裸露部分包住。同样,在拆下维修塞后,使用绝缘胶布覆盖维修塞槽,隔开端口,绝缘胶布如图5-12所示。

混合动力汽车维修过程中需要使用绝缘工具,在防触电保护方面不仅依靠基本绝缘,而且还应附加一个安全预防措施,即对正常情况下不带电,而在其基本绝缘损坏时变为带电体

的外露可导电部分做保护接零。为了可靠保护，接零应不少于两处，并且还要附加漏电保护，绝缘工具如图5-13所示。

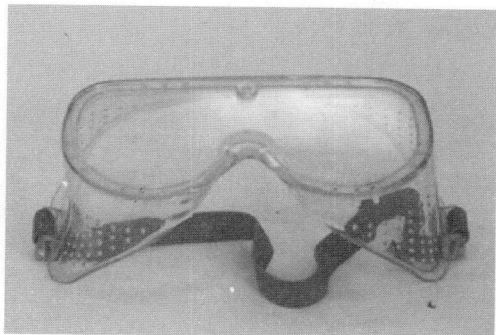

图5-11 护目镜

图5-12 绝缘胶布

2.高压线束和连接器

注意：所有高压电路的线束和连接器都是橙色的，动力电池组等高压零部件都贴有高压警示标志，在未完成整车高压断电前，不要触碰所有高压电路的线束和连接器。

高压线束如图5-14所示。

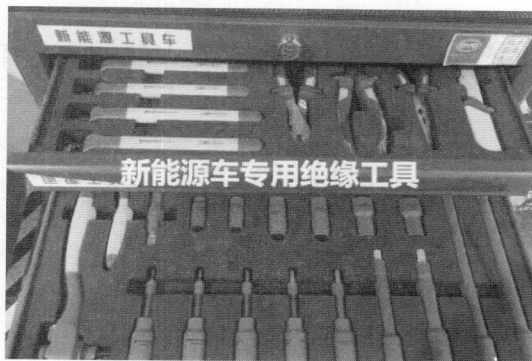

图5-13 绝缘工具

图5-14 高压线束

（二）混合动力汽车电池系统故障检修步骤

1.混合动力汽车电池系统控制功能

在混合动力汽车的行驶过程中，加速时动力电池反复放电，而制动时候的被充电。电池管理系统ECU会根据电压、电流和温度测算动力电池的荷电状态（SOC），然后将SOC的结果送给控制ECU，控制ECU根据SOC执行充放电控制。如果发生故障，电池管理系统ECU执行安全保护功能，依据不同故障程度切断动力电池的输出。混合动力汽车电池控制系统，如图5-15所示。

2.混合动力汽车电池系统上电流程

混合动力汽车电池系统如图5-16所示，SMR为混合动力汽车电池系统内部的主继电器，电池系统共有三个继电器（负极1个、正极2个），在混合动力汽车起动时，电池管理系统ECU首先控制SMR1和SMR3闭合，和SMR1相连接的电阻保护回路避免起动时候产生过大初始电流,然后控制 SMR2 闭合,最后断开 SMR1。

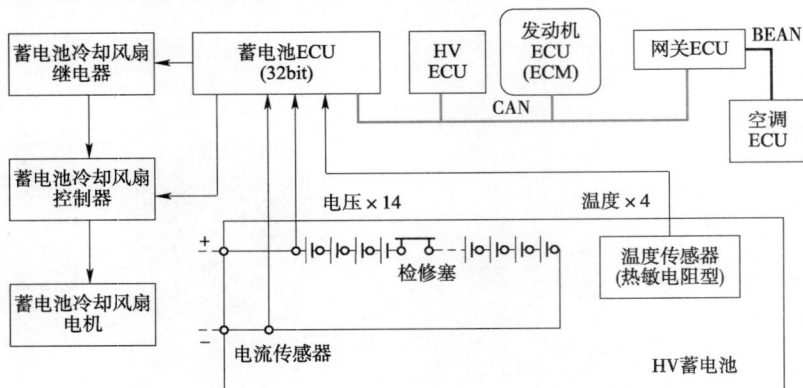

图 5-15　混合动力汽车电池控制系统

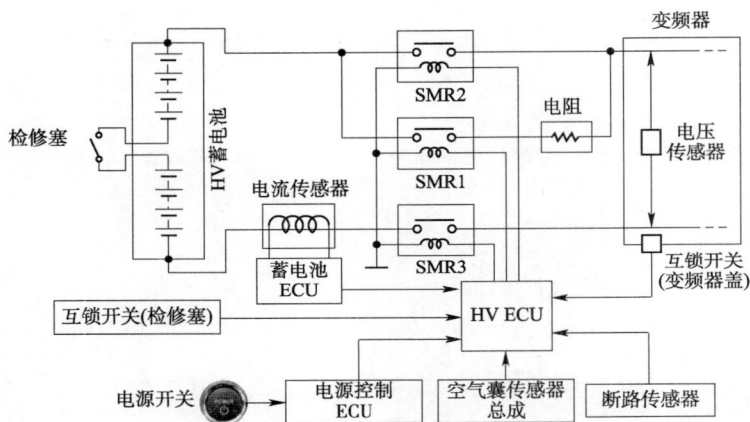

图 5-16　混合动力汽车电池系统

3. 混合动力汽车电池系统故障分析

混合动力汽车电池系统故障现象主要是动力电池的输出被切断,故障分析从高压线束故障和控制电路故障两个方面进行。以丰田卡罗拉混合动力汽车为例,全车高压线束和高压连接器采用橙色进行标记,全车高压线束如图 5-17 所示。

智能诊断仪主要的 DTC 如表 5-4 所示,基本诊断步骤如下。

混合动力汽车电池系统 DTC　　　　　　　　　　　　　　表 5-4

DTC	检 查 项 目
P0A0A13	高压系统互锁断路
P0A9B1C	动力电池温度传感器电压超出范围
P0B231C	动力电池电压传感器电压超出范围
P1AC000	动力电池电压过低
P30004B	动力电池控制系统过热
P300016	动力电池控制系统电压低于阈值

续上表

DTC	检 查 项 目
P1C7D49	动力电池绝缘低于阈值
P0AD915	动力电池正极继电器断路
P0ADD15	动力电池负极继电器断路
P0AE415	动力电池预充继电器断路

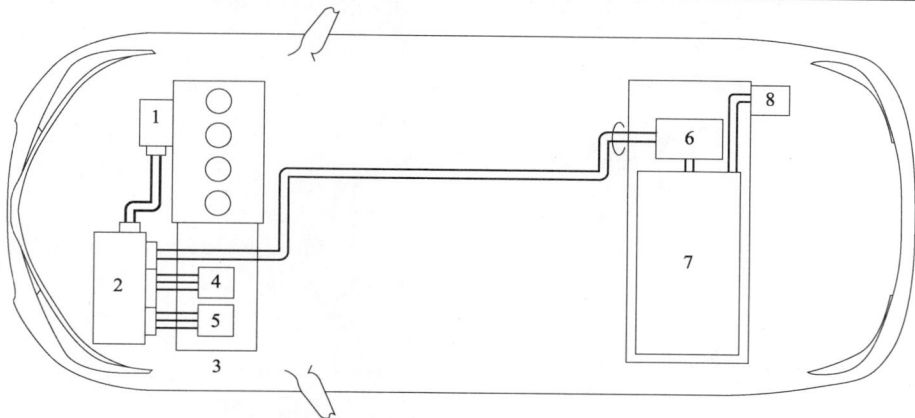

图 5-17 混合动力汽车高压线束

1-带电动机的压缩机总成;2-带转换器的逆变器总成;3-混合动力车辆传动桥总成;4-MG1;5-MG2;6-混合动力蓄电池接线盒总成;7-HV 蓄电池总成;8-维修塞把手

（1）车辆送入修理车间。

（2）检查辅助蓄电池电压。

（3）检查 DTC 和定格数据。

（4）故障症状确认。

（5）症状模拟,检查 CAN 通信系统。

（6）检查 CAN 通信系统。

（7）检查 DTC。

（8）查看故障症状表。

（9）总体分析和故障排除。

（10）进行维修或更换。

（11）确认测试,维修结束。

技能实训

(一)混合动力汽车高压断电操作

1.准备工作

（1）场地设施:举升机一台、绝缘垫,具有废气抽排系统和消防设施的场地。

（2）设备设施：丰田卡罗拉混合动力汽车一台。

（3）工具：高压防护装备一套、绝缘工具一套、车轮挡块、车辆防护套件一套。

2.实训过程

混合动力汽车与传统的汽车不同，使用电机和发动机来提供驱动力。混合动力汽车的维修和维护的程序和传统的车辆也不同。为了使得身体受到伤害或电击的风险最小，在对混合动力汽车进行维护和检修的时候需要将高压系统断开。丰田卡罗拉混合动力汽车采用的是镍氢电池。6 个额定电压为 1.2V 的镍氢电池单元串联组成一个 7.2V 的电池模块，28 组电池模块串联构成动力电池组，总电压为 201.6V。混合动力汽车内有超过 300V 的电器零件和电路，如果采用不适当的方法或在工作中疏忽对待，可能会造成严重电击。

图 5-18　检查绝缘手套

以丰田卡罗拉混合动力汽车为例介绍高压断电过程。

1）检查绝缘手套（图 5-18）

在戴绝缘手套前面，要确认手套是干燥的，无潮湿、无损坏和大小适宜。

2）在车顶放置警告标志（图 5-19）

在对高压系统进行作业时，需要告知其他人员。可以通过放置标志，设置隔离区域的方法，比如在车顶上放置警告标志。

3）换到 P 挡位（图 5-20）

首先，踩下制动踏板，按下 P 挡按键，如果没办法却换到 P 挡，使用驻车挡块防止车辆移动。

图 5-19　放置警告标志

图 5-20　换到 P 挡

4）拔下车钥匙

将车钥匙从钥匙槽内拔下，将车钥匙放入口袋。

5）断开辅助电池的负极端子（图 5-21）

打开行李舱，寻找 12V 辅助电池，移开乘客侧装饰，断开电池的负极，固定搭铁线，以防止负极端子移动回电池负极。

6）拆下维修开关（图 5-22）

（1）在高压电池上找到维修开关位置，拆下 HV 蓄电池维修开关。当处理橙色高压组件和线路时,确保戴着绝缘橡胶手套,将拆下的维修插销放在口袋中以防止其他人将它安装回车上去,并将裸露的维修开关槽用绝缘胶布封住。

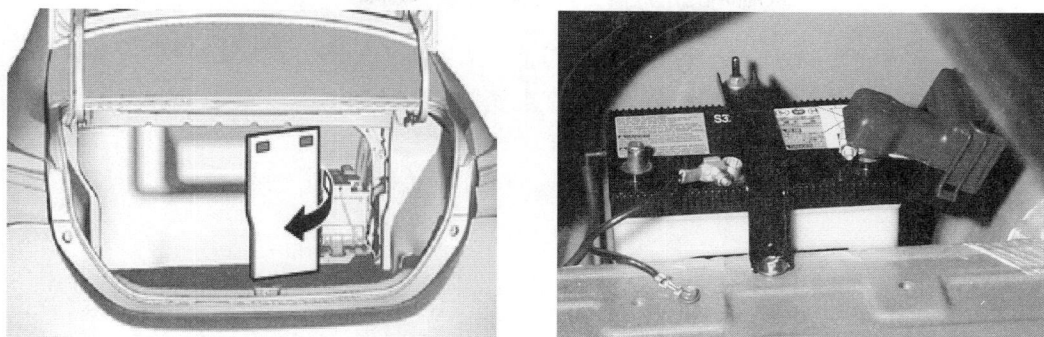

图 5-21　断开辅助电池负极端子

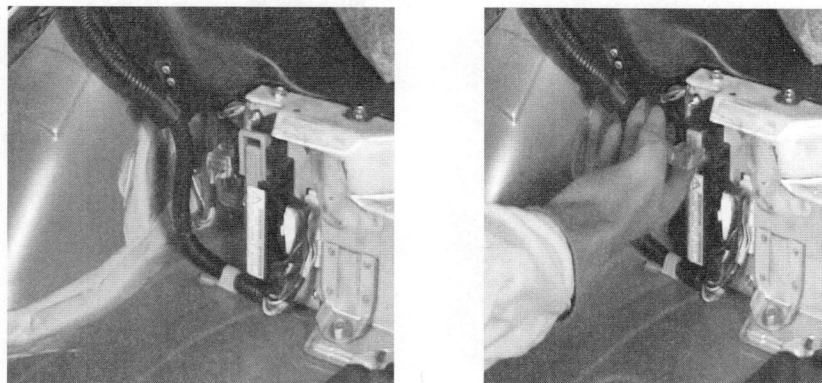

图 5-22　拆下维修开关

（2）当出现意外事故或类似情况,HV 蓄电池的维修开关无法取下,可以通过取下装在发动机舱内的 HV 蓄电池熔断丝取下,达到断开高压线路的目的。

7）等待 5min

维修开关被拆下后,必须要等待 5min,使得高压器件如变频器中的电容器放电,才可进行作业,等待5min后高压断电过程完成。

(二)智能诊断仪在混合动力汽车电池系统上的应用

1.准备工作

(1)场地设施:举升机一台、绝缘垫,具有废气抽排系统和消防设施的场地。

(2)设备设施:丰田卡罗拉混合动力汽车一台。

(3)工具:高压防护装备一套、绝缘工具一套、车轮挡块、车辆防护套件一套、智能诊断仪。

2.实训过程

(1)安装车内及车外车辆防护套件(图5-23)。

(2)打开驾驶侧车门,确认驻车制动。

(3)安装诊断接头。

(4)按下起动开关,使车辆处于READY状态(图5-24)。

图5-23 安装车内及车外车辆防护套件

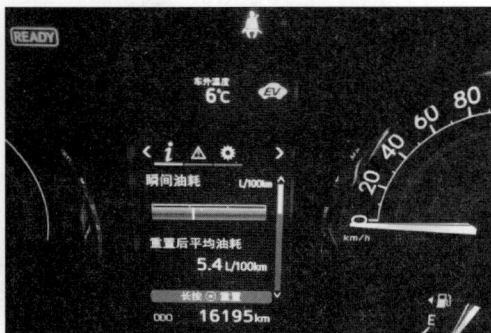

图5-24 按下起动开关

(5)打开智能诊断仪,进入电池系统(图5-25)。

(6)读取并记录DTC(图5-26)。

(7)读取并记录电池数据流(图5-27)。

图5-25 打开智能诊断仪

图5-26 读取并记录DTC

图5-27 读取并记录电池数据流

（8）关闭发动机起动开关，拔出车钥匙。

（9）收起车内及车外车辆防护套件。

（三）混合动力汽车电池系统绝缘电阻测试

1. 准备工作

（1）场地设施：举升机一台、绝缘垫，具有废气抽排系统和消防设施的场地。

（2）设备设施：丰田卡罗拉混合动力汽车一台。

（3）工具：高压防护装备一套、绝缘工具一套、车轮挡块、车辆防护套件一套、智能诊断仪、绝缘电阻测试兆欧表。

2. 实训过程

（1）安装车内及车外车辆防护套件（图5-28）。

（2）打开驾驶侧车门，确认驻车制动。

（3）安装诊断接头。

（4）按下发动机起动开关，使车辆处于 READY 状态。

（5）打开智能诊断仪，进入电池系统（图5-29）。

（6）读取并记录 DTC。

（7）完成高压断电。

图5-28　安装车辆防护套件

参考（一）混合动力汽车高压断电操作。

（8）拆卸电池右侧盖（注意佩戴绝缘手套）。

用维修塞拆下电池盖锁扣，从电池上拆下 5 个螺母和电池右侧盖（图5-30）。

图5-29　电池系统

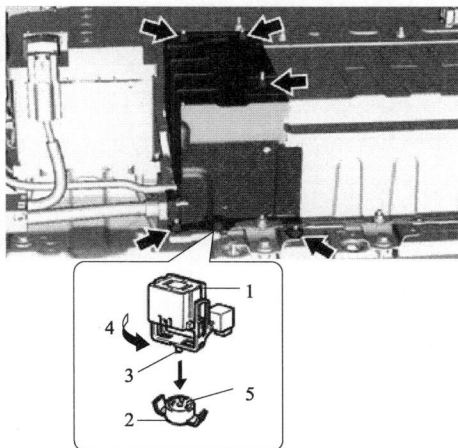

图5-30　拆卸电池右侧盖

1-维修塞把手；2-蓄电池盖锁扣；3-凸出部分；4-转动；5-按钮

（9）断开电池接线盒总成连接线束（注意佩戴绝缘手套）（图5-31）。

（10）始终保持使用绝缘胶布隔离高压系统的接线端和连接器（图5-32）。

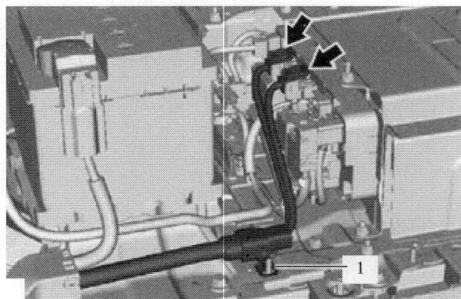

图 5-31 断开电池接线盒总成连接线束
1-屏蔽搭铁

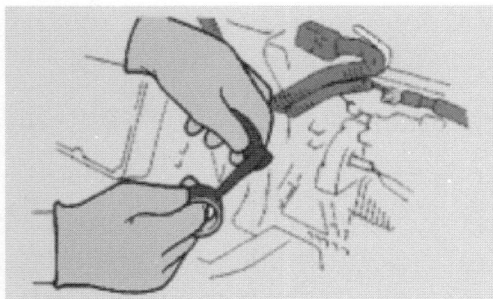

图 5-32 用绝缘胶布隔离高压系统接线端和连接器

（11）检查电池高压线束上是否有电弧痕迹。

如果有电弧痕迹，更换故障零件。

（12）检查电池高压线束绝缘性（注意佩戴绝缘手套）。

根据表 5-5 进行测量。

测 量 内 容   表 5-5

兆欧表连接	开 关 状 态	规 定 状 态
电池正极—车身搭铁和屏蔽搭铁	电源开关 OFF	100MΩ 或更大
电池负极—车身搭铁和屏蔽搭铁	电源开关 OFF	100MΩ 或更大

图 5-33 测量绝缘电阻

绝缘电阻测量时兆欧表选择 1000V 量程，开始测试后待显示数值稳定后读取，测试时间建议 30～60s，测量部件绝缘电阻时，须将表笔或夹头牢固接触测试点（图 5-33）。

（13）安装电池的高压线束和右侧盖。

（14）安装维修开关，安装辅助电池的负极端子，恢复电池供电。

（15）收起车内及车外车辆防护套件。

（四）混合动力汽车电池系统无法输出电压故障诊断

1. 准备工作

（1）场地设施：举升机一台、绝缘垫，具有废气抽排系统和消防设施的场地。

（2）设备设施：丰田卡罗拉混合动力汽车一台。

（3）工具：高压防护装备一套、绝缘工具一套、车轮挡块、车辆防护套件一套、智能诊断仪、万用表。

2. 实训过程

（1）读取并记录 DTC。

显示电池无输出，数据显示电池电压为 0V。

（2）完成高压断电。

参考(一)混合动力汽车高压断电操作。

(3)拆除电池继电器总成。

电池继电器共有 3 个,SMRB 位于电池正极,SMRG 位于电池负极,SMRP 用于对电池预充电进行控制(图 5-34)。

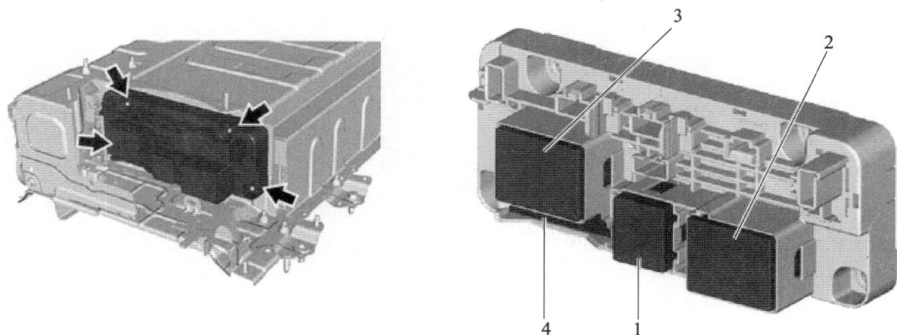

图 5-34　拆除电池继电器总成

1-SMRP;2-SMRB;3-SMRG;4-预充电电阻器

(4)检查继电器 SMRB(图 5-35)。

L50 插件 1(SMRB)和 3(GND)之间测量阻值范围为 20.6 ~ 40.8Ω,如果测试结果不在规定范围,应该更换电池继电器总成。

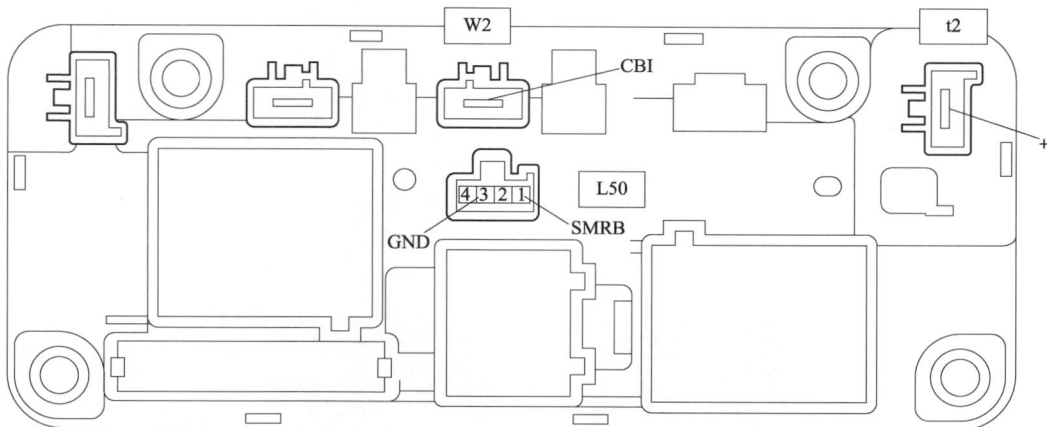

图 5-35　检查继电器 SMRB

(5)检查继电器 SMRG(图 5-36)。

L50 插件 4(SMRG)和 3(GND)之间测量阻值范围为 20.6 ~ 40.8Ω,如果测试结果不在规定范围,应该更换电池继电器总成。

(6)检查继电器 SMRP(图 5-37)。

L50 插件 2(SMRP)和 3(GND)之间测量阻值范围为 140 ~ 290Ω,如果测试结果不在规定范围,应该更换电池继电器总成。

(7)更换电池继电器总成(图 5-38)。

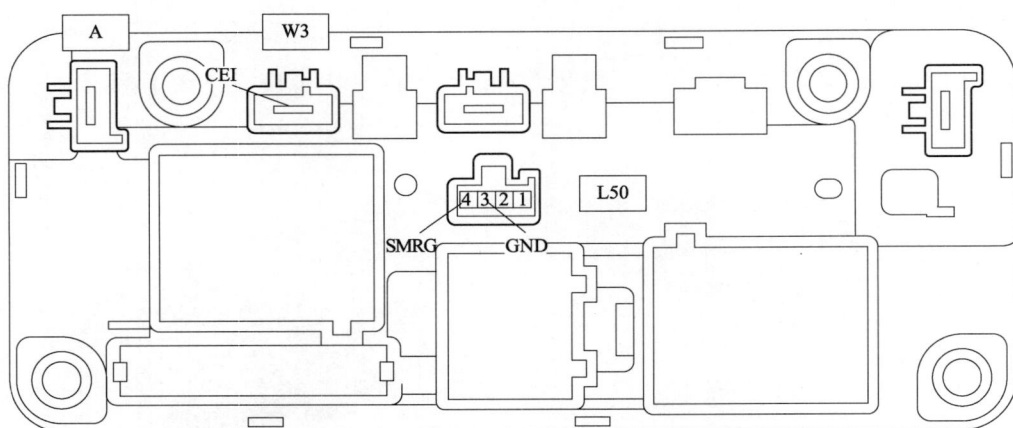

图 5-36　检查继电器 SMRG

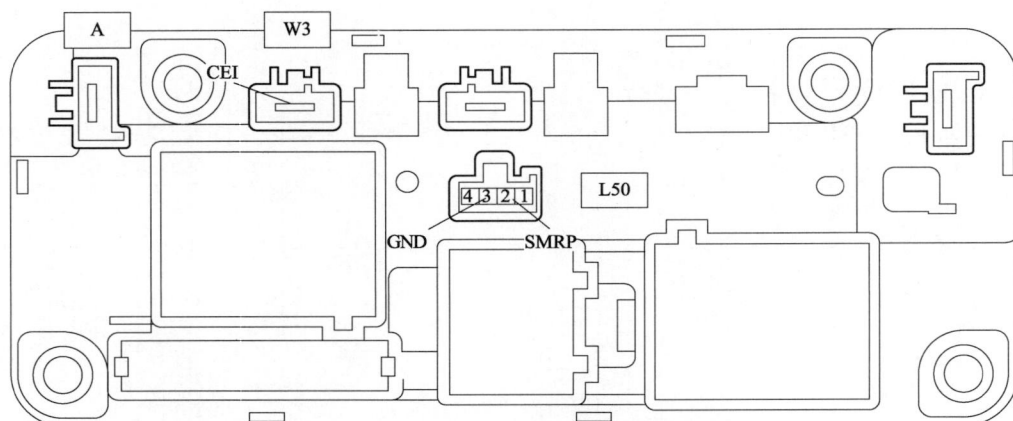

图 5-37　检查继电器 SMRP

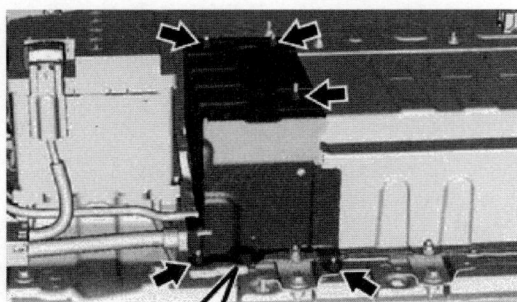

图 5-38　更换电池继电器总成

（8）恢复电池供电。

（9）收起车内及车外车辆防护套件。

模块小结

（1）混合动力汽车储能装置可以分为二次电池、超级电容和飞轮电池三类。目前，混合动力汽车上常用的储能装置为二次电池也称为动力电池。

（2）目前，混合动力汽车上最常见的动力电池有铅酸蓄电池、镍氢电池和锂离子电池三类。

（3）与镍氢电池、锂离子电池相比，铅酸电池存在许多不足，最为突出的是比能量低、循环寿命短。另外，由于在制造和使用过程中产生污染，铅酸电池在混合动力汽车中已经较少使用。

（4）与铅酸电池相比，镍氢电池具有容量大、结构坚固、充放电循环次数多的特点，但价格高一些；镍氢电池是密封免维护电池，不含 Pb、Cr、Hg 等有毒物质，正常使用过程中也不会产生任何有害物质；镍氢电池具有较好的低温放电特性，自放电率很小，在常温下，镍氢电池充足电后，放置 28 天，电池容量能保持在标称容量的 75% ～85%，可深度放电，价格便宜且普及。但镍氢电池有记忆效应、能量密度低、充电速率较慢等特点。

（5）锂离子电池工作电压高、能量密度大、比功率高、质量小、体积小、循环寿命长、自放电率低、无记忆效应、绿色环保等优点而广受关注并迅速发展起来，成为新一代动力电池。

（6）混合动力汽车动力电池组由数百节单体电池通过串并联方式组合而成，总电压高达几百伏，充放电电流达几百安，成本昂贵，设法提高动力电池的使用安全性和循环充放电寿命具有重要价值。此外，电池在充放电过程中的电压、电流和温度要保持在合理范围之内，并避免过充和过放，这对于保证电池的安全和寿命十分重要。一旦电池出现一定程度的过充或过放等不合理操作，将会对电池的使用寿命带来严重影响，极易引发安全隐患。混合动力汽车电池管理系统（BMS）作为混合动力汽车核心组成部分之一，不仅担负着保持电池安全平稳运行的职责，还需要避免电池的过充过放以延长电池使用寿命，其重要性日益彰显。

（7）混合动力汽车内有超过 300V 的电器零件和电路，如果采用不适当方法或在工作中疏忽对待，可能会造成严重电击。动力电池电解液为高碱性的氢氧化钾。当处理被损坏车辆时，有电击或暴露在高碱性化学物质中的可能性。所以，需要准备好防护装备。

思考与练习

（一）填空题

1. 混合动力汽车储能装置可以分为_____、_____和_____三类。

2. 目前混合动力汽车上最常见的动力电池有_____、_____和_____三类。

3. _____、_____和_____三元复合材料作为锂离子电池正极材料，称为三元锂离子电池。

4. 根据电池管理系统拓扑结构的差异，可分为_____和_____电池管理系统。

5. 混合动力汽车电池管理系统主要包括_____、_____和_____组成。

（二）判断题

1. 镍氢电池有记忆效应。 （　　）
2. 锂离子电池有记忆效应。 （　　）
3. 电池所有的容量在 2h 放电完毕，称为 2C 放电速率。 （　　）
4. 磷酸铁锂离子电池低温时放电性能不好。 （　　）
5. 混合动力汽车维修过程中需要使用绝缘工具。 （　　）

（三）简答题

1. 镍氢电池和锂离子电池的工作原理是什么？
2. 磷酸铁锂离子电池和三元锂离子电池的区别是什么？
3. 混合动力汽车为什么需要电池管理系统？
4. 混合动力汽车电池维修时需要哪些防护装备？
5. 简述混合动力汽车电池维修时高压断电的流程。

模块六 混合动力汽车车载网络系统

一、混合动力汽车车载网络系统概述

(一)车载网络系统

随着车用电器越来越多,从发动机控制到传动系统控制,从行驶、制动、转向系统控制到安全保障系统及仪表报警系统控制,使汽车电气系统形成了一个复杂的系统,并且都集中在驾驶室控制,汽车新技术的发展应用与汽车线束急剧增加的矛盾越来越突出。为解决以上问题,车载网络(也称总线系统)应运而生,且使得汽车电控系统发生了巨大的变化。

1.汽车总线传输方式

传统汽车上采用的是并行数据传输方式,有几个信号就要有几条信号传输线。现代汽车采用传输总线后,只需要 1 根或 2 根传输线即可,如图 6-1 所示。所以总线传输也称为多路传输,即一个信息通道同时传输多路信号。

数据传输总线是指在一条数据线上传递的信号可被多个系统共享,从而最大限度地提高系统的整体效率,充分利用有限的资源。例如,电脑键盘有 104 个按键,可以发出一百多个不同的指令,但键盘与主机之间的数据连接线却只有 7 根,键盘正是依靠这 7 根数据线上不同的数字电压信号组合(编码信号)来传递按键信息的。同样,将这种方式应用在汽车电气系统上,就大大简化了汽车电路。在一条总线上,使用不同的编码信号来表示不同的开关动作,信号解码后,根据指令接通或断开对应的用电设备。这样,就能将过去一线一用的专线制改为一线多用制,从而大大减少汽车上电线的数目,缩小线束的直径,同时加速汽车智能化的发展。

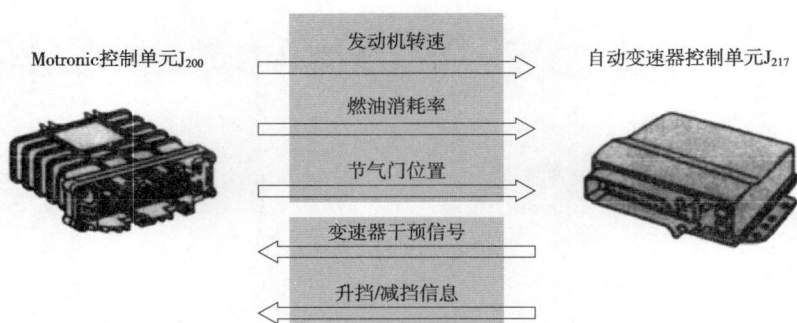

Motronic控制单元J₂₀₀　　发动机转速　　自动变速器控制单元J₂₁₇

燃油消耗率

节气门位置

变速器干预信号

升挡/减挡信息

图 6-1　传输总线的信息传输方式

2.车载网络的类型

目前,常见的车载网络类型如表 6-1 所示。现代汽车中,车身和舒适性控制模块作为一种典型应用,都连接到 CAN 总线上,并借助于 LIN 总线进行外围设备控制。而汽车高速控制系统,通常会与高速 CAN 总线连接在一起。远程信息处理和多媒体连接需要高速互连,视频传输又需要同步数据流格式,这些都可由 DDB(Domestic Digital Bus)或 MOST(Media Oriented System Transport)协议来实现。无线通信则通过 Bluetooth 技术加以实现。

主要车载网络基本情况　　　　　　　表 6-1

车载网络的名称	概　　要	通信速度(b/s)
CAN(Controller Area Network)	车身/动力传动系统控制用 LAN 协议,可能成为世界标准	1M
LIN(Local Interconnect Network)	车身系统控制用 LAN 协议,低端子系统专用	20k
Byteflight	按用途分类的控制用 LAN 协议,通过时分多路复用,由 BMW 联合 Motorola 等公司开发,应用在安全气囊系统,采用塑料光纤	10M
FlexRay	按用途分类的控制用 LAN 协议,能够兼容多种网络拓扑,容错能力更强	5M
DDB(Domestic Digital Bus)/Optical	音频系统通信协议,将 D2B 作为音频系统总线采用光通信,飞利浦主导开发	5.6M
MOST(Media Oriented System Transport)	信息系统通信协议,以欧洲为中心	22.5M

至今仍没有一个通信网络可以完全满足未来汽车对成本和性能的所有要求。因此,汽车制造商和 OEM(Original Equipment Manufacture)商仍将继续采用多种协议(包括 LIN、CAN和 MOST 等),以实现未来汽车上的联网信息传递。

3.CAN 总线

CAN 总线技术,全称为控制器局域网总线技术(Controller Area Network)。CAN 总线采用了双绞线结构,如图 6-2 所示,这样既可以防止电磁干扰对传输信息的影响,也可以防止本身对外界的干扰,具有良好的电磁兼容性,如图 6-3 所示。系统中采用高、低电平两根数据线,从而控制器输出的信号可同时向两根通信线发送,高低电平互为镜像。

目前,汽车上的 CAN 总线连接方式主要有两种,一种是用于驱动系统的高速 CAN 总线,速率可达到500kb/s,另一种是用于车身系统的低速CAN总线,速率为100kb/s。对于中高级轿车及一些娱乐系统或智能通信系统的总线,它们的传输速率更高,可超过1Mb/s。

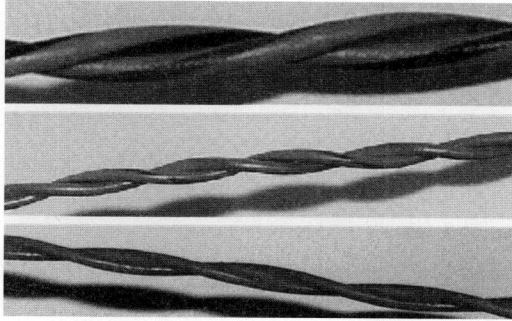

图6-2 CAN双绞线

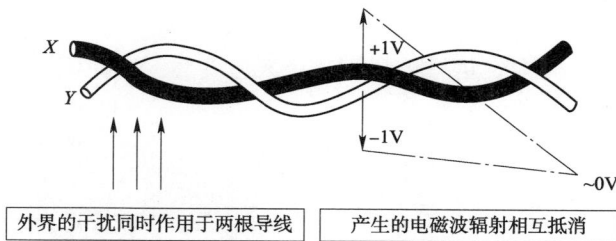

外界的干扰同时作用于两根导线 产生的电磁波辐射相互抵消

图6-3 CAN总线具有良好的电磁兼容性

高速CAN总线主要连接发动机控制单元、ABS控制单元、安全气囊控制单元、组合仪表等与汽车行驶直接相关的系统。这些系统由于信息传递量较大而且对于信息传递的速度有很高的要求,需要高速CAN总线来满足其信息传递的需要。在隐性状态,CAN-High和CAN-Low这两条导线上作用有相同的预先设定值,这个值大约为2.5V。在显性状态时,CAN-High升高到3.6V,CAN-Low降低到1.4V,如图6-4所示。

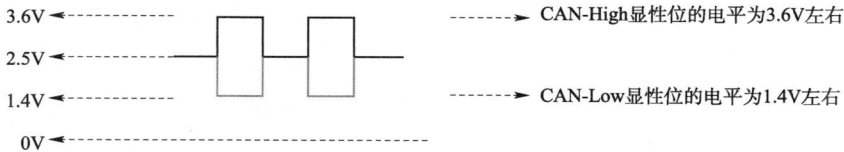

图6-4 高速CAN总线上的信号电压变化

车身系统的低速CAN总线,主要连接中控锁、电动门窗、后视镜、车内照明灯等对数据传输速率要求不高的车身舒适系统上。在隐性状态时,CAN-High信号为0V;在显性状态时,CAN-High信号4V。对于CAN-Low信号来说,隐性电平为5V,显性电平小于等于1V,如图6-5所示。

图6-5 低速CAN总线上的信号电压变化

4. LIN 总线

LIN 是 Local Interconnect Network 的缩写。Local Interconnect(局域互联)表示所有的控制单元都装在一个有限的空间内(如车顶),所以它也被称为"局域子系统"。LIN 总线的特点有:低成本、串行通信、主从结构、单线 12V 等,主要用于智能传感器和执行器的串行通信。

LIN 的目标是为现有汽车网络(例如 CAN 总线)提供辅助功能,因此 LIN 总线是一种辅助的总线网络。在不需要 CAN 总线的带宽和多功能的场合,比如智能传感器和制动装置之间的通信,使用 LIN 总线可大大节省成本。

典型的 LIN 总线应用是汽车中的联合装配单元,如门、转向盘、座椅、空调照明灯、湿度传感器、交流发电机等。对于这些成本比较敏感的单元,LIN 广泛地使用了一些机械元件,如智能传感器制动器或光敏器件。这些元件可以很容易地连接到汽车网络中,且维护方便。

LIN 总线的电平信号规定如下:

(1)隐性电平。如果无信息发送到 LIN 数据总线上,或者发送到 LIN 数据总线上的是一个隐性信号,那么数据总线导线上的电压就是蓄电池电压。

(2)显性电平。为了将显性信号传到 LIN 数据总线上,发送控制单元内的收发报机将数据总线导线搭铁,如图 6-6 所示。

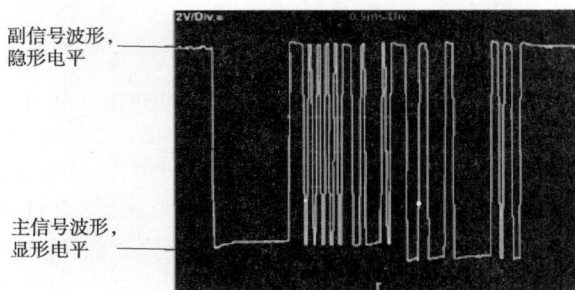

图 6-6　LIN 总线上的信号电平

5. MOST 总线

光纤数据总线系统被称为 MOST 总线(Media Oriented System Transport)。MOST 是一种用于多媒体数据传送的网络系统,提供信息及娱乐多媒体服务,传输速率可达到 21.2 Mb/s。近几年该技术迅速普及,实现实时传输声音、视频,以满足高端汽车娱乐装置的需求,可以用在车载摄像头等行车系统。MOST 总线采用光纤网络,不会受到电磁辐射干扰与搭铁环的影响。

MOST 总线采用环形网络结构,如图 6-7 所示,各控制单元之间通过一个环形数据总线连接,该总线只向一个方向传输数据,这意味着一个控制单元总是拥有 2 根光纤,一根用于发射机,另一根用于接收机。

(二)混合动力汽车车载网络

一般来讲,传统车辆所有主总线系统和子总线系统均应用于混合动力汽车。到目前为止,混合动力汽车是最为复杂的车型,它具有两套动力系统,增加了许多控制器和新装置,如混合动力控制系统、动力电机、动力电池、逆变器等,这要求混合动力汽车总线系统功能更强,也要增加一些新的总线系统。

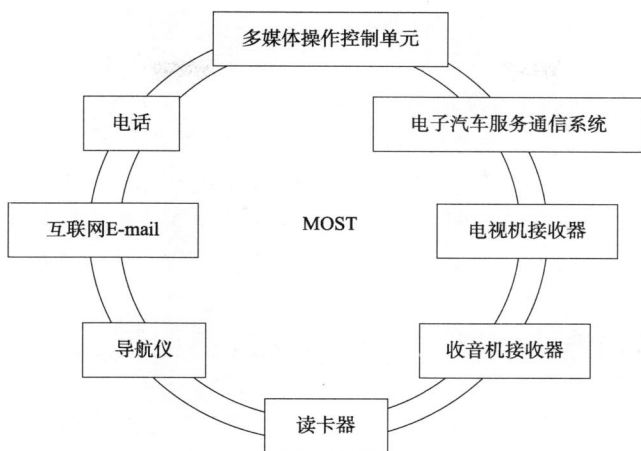

图 6-7 MOST 总线的环形网络结构

丰田卡罗拉混合动力汽车总线,如图 6-8 所示。该总线系统由 V 总线、总线 1、总线 2、总线 3 组成,不同总线之间通过中央网关(Gateway)进行信息交换,通过网关还能够从 V 总线上读取其余总线上的故障信息。

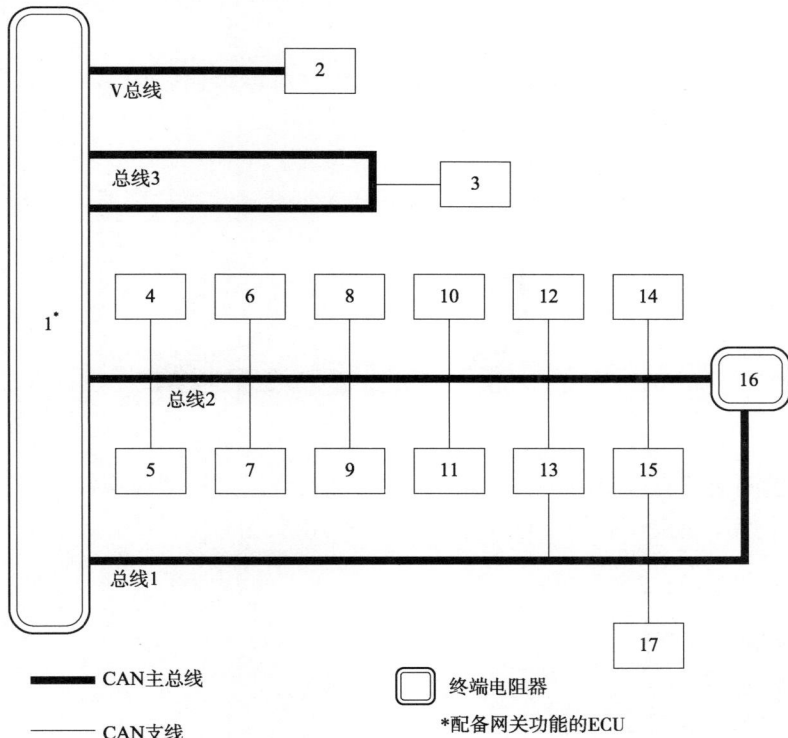

图 6-8 混合动力汽车总线概览

1-中央网关 ECU;2-DLC3 数据链路连接器(V 总线);3-导航(总线 3);4-后视镜总成(总线 2);5-智能钥匙 ECU(总线 2);6-动力转向 ECU(总线 2);7-间隙警告 ECU(总线 2);8-车身 ECU(总线 2);9-安全气囊 ECU(总线 2);10-空调总成(总线 2);11-转向传感器(总线 2);12-组合仪表(总线 2);13-防滑控制 ECU(总线 1 和总线 2);14-胎压警告 ECU(总线 2);15-混合动力车辆控制 ECU(总线 1 和总线 2);16-发动机控制 ECU(总线 1 和总线 2);17-逆变器总成(总线 1)

所谓 CAN 主总线是指两个终端电阻之间的线束,这是 CAN 通信系统的主干线路。所谓 CAN 支线是指从主总线分支到 ECU 或者传感器的线束。两个终端电阻均为120Ω,并联在主总线两端,这些电阻可精确判定 CAN 总线之间的电压差变化,为 CAN 正常通信提供保障。

与混合动力相关的控制器,包括混合动力车辆控制模块和逆变器总成等。其中,混合动力车辆控制模块通过 CAN 支线同时连接在总线 1 和总线 2 上,负责统一管理和分配全车动力。逆变器总成通过 CAN 支线连接在总线 1 上,负责控制直流电向交流电的逆变过程。

二、混合动力汽车车载网络总线系统的检修

与普通总线系统相比,混合动力汽车有低压电、高压电,总线传递的数据大量增加,干扰源更多,总线的故障检修难度也有所增加。

(一)混合动力汽车车载网络总线系统的检修注意事项

(1)正确的诊断顺序对于排除故障十分重要,要确保诊断的顺序科学合理。

(2)在维修某些控制单元时,如安全气囊 SRS 单元,要严格按照正确的操作顺序,防止其意外展开。

(3)在对总线进行焊接维修后,要用电工胶带缠绕维修部位,且 CAN-High 与 CAN-Low 两根线必须始终绞合起来,确保将其扭绞在一起,否则易受到电磁干扰。连接器周围的绞合线束要留出约80mm 的松弛部分,不要改变线束的长度。

(4)维修 CAN 总线时,不得在连接器之间使用旁通线来代替故障线束,如图 6-9 所示。

图 6-9　两个连接器之间不得使用旁通线

(5)使用检测仪检查电阻时,从连接器背面(线束侧)插入检测仪探针,如图 6-10 所示。

(6)如果不能从连接器后侧检查导通性,则可使用外接线检查连接器,如图 6-11 所示。

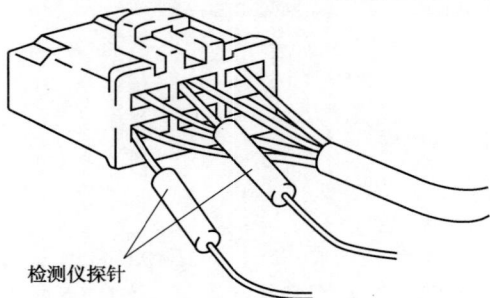

图 6-10　检查电阻

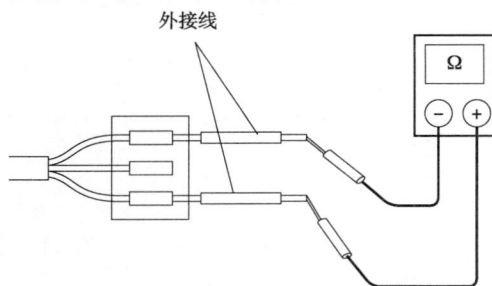

图 6-11　使用外接线检查连接器

（7）如果检查或更换从车辆上拆下的 CAN 接线连接器，要确保用胶带和卡夹将 CAN 连接器及所有线束安装到其原位置。

（8）使用其他车辆上使用过的网关 ECU 作为替换零件时，需要初始化此 ECU 中存储的连接信息，否则将出现故障代码。在初始化网关 ECU 的连接信息时，首先将智能诊断仪连接到数据链连接器，然后将电源开关置于 ON 位置，然后打开智能诊断仪，进行初始化操作。

（9）测量 CAN 总线电阻之前，将电源开关置于 OFF 位置，并在完全不操作车辆的情况下将车辆静置 1min 以上。随后，断开辅助蓄电池的负极端子，将车辆再静置 1min 以上，方可测量电阻。

（二）混合动力汽车车载网络总线系统的检修项目

在车载网络总线系统的检修中，主要涉及以下检修项目：

（1）汽车电源系统的检修，包括发电机和蓄电池等。

（2）中央网关 ECU 的检修。

（3）车载网络所连接的各个控制单元的检修。

（4）车载网络所连接的各个传感器的检修。

（5）车载网络传输链路的检修。包括：总线电阻的检测、总线的断路、总线对蓄电池正极短路，总线对车身搭铁的短路等。

下面以中央网关 ECU 的检修和总线电阻的检测为例进行具体说明。所需设备设施：丰田卡罗拉混合动力汽车一台，所需工具资料：常用工具（一套）、智能诊断仪 GTS 一台等。

1. 检修中央网关 ECU

（1）将智能诊断仪 GTS 连接到数据链路连接器 DLC3，点火开关置于 ON 位置（不起动发动机），打开诊断仪 GTS。

（2）选择以下菜单项：

Body Electrical > Central Gateway > Trouble Codes。

（3）点击执行后，等待 30s，读取诊断仪上的检测结果，可能的检查结果和相应处理措施如表 6-2 所示。

检查结果与相应处理

表 6-2

显 示 结 果	相 应 处 理
Central Gateway	中央网关 ECU 无异常
Central Gateway B1003	中央网关 ECU 内部异常，需更换

（4）检查结果显示，ECU 内部异常，须更换。拆解中央网关 ECU 之前，为防止零部件损坏，先碰触车身以消除静电。

（5）将电源开关置于 OFF，等待 1min 后断开辅助蓄电池负极端子。

（6）拆卸杂物箱盖总成：分离卡爪以断开杂物箱盖挡块分总成，如图 6-12a）所示，按照图中箭头所示方向，轻推挡块 A 和 B，并向下拉杂物箱盖总成直到挡块分离。

将杂物箱盖总成从闭合位置打开约 53°，按照图 6-12b）箭头所示方向，水平将其拉出以分离两条铰链并拆下杂物箱盖总成。

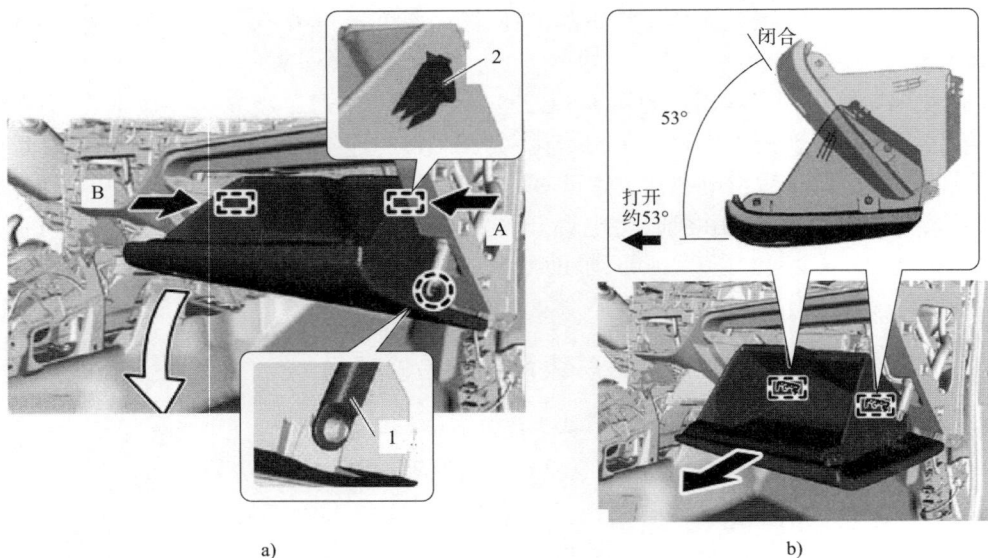

图 6-12　拆卸杂物箱盖
1-杂物箱盖挡块分总成;2-挡块

（7）拆卸中央网关 ECU：断开中央网关 ECU 连接器,拆下螺母和中央网关 ECU,如图 6-13所示。

（8）更换上新的中央网关 ECU。

2. 检测总线2 主总线的电阻。

（1）将汽车电源开关置于 OFF,并在车辆不进行任何操作的情况下静置1min 以上。

（2）断开辅助蓄电池负极端子电缆,并使车辆再静置1min 以上。

（3）查找电路图,找到中央网关 ECU 连接器 E43 上的总线2 主线的两个端子,即 CA4H 连接在 E43-18,CA4L 连接在 E43-17。

（4）测量总线2 主线的电阻,如图 6-14 所示,正常值为 54～69Ω。若高于该值,应检查总线2 主线是否断路,若低于该值,应检查总线2 线路是否短路。

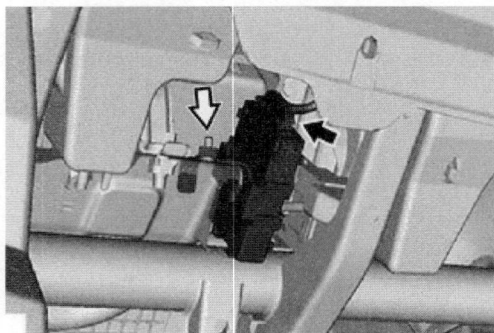

图 6-13　拆卸中央网关 ECU

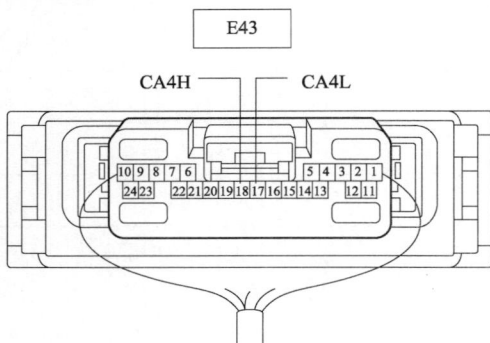

图 6-14　测量总线2 主线的电阻

（三）混合动力汽车车载网络总线系统的检修步骤

首先,检查汽车电源系统是否存在故障。例如,检查蓄电池电压、各接头连接情况、相关熔断丝、发动机与车身的搭铁情况等;检查交流发电机的输出波形是否正常(若不正常将导致信号干扰故障)等。

其次,检查车载网络的链路是否存在故障。可采用替换法或跨接线法检测。

最后,检查车载网络的控制单元是否存在故障。通常采用替换法检测。

此外,还可以使用智能诊断仪对总线故障检测,以丰田卡罗拉混合动力汽车为例。

(1)根据客户描述,进行故障分析。

(2)连接智能诊断仪,检查车载网络工作情况。检查结果与相应处理,见表6-3。

检查结果与相应处理　　　　　　　　　　　　　　　　表6-3

结　　果	相　应　处　理
诊断仪与本车之间通信正常	检查故障码(中央网关 ECU)
诊断仪与本车之间不能通信,但与其他车可正常通信	检查 V 总线主线
诊断仪与本车及其他车之间均不能通信	查阅智能诊断仪操作手册

(3)检查故障码(中央网关 ECU)。检查结果与相应处理,见表6-4。

检查结果与相应处理　　　　　　　　　　　　　　　　表6-4

结　　果	相　应　处　理
中央网关 ECU 未输出故障码 B1003	检查故障码
中央网关 ECU 输出故障码 B1003	更换中央网关 ECU

(4)检查故障码。使用智能诊断仪进行 Health Check 检查,读取当前和历史故障码,并做记录。

(5)检查通信故障。通过诊断仪检查连接状态,记录 ECU 和传感器存储的所有故障码。

(6)检查 CAN 总线。观察诊断仪屏幕 2min,之后根据提示检查显示的 ECU 和传感器。

(7)检查总线 2 主线。断开蓄电池负极,测量端子 CA4H—CA4L 之间的电阻,规定阻值为 $54 \sim 69\Omega$。检查结果与相应处理,见表6-5。

检查结果与相应处理　　　　　　　　　　　　　　　　表6-5

结　　果	相　应　处　理
正常	检查总线 2 是否对搭铁短路
异常,大于 70Ω	检查总线 2 主总线是否断路
异常,小于 70Ω	检查总线 2 线路是否短路

(8)检查总线 2 是否对搭铁短路。断开蓄电池负极,测量两对端子 CA4H—GND、CA4L—GND 之间的电阻,规定阻值为 200Ω 以上。检查结果与相应处理,见表6-6。

检查结果与相应处理　　　　　　　　　　　　　　　　表6-6

结　　果	相　应　处　理
正常	检查总线 2 是否对蓄电池正极短路
异常	检查总线 2 线路是否对搭铁短路

(9)检查总线 2 是否对蓄电池正极短路。断开蓄电池负极,测量两对端子 CA4H—蓄电池正极、CA4L—蓄电池正极之间的电阻,规定阻值为 $6k\Omega$ 以上。检查结果与相应处理,见表6-7。

检查结果与相应处理   表 6-7

结　　果	相　应　处　理
正常	检查总线 3 主线
异常	检查总线 2 线路是否对蓄电池正极短路

（10）检查总线 3 主线。断开蓄电池负极，测量端子 CA3H—CA3L 之间的电阻，规定阻值为 54～69Ω。检查结果与相应处理，见表 6-8。

检查结果与相应处理   表 6-8

结　　果	相　应　处　理
正常	检查总线 3 是否对搭铁短路
异常，大于 70Ω	检查总线 3 主总线是否断路
异常，小于 70Ω	检查总线 3 线路是否短路

（11）检查总线 3 是否对搭铁短路。断开蓄电池负极，测量两对端子 CA3H—GND、CA3L—GND 之间的电阻，规定阻值为 200Ω 以上。检查结果与相应处理，见表 6-9。

检查结果与相应处理   表 6-9

结　　果	相　应　处　理
正常	检查总线 3 是否对蓄电池正极短路
异常	检查总线 3 线路是否对搭铁短路

（12）检查总线 3 是否对蓄电池正极短路。断开蓄电池负极，测量两对端子 CA3H—蓄电池正极、CA3L—蓄电池正极之间的电阻，规定阻值为 6kΩ 以上。检查结果与相应处理，见表 6-10。

检查结果与相应处理   表 6-10

结　　果	相　应　处　理
正常	检查总线 1 主线
异常	检查总线 3 线路是否对蓄电池正极短路

（13）检查总线 1 主线。断开蓄电池负极，测量端子 CA1H—CA1L 之间的电阻，规定阻值为 54～69Ω。检查结果与相应处理，见表 6-11。

检查结果与相应处理   表 6-11

结　　果	相　应　处　理
正常	检查总线 1 是否对搭铁短路
异常，大于 70Ω	检查总线 1 主总线是否断路
异常，小于 70Ω	检查总线 1 线路是否短路

（14）检查总线 1 是否对搭铁短路。断开蓄电池负极，测量两对端子 CA1H—GND、CA1L—GND 之间的电阻，规定阻值为 200Ω 以上。检查结果与相应处理，见表 6-12。

检查结果与相应处理   表 6-12

结　　果	相　应　处　理
正常	检查总线 1 是否对蓄电池正极短路
异常	检查总线 1 线路是否对搭铁短路

（15）检查总线 1 是否对蓄电池正极短路。断开蓄电池负极,测量两对端子 CA1H—蓄电池正极、CA1L—蓄电池正极之间的电阻,规定阻值为 6kΩ 以上。检查结果与相应处理,见表 6-13。

检查结果与相应处理　　　　　　　　　　表 6-13

结　果	相　应　处　理
正常	查看 CAN 总线的检查结果
异常	检查总线 1 线路是否对蓄电池正极短路

（16）查看 CAN 总线的检查结果。检查结果与相应处理,见表 6-14。

检查结果与相应处理　　　　　　　　　　表 6-14

结　果	相　应　处　理
所有 ECU 和传感器均显示在屏幕上	查看通信故障的检查结果
不显示连接的 ECU 或传感器	检查中央网关 ECU 通信是否终止
与总线 1、2、3 连接的 ECU 或传感器未显示	查看通信终止模式表
与总线 1 连接的 ECU 或传感器未显示,且检测状态不稳定	检查是否总线 1 支路一侧断路
与总线 2 连接的 ECU 或传感器未显示,且检测状态不稳定	检查是否总线 2 支路一侧断路
与总线 3 连接的 ECU 或传感器未显示,且检测状态不稳定	检查是否总线 3 支路一侧断路

（17）查看通信故障的检查结果。

（18）根据与 CAN 通信系统相关的输出故障码组合,与故障码组合表比对,确认故障。

（19）识别故障。使用智能诊断仪清除故障码,进行症状模拟测试,以检查相关线束和连接器。根据结果,检查输出故障码的零件,最终确定故障部位。

（20）维修或者更换故障零件。

（21）检查故障码和故障现象是否消失。

技能实训

(一) 混合动力汽车 CAN 总线系统的认识

1. 准备工作

（1）场地设施:具有废气抽排系统和消防设施的场地。

（2）设备设施:丰田卡罗拉混合动力汽车一台。

（3）工具资料:常用工具(一套)、维修手册等。

2. 实训过程

（1）在维修手册中找到车辆 CAN 总线结构图,如图 6-8 所示,熟悉汽车四种总线类型,即 V 总线、总线 1、总线 2、总线 3 及其连接的模块节点。

（2）按照图 6-15 提示的名称及位置,在汽车上找到相应的 5 个模块。

（3）按照图 6-16 提示的名称及位置,在汽车上找到 16 个相应的模块节点。

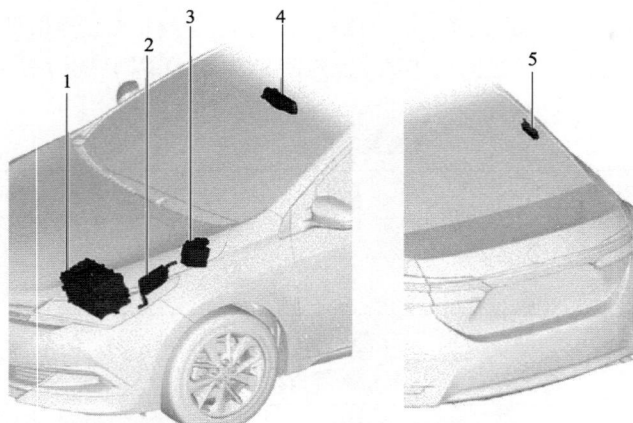

图 6-15　CAN 总线网络模块(仪表板外)

1-逆变器总成;2-发动机控制系统 ECM;3-防滑控制 ECU;4-车内后视镜总成;5-轮胎压力警告 ECU

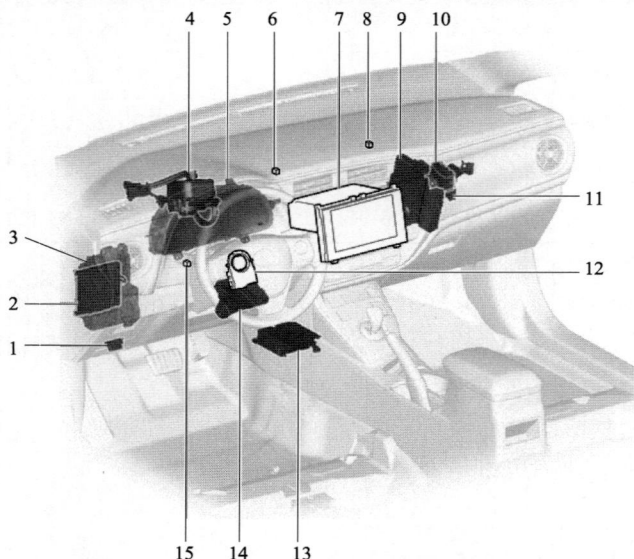

图 6-16　CAN 总线网络模块(仪表板处)

1-数据链路连接器 DLC3;2-主车身 ECU;3-驾驶人侧接线盒总成;4-动力转向 ECU 总成;5-组合仪表总成;6-3 号 CAN 连接器;7-导航仪;8-2 号 CAN 连接器;9-混合动力车辆控制 ECU;10-中央网关 ECU;11-间隙警告 ECU;12-转向传感器;13-安全气囊 ECU;14-空调放大器总成;15-1 号 CAN 连接器

(二)混合动力汽车主总线断路检修

1.准备工作

(1)场地设施:具有废气抽排系统和消防设施的场地。

(2)设备设施:丰田卡罗拉混合动力汽车一台。

(3)工具资料:常用工具(一套),GTS 诊断仪一台等。

2.实训过程

1)分析可能存在的故障点

总线 1 的电路如图 6-17 所示,标记出所有可能出现的故障点,采用排除法逐一检测。

总线1:

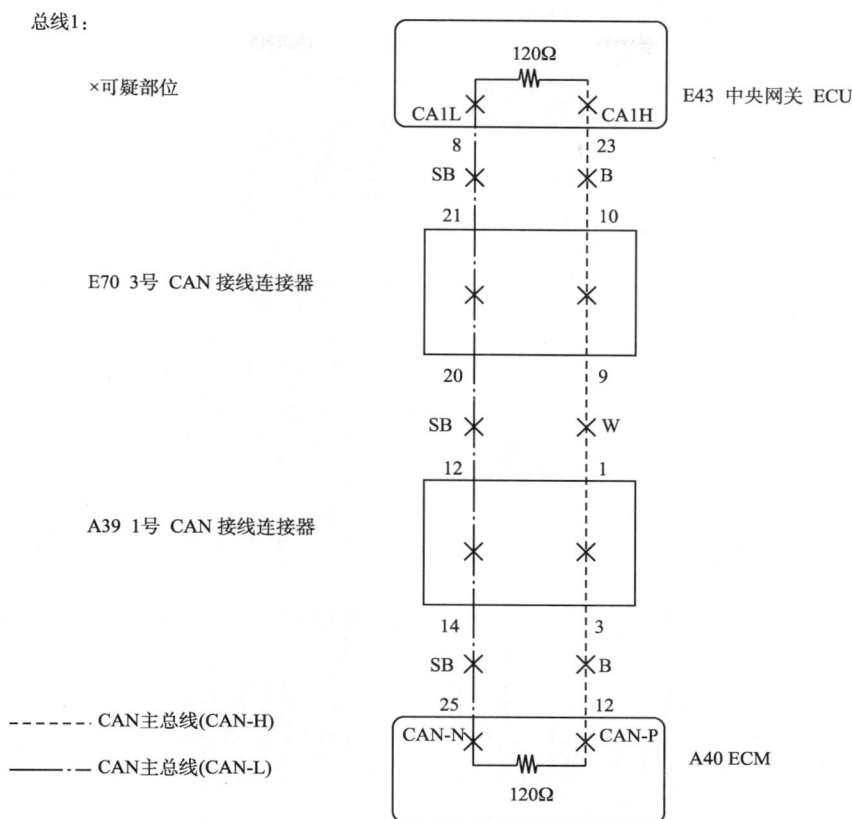

图 6-17　总线 1 的电路图

2)检查 CAN 总线是否断路(发动机控制单元 ECM)

(1)断开辅助蓄电池负极端子。

(2)断开 ECM 连接器 A40。

(3)将万用表置于欧姆挡,检测 A40-12(CAN-P)与 A40-25(CAN-N)两个端子之间的电阻,如图 6-18 所示,记录检测数据并与标准数据比对,标准值为 108～132Ω。

(4)若读数正常,说明 ECM 造成了 CAN 总线断路,应将其更换;若读数异常,继续检测其他可疑故障点—中央网关 ECU。

3)检查 CAN 总线是否断路(中央网关 ECU)

(1)重新连接 ECM 连接器 A40。

(2)断开中央网关 ECU 连接器 E43。

(3)将万用表置于欧姆挡,在确保断开辅助蓄电池负极端子的情况下,检测 E43-23 (CA1H)与 E43-8(CA1L)两个端子之间的电阻,如图 6-19 所示,记录检测数据并与标准数据比对,标准值为 108～132Ω。

(4)若读数正常,说明中央网关 ECU 造成了 CAN 总线断路,应将其更换;若读数异常,继续检测其他可疑故障点 3 号 CAN 接线连接器。

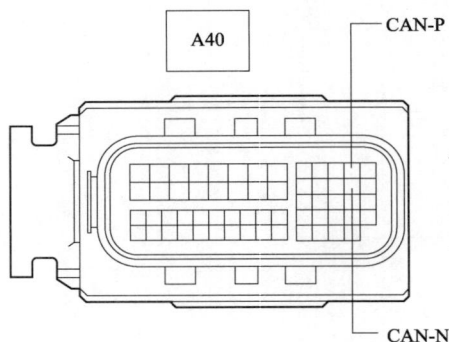

图 6-18　ECM 连接器 A40

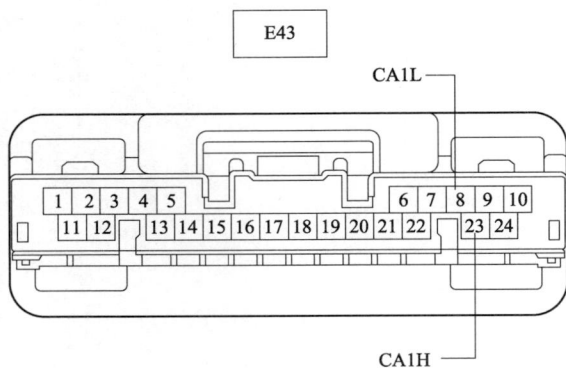

图 6-19　中央网关 ECU 连接器 E43

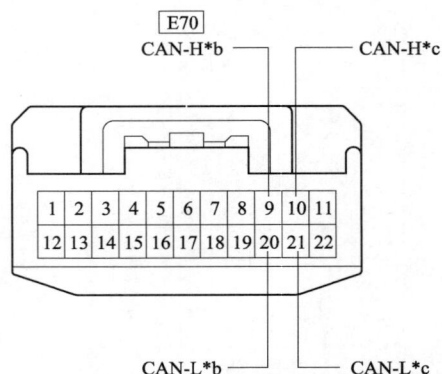

图 6-20　3 号 CAN 接线连接器

4）检查 CAN 总线是否断路（3 号 CAN 接线连接器）

（1）重新连接中央网关 ECU 连接器 E43。

（2）断开 3 号 CAN 接线连接器 E70。

（3）将万用表置于欧姆挡，在确保断开辅助蓄电池负极端子的情况下，先检测 E70-9（CAN-H）与 E70-20（CAN-L）两个端子之间的电阻，读数记为 A；再检测 E70-10（CAN-H）与 E70-21（CAN-L）之间的电阻，读数记为 B，如图 6-20 所示。记录检测数据并与标准数据比对，两次检测的标准值均为 108 ~ 132Ω。

（4）按照表 6-15 进行后续检测。

检查结果与相应处理　　　　　　　　　　　　　　表 6-15

结　果	相 应 处 理
A、B 均正常	说明 3 号 CAN 接线连接器造成了 CAN 总线断路，应将 3 号 CAN 连接器更换
B 异常	说明故障可能存在于 3 号 CAN 连接器至中央网关 ECU 之间，应维修或更换该段的 CAN 主总线或连接器
A 异常	说明 1 号 CAN 连接器可能存在故障，应对其继续检测

5）检查 CAN 总线是否断路（1 号 CAN 接线连接器）

（1）重新连接 3 号 CAN 接线连接器 E70。

（2）断开 1 号 CAN 接线连接器 A39。

（3）将万用表置于欧姆挡，在确保断开辅助蓄电池负极端子的情况下，先检测 A39-1（CAN-H）与 A39-12（CAN-L）两个端子之间的电阻，读数记为 A；再检测 A39-3（CAN-H）与 A39-14（CAN-L）之间的电阻，读数记为 B，如图 6-21 所示。记录检测数据并与标准数据比对，两次检测的标准值均为 108 ~ 132Ω。

（4）按照表 6-16 进行后续检测。

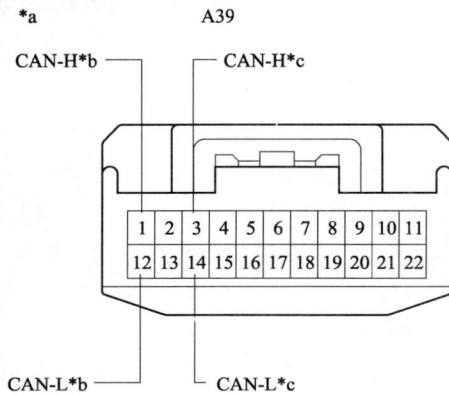

图 6-21　1 号 CAN 接线连接器

检查结果与相应处理　　　　　　　　　　表 6-16

结　果	后　续　检　测
A、B 均正常	说明 1 号 CAN 接线连接器造成了 CAN 总线断路,应将 1 号 CAN 连接器更换
A 异常	说明故障可能存在于 1 号 CAN 连接器至 3 号 CAN 连接器之间,应维修或更换该段的 CAN 主总线或连接器
B 异常	说明故障可能存在于 1 号 CAN 连接器至发动机控制单元 ECM 之间,应维修或更换该段的 CAN 主总线或连接器

模块小结

(1)汽车传统上采用的是并行数据传输方式,现代汽车采用传输总线后,只需要 1 根或 2 根传输线即可,即一个信息通道同时传输多路信号。

(2)常见的总线类型有 CAN、MOST、LIN、FlexRay 等,至今仍没有一个通信网络可以完全满足未来汽车对成本和性能的所有要求。

(3)CAN 总线采用了双绞线结构,可以防止电磁干扰对传输信息的影响,也可以防止本身对外界的干扰,具有良好的电磁兼容性。

(4)CAN 总线主要有两种,用于驱动系统的高速 CAN 总线,速率可达到 500kb/s,用于车身系统的低速 CAN 总线,速率为 100kb/s。

(5)高速 CAN 总线的 CAN-High 和 CAN-Low 隐性电平均为 2.5V,CAN-High 的显性电平为 3.6V,CAN-Low 的显性电平为 1.4V。

(6)低速 CAN 总线的 CAN-High 隐性电平为 0V,显性电平为 4V。CAN-Low 隐性电平为 5V,显性电平为 1V。

(7)LIN 总线的特点有低成本、串行通信、主从结构、单线 12 V 等,主要用于智能传感器和执行器的串行通信,为现有汽车网络(例如 CAN 总线)提供辅助功能。

(8)MOST 是一种用于多媒体数据传送的网络系统,提供信息及娱乐多媒体服务,传输速率可达到 21.2 Mb/s。

(9)传统车辆所有主总线系统和子总线系统均应用于混合动力汽车。此外,针对混合动力汽车还要增加一些新的总线系统,如增加了用于动力电机、动力电池,SCR 后处理等监控与诊断的总线系统。

(10)与普通总线系统相比,混合动力汽车有低压电、高压电,总线传递的数据大量增加,使干扰源更多,总线故障诊断难度也有所增加。

(11)CAN 总线故障类型包括电源故障、节点故障和链路故障。

思考与练习

(一)填空题

1. 为了解决_____问题,车载网络应运而生,常见的总线类型有_____。

2. 总线传输也称为_____,即一个信息通道同时传输_____。

3. MOST 总线采用_____作为传输媒介。

4. 与普通总线系统相比,混合动力汽车有_____,_____,总线传递的_____大量增加,干扰源更多,总线故障诊断难度也有所增加。

5. 节点故障包括_____和_____两类。

(二)判断题

1. 一般来讲,传统车辆所有主总线系统和子中线系统均应用于混合动力汽车。 (   )

2. CAN 总线最高传输速度可达 22.5Mb/s。 (   )

3. LIN 总线作为 CAN 总线的辅助总线,成本低且速度高于 CAN 总线。 (   )

4. 各种不同类型的总线系统通过网关可以实现通信。 (   )

5. 维修 CAN 总线时,可在连接器之间用旁通线来代替原故障线束。 (   )

(三)简答题

1. 简述混合动力汽车总线系统的结构。

2. CAN 总线的功能是什么? 其工作时的信号电平是多少?

3. 在维修某些控制单元时,为什么要严格按照正确的操作顺序? 请举例说明。

4. 使用其他车辆上使用过的网关 ECU 作为替换零件时,应注意什么?

参 考 文 献

［1］ Chris Mi，Abul Masrur，David Gao. 混合动力电动汽车原理及应用前景［M］. 赵治国，姜娇龙，译. 北京：机械工业出版社，2013.

［2］姚科业. 看图学修汽车混合动力系统［M］. 北京：机械工业出版社，2013.

［3］李伟. 手把手教您学修混合动力汽车［M］. 北京：机械工业出版社，2015.

［4］赵振宁. 混合动力汽车构造、原理与检修［M］. 北京：北京理工大学出版社，2015.

［5］谭克诚. 混合动力汽车构造、原理与检修［M］. 北京：化学工业出版社，2016.

［6］张金柱. 混合动力汽车结构、原理与维修［M］. 3 版. 北京：化学工业出版社，2017.

［7］曹振华. 混合动力汽车原理与维修技术从入门到精通［M］. 北京：电子工业出版社，2014.

［8］胡信国. 动力电池技术与应用［M］. 2 版. 北京：化学工业出版社，2013.

［9］麻友良. 新能源汽车动力电池技术［M］. 北京：北京大学出版社，2016.

［10］徐艳民. 电动汽车动力电池及电源管理［M］. 北京：机械工业出版社，2015.

［11］于万海. 汽车单片机与车载网络［M］. 西安：西安电子科技大学出版社，2013.

［12］陈社会. 混合动力汽车构造与维修［M］. 北京：机械工业出版社，2017.